# 全球经常账户失衡

## 变迁及影响因素

王 佳 著

中国财富出版社有限公司

**图书在版编目（CIP）数据**

全球经常账户失衡：变迁及影响因素 / 王佳著 . —北京：中国财富出版社有限公司，2022.5

ISBN 978-7-5047-7708-9

Ⅰ . ①全…　Ⅱ . ①王…　Ⅲ . ①金融学—研究　Ⅳ . ① F830

中国版本图书馆 CIP 数据核字（2022）第 083803 号

**策划编辑** 谷秀莉　杜　亮　**责任编辑** 王　君　郭　莹　**版权编辑** 李　洋
**责任印制** 梁　凡　**责任校对** 卓闪闪　**责任发行** 董　倩

---

**出版发行** 中国财富出版社有限公司
**社　　址** 北京市丰台区南四环西路 188 号 5 区 20 楼　**邮政编码** 100070
**电　　话** 010−52227588 转 2098（发行部）　010−52227588 转 321（总编室）
010−52227566（24 小时读者服务）　010−52227588 转 305（质检部）
**网　　址** http://www.cfpress.com.cn　**排　　版** 宝蕾元
**经　　销** 新华书店　**印　　刷** 北京九州迅驰传媒文化有限公司
**书　　号** ISBN 978−7−5047−7708−9/F・3433
**开　　本** 710mm × 1000mm　1/16　**版　　次** 2022 年 6 月第 1 版
**印　　张** 18.75　**印　　次** 2022 年 6 月第 1 次印刷
**字　　数** 317 千字　**定　　价** 68.00 元

---

**版权所有・侵权必究・印装差错・负责调换**

# 前　言

全球经常账户失衡泛指世界范围内许多国家出现的经常账户不平衡现象，是国际经济学研究的热点话题。20世纪90年代以来，全球经常账户失衡逐渐加剧，2008年金融危机后，全球经常账户失衡规模有所下降，但依然保持在高位水平。新冠疫情的暴发冲击了世界经济，中断了原本的全球经常账户失衡规模缩小的趋势。学者们对全球经常账户失衡进行了广泛的研究和讨论，虽然达成了一些共识，但是在理论对现实的解释能力方面存在着较多的疑惑和分歧。在文献综述奠定理论基础以及相关概念界定的基础上，首先，本书描述了全球经常账户失衡的变迁，并总结了特征：全球经常账户失衡规模／*GDP*与世界GDP增长率基本同向而行；近年来全球经常账户失衡持续加重，失衡集中程度，尤其是逆差集中程度逐渐加深。一些国家（地区）的经常账户发生了持续性失衡：美国、英国、澳大利亚、墨西哥等国发生了巨额的经常账户赤字；中国、日本以及其他一些亚洲经济体、俄罗斯保持着大规模的经常账户盈余；欧元区成员国发生了大规模的经常账户失衡——德国、荷兰保持着巨额的经常账户盈余，希腊、西班牙、葡萄牙等国发生了严重的经常账户赤字；中东产油国阿联酋、科威特等也保持着大规模经常账户盈余。一些国家发生了非持续性失衡，包括加拿大，欧元区的奥地利、比利时、芬兰、法国、爱尔兰、意大利，拉丁美洲的巴西、阿根廷、哥伦比亚、委内瑞拉、秘鲁和智利，非洲的埃及、南非、阿尔及利亚、埃塞俄比亚、安哥拉等国。其次，本书搜集尽可能多的国家样本，从综合视角出发，选择影响一国储蓄–投资缺口的内部因素——政府财政结余率、人均收入、人口抚养比、人口性别比、金融发展程度，以及其他重要因素——贸易开放度、人均国土面积、货币国际化、经济自由度、国际竞争力、内陆国家、OPEC（石油输出国组织）成员国12项变量，进行影响因素与全球经常账户失衡的相关性分析，验证理论（因素）对现实的解释能力。再次，本书分别基于横截面数据和面板数据，对全球经常账户失衡进行实证研究。具体地，本书结合数据的可得性，选择政府财政结余率、人均收入、人口抚养比、金融发展程度、贸易开放度、内陆国家、OPEC成员国等因素，对2015年全球111个国家（地区）的经常账户失衡进行横截面数据实证检验。在横截面数据实证检验后，本书增加实际有效汇率和经济增长率等周期性因素，基于面板数据，对1990—2015年全球84个国家（地区）的经常账户失衡进行实证检验。最后，本书选择持续性失衡国家（地区），对美国、欧元区成员国和中国经常账户失衡进行实证检验，并讨论了日本、俄罗斯、英国、澳大利亚等国家（地区）的持续性失衡。本书还选择了人口结构、人均收入、贸易开放度和金融发展程度、汇率和收入不确定等因素，对全球经常账户失衡进行实证研究，探讨全球经常账户失衡的影响因素。

通过数据分析和实证检验，主要有以下六个发现。

第一，基于相关性分析，发现影响一国储蓄－投资缺口的内部因素——政府财政结余率、人均收入、人口抚养比、人口性别比、金融发展程度，以及其他重要因素——贸易开放度、人均国土面积、货币国际化、经济自由度、国际竞争力、内陆国家、OPEC成员国等都可以在一定程度上解释全球经常账户失衡，不过单变量对全球经常账户失衡的解释能力非常有限。大多数的内陆国家发生了经常账户赤字。在2007年石油价格高位时期，13个OPEC成员国都发生了经常账户顺差；在2015年石油价格低位时期，大多数OPEC成员国发生了经常账户赤字。

第二，基于横截面数据和处理多重共线性问题后的实证检验，发现政府财政结余率、金融发展程度对一国经常账户具有显著的正向作用；人口抚养比对一国经常账户具有显著的负向作用。贸易开放度、地理位置（内陆国家）、OPEC成员国不是影响一国经常账户的显著性因素。

第三，基于面板数据的实证检验结果显示，政府财政结余率、人口抚养比的上升显著改善了一国经常账户，相对人均收入（横轴）与经常账户余额／*GDP*（纵轴）存在着倒U形关系，人口性别比与一国经常账户正相关，金融发展程度的上升显著恶化了一国经常账户，经济增长率的提高显著改善了一国经常账户。此外，贸易开放度的上升显著改善了一国经常账户。内陆国家（地理位置）不是显著性因素，OPEC成员国对一国经常账户具有微弱的负向作用。

第四，比较横截面数据和面板数据实证检验结果，发现两者不一致。具体表现为：储蓄–投资缺口的影响因素中，人口抚养比、人口性别比、金融发展程度的实证检验结果不一致；贸易开放度、OPEC成员国的实证检验结果也不一致。在横截面数据和面板数据检验中，政府财政结余率对一国经常账户具有显著的正向影响，说明政府财政收支对一国经常账户作用的重要性。

第五，面板数据得出的一些确定性结论并不适用于持续性失衡国家（地区），对于持续性失衡国家（地区）来说，引起失衡的重要因素各不相同。巨额的财政赤字、相对人均收入和金融发展程度的上升是美国经常账户持续性逆差的重要原因。政府财政赤字率差异、名义汇率和本国通货膨胀的不对称效应是欧元区成员国经常账户失衡的重要原因。人口性别比失衡、贸易开放度上升是导致中国经常账户持续性顺差的重要因素。相较于非汇率因素，汇率因素对中国、美国经常账户的作用并不显著。此外，本书还讨论了日本、俄罗斯、英国和澳大利亚的经常账户持续性失衡，认为老年人的高就业率是日本老龄化与经常账户顺差并存的重要原因。丰裕的自然资源，尤其是矿产资源出口是俄罗斯经常账户顺差的主要原因。服务项目顺差在很大程度上缓解了英国的经常账户赤字。初次收入项目的大规模逆差是澳大利亚经常账户赤字的主要原因。这说明各国国情不同，导致经常账户失衡的主要原因也各不相同，治理全球经常账户失衡，需要视国情进行。

第六，基于内部视角，发现政府财政结余率对一国经常账户的作用显著为正，人口抚养比的作用显著为负。收入的正向不确定恶化了一国经常账户，收入的负向不确定改善了一国经常账户。收入的负向不确定加剧了中国近年来的经常账户顺差，而收入正向不确定的作用不显著。新兴经济体人口年龄结构的变化改善了经常账户逆差或加剧了经常账户顺差。发达国家（地区）老年抚养比的大幅提高显著恶化了经常账户。人口性别比对经常账户的作用显著为负，城市人口比例的上升可以显著改善经常账户。人均收入对贸易失衡的作用呈倒U形。贸易开放度对一国经常账户具有显著的正向作用，金融发展程度对一国经常账户具有显著的负向作用。汇率贬值对一国经常账户具有改善作用。但是对于发达国家（地区）和新兴经济体，汇率的作用并不相同。汇率贬值对于发达国家（地区）的作用十分有限。

基于数据分析和实证检验结果，结合当前世界经济增长平缓以及逆全球化回潮现实，本书探讨了疫情防控常态化背景下全球经济增长趋势，分析了各国的宏观经济政策选择，并且展望了全球经常账户失衡的未来走势，认为在新冠疫情持续蔓延的背景下，世界经济复苏疲软，全球经常账户失衡规模或小幅扩大。拜登执政后，推行的增税和增加基础设施建设投资政策或将加剧美国经常账户逆差。英国脱欧后，不再享有欧洲联盟（简称欧盟）单一市场的关税优惠政策，将会在很大程度上冲击英国对欧盟的出口，扩大经常账户逆差。美国、英国经常账户逆差的扩大可能会带来顺差国家数量的增多、顺差国家失衡规模的扩大，从而对全球经常账户失衡格局产生影响。拜登政府的经济政策和英国脱欧等外部因素对中国经常账户的影响有限，但是新冠疫情背景下的贸易保护主义措施往往具有示范效应，如果各国纷纷效仿，逆全球化趋势可能会在一段时期内加剧，削弱一国外部需求，从而给中国的出口贸易带来不利冲击。中国在战略上要坚持全球化，坚持开放；深化供给侧结构性改革，保持经济稳定增长，为全球化营造良好的氛围；在继续与欧美、日本、东盟开展贸易的同时，大力拓展与“一带一路”沿线国家的经贸往来；巩固与周边国家的自贸区建设，加强区域经济合作；维护公平、自由的贸易和投资环境。

# 目 录

# 图目录

# 表目录

# 1 导 论

## 1.1 研究背景与意义

全球经常账户失衡泛指世界越来越多的国家出现的经常账户不平衡现象。在金本位时代，世界主要国家之间已经发生了普遍的经常账户失衡，自20世纪90年代以来，许多国家（地区）的经常账户失衡持续加重：美国、英国、澳大利亚等一些发达国家发生了持续性的经常账户逆差；中国、日本以及一些亚洲新兴经济体却始终保持着巨额的经常账户盈余；欧元区内部也发生了大规模的经常账户失衡——德国、荷兰保持着高位顺差，希腊、西班牙、葡萄牙发生了严重的经常账户赤字。尽管在金融危机和欧债危机期间，美国、中国、俄罗斯、欧盟等国家（地区）的经常账户失衡规模有所下降，但是随着经济的复苏，全球经常账户失衡便会卷土重来，甚至更加严重①。

根据世界银行WDI数据库和国际货币基金组织WEO数据库的最新统计，图1-1显示了1990—2015年G20的经常账户余额平均值，图1-2显示了G20的经常账户余额 / *GDP*的平均值②，可以发现，许多国家（地区）发生了严重的经常账户失衡。从绝对规模（经常账户余额）平均值来看，中国、日本、德国是排名前三位的经常账户顺差国，美国、英国、澳大利亚是经常账户赤字大国。从相对规模（经常账户余额 / *GDP*）平均值来看，一些国家发生了大规模的经常账户盈余，中国、德国、日本的经常账户顺差额占比均在2%至4%，俄罗斯和沙特阿拉伯的经常账户顺差额占比在6%左右；一些国家则发

① 第3章图3-1描述了1980—2015年全球经常账户失衡规模 / *GDP*。可以发现，2007年后，失衡规模 / *GDP*下降，但是依然保持在高位水平。

② 图1-1和图1-2是1990—2015年G20国家经常账户失衡概览，第3章将利用时间序列数据描述全球和国别视角下的经常账户失衡。

生了严重的经常账户赤字，美国、土耳其、墨西哥、英国、澳大利亚的经常账户逆差额占比均在2%以上。

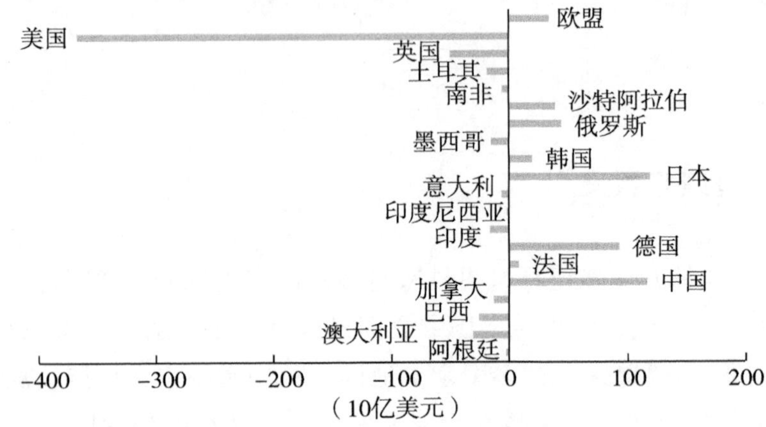


**图1-1 1990—2015年G20的经常账户余额平均值**

数据来源：国家数据来源于世界银行WDI数据库，欧盟数据来源于国际货币基金组织WEO数据库，其中欧盟数值由1993—2015年加总平均计算。

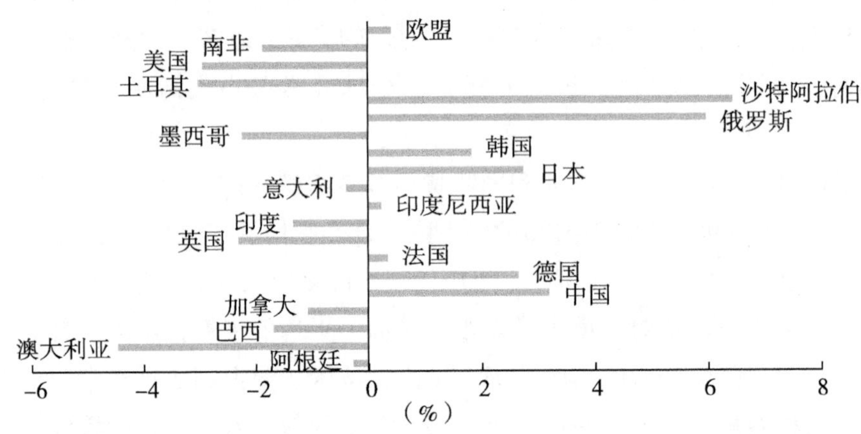


**图1-2 1990—2015年G20的经常账户余额/*GDP*的平均值**

数据来源：国家数据来源于世界银行WDI数据库，欧盟数据来源于国际货币基金组织WEO数据库，其中欧盟数值由1993—2015年加总平均计算。

经济学界对全球经常账户失衡的担心和思考时间并不短暂。一些观点认为，全球经常账户失衡是2008年国际金融危机的根本性原因（Obstfeld et al.，1995）；一些学者和政策制定者担忧，如果不能有效地解决全球经常账户失衡问题，世界经济有可能会停滞不前。大多数现有文献从内部和外部两个视角出发理解全球经常账户失衡。从内部视角出发，在开放经济条件下，一国的经常账户是国内储蓄和投资的差额，当储蓄不能完全被投资吸收时，多余的储蓄便流出，形成经常账户顺差；反之则发生经常账户逆差，即负储蓄。这一方法常被称作“经常账户跨期分析法”（inter-temporal approach of current account）。在开放经济条件下，以政府、居民和企业三方为主体，如果它们可以在世界范围内跨期平滑储蓄和投资，各个部门储蓄投资缺口之和便构成了一国的经常账户余额，影响这些部门储蓄投资缺口的因素，也成为影响经常账户失衡的关键因素。从外部视角出发，学者们主要从国际货币体系与汇率制度、全球分工体系、经济增加值、跨国资金流动、出口导向战略等方面分析全球经常账户失衡（李扬等，2010；余永定，2007；等等）。还有一些学者从汇率变化与政策、金融危机、资本管制等其他方面解释经常账户失衡（张斌等，2006；余永定等，2007；Gruber et al.，2009；等等）。这些研究为我们深入理解全球经常账户失衡提供了必要的帮助。

尽管关于经常账户失衡的文献非常丰富，但是在理论对现实的解释方面依然存在着许多疑惑，有必要从综合视角出发，选择影响一国储蓄投资缺口的内部因素，以及其他重要因素，对全球经常账户影响因素进行相关性分析；有必要采用横截面数据、面板数据以及时间序列数据对全球和持续性失衡国家（地区）经常账户分别进行数据分析和实证检验。1980—2015年，全球经常账户失衡的现状和特征是什么？哪些理论（因素）对全球经常账户失衡的解释更加贴近现实？从全球视角出发，基于横截面数据和面板数据，哪些理论（因素）可以解释全球经常账户失衡？横截面数据和面板数据的实证检验结果是否一致？面板数据得到的确定性结论是否适用于解释国家（地区）经常账户的持续性失衡？影响全球经常账户失衡的因素有哪些？这些都是本书关注的重点。

2020年，新冠疫情暴发后，预计全球经常账户失衡规模有所收窄。根据国际货币基金组织统计数据，依赖石油和旅游业或侨汇收入的经济体经常账户差额下降幅度可能超过GDP的2%。在世界经济复苏疲软的背景下，全球经常账户失衡未来将呈现怎样的走势？在逆全球化回潮背景下，美国、英国经常账户失衡将呈现怎样的走势？这些标志性事件对中国经常账户失衡将产生怎样的影响？全球经常账户失衡格局会发生怎样的变化？这些研究对于理解全球经常账户失衡具有非常重要的理论和现实意义。

## 1.2 逻辑框架

本书从全球经常账户失衡现象出发，在文献综述奠定理论基础以及界定相关概念后，首先，描述和总结了1980—2015年全球经常账户失衡的现状与特征。其次，从综合视角出发，选择影响一国储蓄投资缺口的内部因素——政府财政结余率、人均收入、人口结构、金融发展程度，以及其他重要因素——贸易开放度、人均国土面积、货币国际化、经济自由度、国际竞争力、内陆国家、石油价格等，对全球经常账户失衡进行相关性分析。再次，根据数据的可得性和模型的稳健性，选择影响一国储蓄投资缺口的内在因素以及其他重要因素，搜集尽可能多的国家样本，基于横截面数据，对2015年全球111个国家（地区）进行实证研究。在横截面数据实证研究后，本书增加汇率与经济增长率等周期性因素，基于面板数据，对1990—2015年全球84个国家（地区）经常账户失衡进行实证检验。接下来，本书对持续性失衡国家（地区）进行时间序列数据实证研究，包括对美国、欧元区内部、中国的经常账户失衡的时间序列数据实证检验，并讨论了日本、俄罗斯、英国、澳大利亚经常账户的持续性失衡。最后，本书针对内在因素、人口结构、人均收入、贸易开放和金融发展、汇率、收入不确定等因素，对全球经常账户失衡的影响因素进行研究。本书还讨论了疫情防控常态化背景下，全球经济增长和宏观经济政策选择问题，并对未来全球经常账户失衡走势进行了展望。

## 1.3 主要内容

除第1章外，本书的主要内容包括以下几个部分。

本书的第2章是文献综述，奠定了理论基础。本部分从传统的经常账户收支理论、经常账户跨期均衡分析法、跨期均衡视角下的储蓄–投资缺口、逐步丰富的经常账户决定因素研究四个方面进行了文献综述，并在归纳梳理的基础上，做出总结与评述。

第3章是全球经常账户失衡变迁。本部分首先对全球经常账户失衡的规模维度、离散维度进行历史数据描述和分析；其次从国别（地区）视角出发，描述了北美洲的美国、加拿大，中国、日本及亚洲新兴经济体，欧洲的英国、欧元区成员国、俄罗斯，大洋洲的澳大利亚、新西兰，拉丁美洲的墨西哥、巴西、阿根廷、哥伦比亚、委内瑞拉、秘鲁和智利，非洲的埃及、南非、阿尔及利亚、埃塞俄比亚、安哥拉等国，中东产油国沙特阿拉伯、伊朗、科威特、阿联酋的经常账户失衡；最后对全球经常账户失衡的特征进行总结。

第4章是全球经常账户失衡影响因素相关性分析。根据现有文献找到影响经常账户失衡的12项重要因素，对全球经常账户失衡进行统计描述和数据验证，发现这些因素都可以在一定程度上解释全球经常账户失衡，单变量解释能力非常有限。大多数的内陆国家发生了经常账户赤字。在2007年石油价格高位时期，13个OPEC成员国都发生了经常账户顺差；在2015年石油价格低位时期，大多数OPEC成员国发生了经常账户赤字。

第5章是基于横截面数据和面板数据的全球经常账户失衡影响因素实证研究。首先根据数据的可得性和模型的稳健性，选择影响一国储蓄–投资缺口的内在因素以及其他重要因素，搜集尽可能多的国家样本，在讨论多重共线性问题后，基于横截面数据，对2015年全球111个国家（地区）经常账户失衡进行实证研究。其次，增加汇率与经济增长率等周期性因素，基于面板数据，对1990—2015年全球84个国家（地区）经常账户失衡进行实证检验。研究发现，横截面数据和面板数据的实证检验结果不一致。主要表现为：人口抚养比、人口性别比、金融发展程度、贸易开放度和OPEC成员国的横截面数据和面板数据的实证检验结果不一致。可能的解释是：首先，面板数据包含横截面数据和时间序列数据两个维度，引入了经济增长率、汇率等周期性因素，由于这些周期性因素的作用，横截面数据与面板数据的实证检验结果不一致。其次，这些因素的作用还受到居民储蓄动机、文化习俗等因素的影响，在特定的国家、特定的时间长度内，这些因素的作用可能会更加显著。此外，贸易开放度和OPEC成员国的影响与样本时间长度、国际原油价格等因素有关。政府财政结余率的横截面数据与面板数据的实证检验结果具有一致性，都对一国经常账户产生显著的正向作用，说明扩张性的财政政策可能会加剧一国经常账户赤字。经济增长率的提高显著改善了一国经常账户。实际有效汇率的上升显著恶化了一国经常账户。

第6章是基于持续性失衡国家（地区）的全球经常账户失衡影响因素实证研究。文章结合持续性失衡国家（地区）的特征，观察解释变量的相关系数矩阵，尝试解决多重共线性后，对美国、欧元区内部、中国的经常账户失衡进行时间序列检验，发现面板数据的一些确定性结论并不适用于持续性失衡国家（地区）；对于不同的国家（地区），导致经常账户失衡的主要原因并不相同。巨额的财政赤字、相对人均收入和金融发展程度的上升是美国经常账户持续性逆差的重要原因。财政赤字率差异、名义汇率和本国通货膨胀的不对称效应是欧元区内部经常账户失衡的重要原因；人口性别比和贸易开放度的提高显著改善了中国的经常账户。相较于这些非汇率因素，汇率因素对中国、美国经常账户的作用并不显著。本书讨论了日本、俄罗斯、英国、澳大利亚的经常账户失衡，认为日本老年人的高就业率是其人口老龄化与经常账户顺差并存的重要原因。丰裕的自然资源，尤其是矿产出口是俄罗斯经常账户顺差的主要来源。发达的服务业和服务项目顺差缓解了英国的经常账户赤字。初次收入项目逆差是澳大利亚经常账户赤字的主要原因。这些研究说明，治理全球经常账户失衡要结合本国（地区）的特点与国情，不能照搬理论，采取固定模式，从而避免“头痛医头，脚痛医脚”的盲目调整措施。

第7、8、9、10、11、12章是关于内部因素、人口结构、人均收入、贸易开放和金融发展、汇率、收入不确定等因素对经常账户和贸易失衡影响的研究。从储蓄投资视角出发，财政结余率、人口抚养比和经济增长率是影响一国经常账户的内在因素。人口性别比和城市人口比例的变化也对一国经常账户产生显著影响。人均收入和经常账户的关系是“倒U形”，显著影响了中国经常账户顺差。贸易开放度和金融发展程度对一国经常账户具有显著的正向、负向作用。这些研究发现，一国内部因素是影响一国经常账户的关键因素，缓解全球经常账户失衡，各国要努力缩小储蓄–投资缺口，同时将汇率控制在合理的范围内。面对收入不确定冲击时，要重视正向、负向不确定性对一国经常账户的作用，进而将经常账户失衡控制在适度的范围内。

第13章是疫情防控常态化背景下全球经济增长与宏观经济政策选择。通过回顾1990—2019年世界经济增长率，发现东南亚金融危机和国际经济危机等外部冲击对世界经济增长的影响是暂时的。根据各国的统计数据，阐述疫情背景下各国政府实施扩张性的财政政策和宽松的货币政策，剖析宏观经济政策的有效性和适用性。联系西方宏观经济理论和外部失衡理论对现阶段的宏观经济政策做出进一步思考。

第14章是全球经常账户失衡未来走势展望。首先，在疫情冲击下，世界经济复苏疲软，全球经常账户失衡规模可能会小幅扩大，但是不会迅速上升。其次，阐述了逆全球化回潮的背景和现实。结合拜登执政、英国脱欧等事件，对美国、英国和欧盟、中国经常账户失衡走势进行了展望，分析这些事件对全球经常账户失衡格局可能产生的影响。本书认为，拜登推行的增税和扩大基础设施建设政策或将扩大美国经常账户逆差；英国脱欧后，不再享有欧盟单一市场的关税优惠政策，与欧盟其他国家的贸易往来将按照WTO（世界贸易组织）的有关条件进行，这一变化将会在很大程度上冲击英国对欧盟的出口；欧盟大多数国家未来的经常账户失衡走势面临不确定性。美国、英国经常账户赤字的扩大可能会增加顺差国家的数量和扩大失衡规模，影响全球经常账户失衡格局。本书展望了逆全球化背景下中国经常账户失衡走势，认为疫情会对中国经常账户产生正负两方面的影响，很多国家可能采取的贸易保护主义或将对中国出口贸易带来负面影响；各国恢复经济所采取的扩大基础建设投资可能会增加对中国货物与服务项目的需求；美国退出TPP（跨太平洋伙伴关系协定）等贸易协定，或给中国带来机遇。总的影响还需考察这些正负向因素的综合作用。英国脱欧对中国经常账户的直接影响有限，但是将会缩窄中国进入欧洲市场的渠道，影响中欧贸易、投资和谈判过程，不利于开展中欧贸易。在此背景下，中国在战略上要坚持全球化，坚持开放，积极参与制定全球化治理规则，在现有的秩序和规则框架下争取提升话语权和影响力，通过贸易、投资、监管、金融开放、宏观经济政策等进行全方位的合作，处理好开放和保护的关系，积极推进国际经济合作，建立稳定、自由、开放、相互协作、持续发展的国际经济新秩序。

## 1.4 主要概念界定

### 1.4.1 全球经常账户失衡

“全球经常账户失衡”频频出现在理论文献、政策纲要以及新闻媒体上，但是大多数研究集中在经常账户失衡的现象上，鲜有文献对其进行明确的定义。有很多文献将全球经常账户失衡等同于全球失衡（global imbalance），也有一些文献将全球经常账户失衡等同于外部失衡（external imbalance）。本书认为，将全球经常账户失衡与全球失衡、外部失衡相联系是必要的，但是，上述概念之间还存在着一些区别，厘清它们之间的联系和差异，对于理解全球经常账户失衡的概念是必要和有意义的。

《普林斯顿世界经济百科全书》①将全球失衡定义为四个方面：一是美国和东亚之间的贸易不平衡，即美国巨额的贸易赤字和中国、日本以及亚洲新兴经济体的贸易盈余；二是美国不足的国民储蓄以及中国、日本过多的国民储蓄；三是欧洲的高失业率和日本经济增长乏力；四是世界最贫困地区的凄凉生活、低增长与发达国家的高水平生活。鉴于此，贸易账户不平衡是全球失衡的重要方面，但是全球失衡还包括国民储蓄、经济增长率、生活水平等多个方面。

“外部失衡”的含义在国内外学术界还没有形成十分清晰和一致的观点。一些文献认为外部失衡是贸易账户或经常账户失衡现象；张礼卿（2008）指出，1995—2007年，中国外部失衡的重要特征是经常账户和资本与金融账户的双顺差现象。随着学者们对外部失衡的研究逐渐深入，多数经济学家认为外部失衡包含经常账户失衡和金融账户失衡两个方面。在外部平衡状态下，当一国是经常账户逆差时，金融项目发生资本净流入；当一国为经常账户顺差时，金融项目发生资本净流出。外部失衡意味着在国际资本大规模流动的情况下，一国的经常账户余额和金融账户余额不能互相弥补，两者不匹配。鉴于此，外部失衡与经常账户失衡之间亦紧密相关，但是还涉及资本与金融账户失衡，与经常账户失衡之间还存在着略小的差异。

---

① 见《普林斯顿世界经济百科全书》第536页，词条“global imbalances（全球失衡）”，Dominick Salvatore著。

事实上，全球经常账户失衡的范围小于全球失衡和外部失衡，讨论的关键是经常账户不平衡。全球经常账户失衡是世界范围内许多国家发生的经常账户的不平衡（顺差或逆差）现象。假设世界上只有两个国家，不可能发生一国经常账户平衡、另一国经常账户失衡的现象。在多个国家的情况下，一些国家的经常账户顺差与逆差规模不大，并且顺差和逆差交替出现，可以将其视为对外经济贸易的正常现象。但是，也有一些国家的经常账户顺差或逆差规模大、持续时间长，这些国家的经常账户引起了学术界和经济研究者的广泛关注。许多学者认为，少数国家大规模并且长期持续的经常账户顺差或逆差会给全球经济发展带来不稳定因素和冲击。

基于上述概念，理解全球经常账户失衡，一方面，要从全球视角出发，选择尽可能多的国家（地区）样本分析失衡现象和原因；另一方面，也要从国别视角出发，选择持续性失衡国家（地区），分析它们经常账户失衡的现象和原因。鉴于此，本书将在第4章进行全球经常账户失衡影响因素相关性分析，在第5章采用横截面数据和面板数据进行分析，在第6章采用时间序列数据进行分析。

### 1.4.2 经常账户失衡规模

根据现有文献，考察一国经常账户失衡规模，可以从经常账户余额的绝对值和经常账户余额的相对值两方面进行分析。从绝对数额来看，经常账户失衡规模是经常账户余额的绝对值，一般用$|CA_t|$表示。从相对数额来看，经常账户失衡规模是经常账户余额的绝对值 / $GDP$，可以用$\left|\frac{CA_t}{GDP_t}\right|$表示。

学术界常常以相对数额作为衡量经常账户失衡的参考标准，可以利用该指标比较不同国家之间的经常账户失衡，或是判断一国经常账户失衡的改善或加剧。2010年G20首尔峰会上，时任美国财政部长盖特纳提议将经常账户余额绝对值 / $GDP$控制在4%，但由于种种原因，这个量化指标并未列入最终的峰会协议中。一些学者重点研究了经常账户失衡调整的临界点，比较有代表性的观点是Debelle和Galati（2007）及Ewards（2006）提出的。他们认为，从相对数额来看，4% ~ 5%是经常账户失衡调整的临界值。

### 1.4.3 持续性和非持续性的经常账户失衡

还有一个耳熟能详的词是“持续性失衡”。究竟何为持续性失衡？目前尚未有明确和统一的定义。本书尝试界定持续性失衡的概念，认为持续性失衡至少包括两个方面的含义：一是在长周期（25年）时间内，失衡的方向基本保持不变，即在大多数的年份里，一国保持着经常账户顺差（逆差）；二是在大多数年份里，失衡的规模较大。失衡的规模较大并不是一个严格的定义，需要同时考虑绝对数额和相对数额。许多小国的经常账户顺差或逆差额绝对值较小，但是经常账户余额 / *GDP*很高。例如挪威，2015年，其经常账户顺差额为350亿美元，仅占中国顺差额（3306亿美元）的10.59%，但是挪威的经常账户顺差额 / *GDP*达到9.02%[①]。一些大国的经常账户余额 / *GDP*较小，但是顺差或逆差的绝对数额很大。例如美国，尽管在2013年，其经常账户逆差额 / *GDP*达到近十余年的最低值2.19%[②]，但是经常账户逆差额为3364.21亿美元，约占全球逆差总额的32.90%。不同学者对持续性失衡的评价尺度有所差异。本书的研究以一个长周期（25年）为时间尺度，如果在绝大多数年份里，一国经常账户失衡的方向保持不变，失衡的绝对数额或相对数额较大，就可以称为持续性失衡。持续性失衡国家的背后必然存在着一些长期的结构性因素。

本书认为，可以将非持续性失衡理解为持续性失衡的相对概念。非持续性失衡是指一国在长周期（25年）内，经常账户顺差和逆差交替出现，顺差或逆差的持续时间相对较短，或者经常账户余额 / *GDP*在0上下波动，具有一定的周期性。

## 1.5 创新点

从全球经常账户失衡现象出发，在文献综述奠定理论基础和界定相关概念后，本书进行全球经常账户失衡影响因素相关性分析。在实证检验部分，

---

① 数据出自世界银行数据库。

② 数据出自世界银行数据库。

选择尽可能多的国家样本，利用横截面数据、面板数据对全球经常账户失衡进行实证研究，利用时间序列数据对持续性失衡国家（地区）进行研究。伴随着长期而严重的全球经常账户失衡，相关文献层出不穷，但是从影响因素相关性及横截面数据、面板数据和时间序列数据多个维度分别研究的文献并不多见。本书可能的创新点具体体现在以下几个方面。

第一，大多数现有文献从单一视角出发，主要研究解释变量对全球经常账户失衡的作用。本书的研究基于综合视角，选择影响储蓄–投资缺口的内部因素及其他重要因素，对全球经常账户失衡展开分析。事实上，随着全球经常账户失衡愈加严重，越来越多的学者意识到，全球经常账户失衡往往是多方面因素综合作用的结果。综合视角会是一个较好的出发点。

第二，大多数已有文献侧重于对经常账户失衡的理论分析和实证检验，并未进行较为全面的影响因素对全球经常账户失衡的相关性分析。通过对2015年全球样本的统计描述和数据验证，我们可以清晰地观察影响因素（横轴）与经常账户失衡（纵轴）的分布，探求哪些理论（因素）更加富有现实意义。本书选择政府财政结余率、人均收入、人口抚养比、人口性别比、金融发展程度、贸易开放度、货币国际化、人均国土面积、经济自由度、国际竞争力、内陆国家、OPEC成员国12个重要因素，分别对1990年、1995年、2000年、2005年、2010年、2015年[①]6个年份的影响因素与全球经常账户失衡进行统计描述和数据验证，发现这些因素可以在一定程度上解释全球经常账户失衡，单变量的解释能力非常有限。研究发现，在国际油价高位时期（2007年），13个OPEC成员国都发生了经常账户顺差；在国际油价低位时期（2015年），大多数OPEC成员国是经常账户逆差国家。大多数内陆国家发生了经常账户赤字，也有一些内陆国家（如瑞士）始终保持着经常账户盈余。这些研究是重要理论（因素）对全球经常账户失衡解释能力的考察检验，对于理解全球经常账户失衡具有较为重要的理论和现实意义。

第三，现有文献更多地采用一类数据列，而从全球视角出发，利用横截

① 考虑到石油价格会影响OPEC成员国的经常账户，所以分别展示2007年国际油价高位时期和2015年国际油价低位时期OPEC成员国的经常账户。另外，本书第4章是2015年的数据验证，其余5个年份的数据见附录。

面数据、面板数据、时间序列数据对全球样本、持续性失衡国家（地区）样本分别考察的文献并不多见。在实证研究部分，本书选择2015年全球111个国家（地区），讨论多重共线性后，进行了横截面数据检验。选择1990—2015年全球84个国家（地区）进行了动态面板数据实证研究，并进行了稳健性检验。本书发现，对于影响一国储蓄－投资缺口的内部因素——人口抚养比、人口性别比、金融发展程度，横截面数据和面板数据的实证检验结果不一致，联系凯恩斯收入消费理论中的横截面和时间序列数据冲突问题，尝试解释这一现象。一个可能的解释是，面板数据包含时间序列数据和横截面数据两个维度，横截面数据与时间序列数据相冲突。从时间序列数据来看，经常账户还受到经济增长率、汇率等周期性因素的影响。由于这些周期性因素的作用，横截面数据与面板数据的实证检验结果不一致。并且，从长期来看，这些内部因素对全球经常账户失衡的影响还受到其他因素，如居民储蓄动机、文化习惯、社会风俗等因素的影响，在特定的国家样本和时间长度内，这些因素的作用效果更加显著。本书还发现，贸易开放度、OPEC成员国的横截面数据和面板数据的实证检验结果不一致，并从时间长度、石油价格等方面进行了解释。此外，在横截面和面板数据检验中，政府财政结余率对一国经常账户具有正向影响，说明政府财政收支对一国经常账户作用的重要性。本书还针对人口结构、人均收入、贸易开放与金融发展、汇率、收入不确定等重要因素，对全球经常账户失衡进行实证检验，剖析全球经常账户失衡的内在原因。

第四，本书的研究还发现，面板数据得到的一些确定性结论并不能很好地解释某些国家（地区）的持续性失衡。这主要是由不同国家（地区）的经济、文化、社会习俗的差异决定的。巨额的财政赤字、相对人均收入和金融市场发展程度的上升是美国经常账户持续性逆差的重要原因。现有文献并未过多地关注欧元区内成员国之间的经常账户失衡，本书发现政府财政赤字率差异、名义汇率和本国通货膨胀的不对称效应是欧元区内部经常账户失衡的重要原因。性别比失衡、贸易开放度上升是中国经常账户持续性顺差的重要因素。相较于这些非汇率因素，汇率因素对中国、美国经常账户的作用并不显著。此外，本书还讨论了日本、俄罗斯、英国和澳大利亚的经常账户持续性失衡，对于不同的国家（地区），引起经常账户失衡的原因各不相同。治理全球经常账户失衡，要结合本国（地区）的特点与国情，不能照搬理论，采取固定模式，要避免“头痛医头，脚痛医脚”盲目调整措施。本书对横截面数据、面板数据和时间序列数据实证检验结果的相同和差异之处进行了比较分析。

第五，新冠疫情的持续蔓延引发了民众对世界经济的广泛关注与担忧。本书对1990—2019年的世界经济增长进行了回顾性分析，发现东南亚金融危机和国际经济危机等外部冲击对世界经济增长的影响是暂时的；阐述疫情背景下各国政府实施的扩张性的财政政策和宽松的货币政策，剖析宏观经济政策的有效性和适用性。本书还联系西方宏观经济理论和外部失衡理论对现阶段的宏观经济政策做出进一步思考。在后疫情时代，世界经济持续发展、稳中向好的基本面不会改变。中国要加强宏观财政政策和货币政策之间的协调配合，坚持开放，加强与世界各国的经济合作，促进经济逐步复苏和稳健发展。

新冠疫情冲击世界经济后，全球经济增长持续低迷，加剧了逆全球化的回潮。本书最后一部分展望了全球经常账户失衡的未来走势，认为在世界经济复苏疲软的背景下，全球经常账户失衡的相对规模会小幅扩大。拜登执政后，推行的增税和扩大基础设施建设的政策可能会加剧美国经常账户赤字；英国脱欧后，出口贸易下降，会扩大其经常账户逆差；欧盟国家经常账户走势的不确定性加剧。美国、英国经常账户赤字的扩大可能会引起顺差国家数量的增多、失衡规模的扩大。新冠疫情对中国经常账户的作用有正有负，疫情背景下，很多国家可能采取的贸易保护主义对中国经常账户具有负向作用，各国为了恢复经济而扩大基础设施建设可能会增加对中国产品的进口需求，总体影响是正负作用的加总。英国脱欧对中国经常账户的影响有限，但是或将缩窄中国与欧盟的贸易通道，不利于中国与欧盟开展贸易。总体上，新冠疫情对全球化的冲击是暂时的，全球化的发展趋势不会改变，逆全球化只是在世界经济低迷时期，一些国家寻求自我保护的结果。鉴于此，中国应该坚持全球化，坚持开放；深化供给侧结构性改革，保持经济稳步增长，为全球化营造良好氛围；推进“一带一路”倡议，加强区域合作，还要密切关注各国贸易政策；建立和维护稳定、自由、开放、相互协作、持续发展的国际经济新秩序。

# 2 文献综述

## 2.1 引言

本章将对本书所涉及的主要研究领域进行梳理、总结和评述。本书依照经常账户收支理论的发展脉络，从四个方面进行文献综述：一是传统的经常账户收支理论；二是经常账户跨期均衡分析方法；三是跨期均衡视角下的储蓄－投资缺口；四是逐步丰富的经常账户决定因素研究。在传统的经常账户收支理论文献综述中，本章大致按照时间脉络进行梳理。在经常账户跨期均衡分析方法文献综述中，本章重点关注跨期均衡分析的理论模型和经济意义。在跨期均衡视角下的储蓄－投资缺口文献综述中，本书从政府视角出发，对政府财政收支与经常账户失衡的研究进行综述；从居民视角出发，对人口年龄结构、性别比、人均收入与储蓄、收入不确定性、文化差异与经常账户失衡的研究进行综述；从企业视角出发，对资本回报率、金融市场发展程度与经常账户失衡的研究进行综述。本章补充了包括国际收支阶段论、贸易开放度、资源禀赋理论、布雷顿森林体系Ⅱ学说、生产率冲击、综合因素等相关研究。最后，本章对现有理论做出总结和评述。

## 2.2 传统的经常账户收支理论

### 2.2.1 弹性论

弹性论是国际经济学研究的基本理论之一，重点考察汇率对贸易收支的作用。Marshall（1923）将商品市场上供给与需求的价格弹性论引入外汇领域。Robinson（1937）首次建立汇率与贸易收支的弹性模型，证明汇率对进出口商品的弹性是调整经常账户失衡的有效机制。Lerner（1944）通过建立简单的两种商品相互交换模型，利用比较静态分析法，得出价格弹性对贸易收支产生影响的临界值，即著名的“马歇尔－勒纳条件”——当进出口商品的价格需求弹性绝对值之和大于1时，本国货币贬值可以改善贸易余额。《普林斯顿世界经济百科全书》指出，马歇尔－勒纳条件的理论基础是不完全替代模型，即对本国而言，出口商品和进口商品都是不完全替代品。它的假设条件之一是进出口商品的供给弹性无限大，之二是其他条件不变（例如货币贬值对收入的影响不变）①。

准确地说，马歇尔－勒纳条件是Marshall、Robinson、Lerner三位经济学家的共同贡献。《新帕尔格雷夫经济学大辞典》详细论述了马歇尔－勒纳条件，本书进行简明论述②：假设本国进口的是第一种商品，外国进口的是第二种商品，$p$表示第一种商品相对于第二种商品的价格，$a$、$a^*$分别代表本国和外国的经济参数，定义$\Delta$为两种进口商品的价格需求弹性之和加上1。在不存在贸易障碍、进行自主性国际交易的情况下，经过细节处理和修改后，$\phi(1/p, a)$表示本国进口需求函数，$\phi^*(p, a^*)$表示外国进口需求函数，均衡的条件为

$$\phi(1/p, a) - p\phi^*(p, a^*) = 0 \qquad (2\text{-}1)$$

假定由于$a$、$a^*$的微小变动破坏了最初的均衡。对式2-1全微分，得

$$\Delta \mathrm{d}p \equiv (1+\varepsilon+\varepsilon^*)\mathrm{d}p = (\phi_a \mathrm{d}a - p\phi_{a^*} \mathrm{d}a^*)/\phi^* \qquad (2\text{-}2)$$

其中，下标表示偏导数，$\varepsilon \equiv \phi_{1/p}/(p\phi)$和$\varepsilon^* \equiv p\phi^*_p/\phi^*$分别是本国和外国进口需求的价格弹性。

对式2-1做动态扩展，得

$$\dot{p} \equiv \mathrm{d}p/\mathrm{d}t = f[\phi^*(p, a^*) - \phi(1/p, a)/p] \qquad (2\text{-}3)$$

其中，$f$是世界对第二种商品的过度需求函数，$t$代表时间。

由于$p$在均衡价值时达到局部稳定的充要条件是，在均衡价值的某个足够小的领域内$\mathrm{d}f/\mathrm{d}p$为负值。经过计算，得出局部稳定的充要条件是$\Delta$为负值，即两种进口商品的价格需求弹性总和小于-1，即马歇尔－勒纳条件。马歇尔－勒纳条件是否成立取决于一国经济背景对$\phi$和$\phi^*$施压的结构，例如是否存

① 《普林斯顿世界经济百科全书》，第755页，词条“Marshall-Lerner condition”，Peter Wilson著。

② 《新帕尔格雷夫经济学大辞典》第三卷，第392页，词条“马歇尔－勒纳条件”，Murray C. Kemp著。

在长期失业、农业经济或工业经济、增长或衰退中的经济等。此外，马歇尔-勒纳条件并不适合动态分析。

弹性论的主要贡献在于纠正了本币贬值一定可以改善贸易余额的片面观点，指出只有在满足一定条件（两种进出口商品的价格需求弹性绝对值之和大于1）时，汇率贬值才可以改善贸易余额。弹性论也存在着一些局限性：首先，弹性论从局部均衡视角出发，假设价格发生变化时收入等其他因素保持不变。但事实上，随着价格的变化，收入等其他因素也在改变，并且价格不是决定数量变化的唯一因素。其次，弹性论主要考察的是商品进出口贸易，未考虑劳务进出口。最后，长期来看，如果购买力平价成立，两国的汇率水平取决于物价水平，弹性论将难以发挥作用。尽管如此，弹性论依然是汇率与国际收支理论的重要内容，在贸易往来、汇率政策制定等方面保持着指导作用。需要说明的是，Obsfeld和Rogoff（1995）指出，经常项目不仅包括一国广义的出口与进口差额，还包括对外净资产的收益。从第一次世界大战结束到20世纪后期，多数国家持有的对外净资产规模较小，持有资产的范围受到很多限制，所以通常不考虑对外净资产收益变化，重点考察净出口贸易余额，并把相对价格作为决定性因素，构成了弹性论的核心内容。

迄今，学者们对弹性论的研究主要集中在验证马歇尔-勒纳条件是否成立。Boyd等（2001）分析OECD（经济合作与发展组织）国家1975—1996年的历史数据，发现长期内马歇尔-勒纳条件成立，短期内J曲线效应成立。Rose和Yellen（1989）利用1960—1985年美国的历史数据，对实际汇率对贸易余额的作用进行了计量检验，发现马歇尔-勒纳条件和J曲线效应均不成立。Wilson（2001）分析1970—1996年的历史数据，发现马歇尔-勒纳条件在韩国和美国成立，但是在新加坡、马来西亚和日本不成立。学者们对人民币汇率与中国经常账户失衡进行了实证研究。一些观点认为，人民币汇率的升值有利于缓解中国经常账户巨额顺差，促进中国经常账户收支平衡（Das，2009；Xu，2009；余淼杰，2009；汤铃，2011；等等）；一些观点认为，人民币升值对中国经常账户失衡的作用不明显（Groenewold et al.，2007；Willem et al.，2011；李沂等，2012；等等）；还有一些观点认为，相较于人民币汇率因素，非汇率因素对中国经常账户顺差的作用更加显著（贺力平，2008；

Johansson，2009；肖玉明，2011；等等）。总体上，目前大多数汇率与经常账户关系的研究是实证分析方面的。

### 2.2.2 吸收法

吸收法建立在凯恩斯国民收入决定框架基础上，将收入的可变性纳入国际收支分析中。吸收法的基本观点是一国的经常账户由国民收入与国内吸收两部分构成，如果国民收入超过国内吸收，则呈现经常账户盈余；反之，则发生经常账户赤字。吸收法的作用是在收入可变的前提下，从宏观经济视角考察汇率贬值与经常账户之间的关系。Alexander（1952）在文章中对此有详细的推导：

用$Y$表示国民收入，$C$表示消费，$I$表示投资，$X$表示出口、$M$表示进口，$B$表示国际收支（商品和服务），得国民收入恒等式

$$Y = C + I + (X-M) \tag{2-4}$$

整理得

$$B = (X-M) = Y - (C+I) \tag{2-5}$$

用$A$表示国内消费和投资的总和，$A = C+I$，代入2–5式，得

$$B = Y-A \tag{2-6}$$

式2–6是吸收法的基本表达公式，其中$A$是国民收入中被国内吸收的部分。

进一步，用小写字母$y$表示国民收入变化，$b$表示国际收支变化，$a$表示国内吸收变化，则经常账户余额的变化为

$$b = y-a \tag{2-7}$$

用$c$表示边际吸收倾向，且$c$等于边际消费倾向与边际投资倾向的和，$d$表示汇率贬值对国内吸收的直接影响，则国内吸收的变化为

$$a = cy - d \tag{2-8}$$

将式2–7代入式2–8，国际收支变化为

$$b = (1-c)\,y + d \tag{2-9}$$

Alexander（1952）指出，当汇率贬值时，会通过两种渠道影响国际收支变化：一是通过国民收入的影响，即（$1-c$）$y$部分；二是对国内吸收的直接影响，即$d$部分。前者包括闲置资源效应和贸易条件效应。闲置资源效应是指如果本国存在闲置资源，汇率贬值能够促进出口，减少进口，改善国民收

入。但是，国民收入的提高会反过来增加国内总吸收。在边际吸收倾向小于1的情况下，汇率贬值的闲置资源效应可以改善经常账户。贸易条件效应是指汇率贬值会恶化一国贸易条件，减少实际国民收入，只有当边际吸收倾向大于1时，汇率贬值的贸易条件效应可以改善经常账户。后者主要有现金余额效应、收入再分配效应和货币幻觉效应。其中，现金余额效应指汇率贬值提高了本国进口商品的价格水平，本国物价水平上涨引起货币的现金余额价值减少，从而减少了总吸收。收入再分配效应是指汇率贬值带来的价格上涨和利润增加引起收入再分配。由于社会公众的边际吸收倾向不同，收入再分配将影响社会总吸收。货币幻觉效应是指如果人们更关注价格水平的上涨，而不是收入水平的提高，因此减少购买和消费等总吸收，那么汇率贬值会改善经常账户。Alexander（1952）认为，如果一国希望通过调整政策来改善贸易收支，该国应以国内吸收福利价值的最大化作为衡量标准。

吸收法的主要贡献在于将一国的外部均衡与内部均衡联系起来，一国不可能同时呈现对外失衡、内部均衡状况。吸收法的提出丰富了经常账户收支理论，也引发了学者对弹性论、吸收法有效性的比较讨论。Alexander（1952）指出，在一些情况下，运用两种分析方法得出的结果与运用一种方法所得的结果不同，在分析汇率贬值对贸易收支的影响时，应考虑收入的可变性。Michaely（1960）证明在同样的假设条件下，弹性论和吸收法可以得出相同的结论。H-L-M效应是弹性论和吸收法的结合，它考虑了汇率和国民收入两种因素。

### 2.2.3 H-L-M效应

Laursen和Metzler（1950）假设贸易条件的恶化会增加现有名义收入的支出，通过合并收入-支出效应的可变汇率模型，或合并关于贸易条件的可变汇率模型，证明汇率贬值、贸易条件和支出三者一定存在渠道相关。Harburger（1950）利用乘数分析法，针对充分就业、收入可变、凯恩斯收入-支出三种模型，探讨在不同情形下汇率贬值的有效性。后来人们将Laursen和Metzler（1950）、Harburger（1950）的研究总结为哈伯格-劳尔森-梅茨勒效应，简称H-L-M效应。这里采用Svensson和Razin（1983）对H-L-M效应的概括：贸易条件的恶化减少了实际收入，实际收入的下降会降低任何给定收入水平下的储蓄。也就是说，H-L-M效应意味着贸易条件的恶化可能会引起经常项目的恶化。

Tsiang（1961）认为，在比较弹性论和吸收法孰轻孰重的问题上，H-L-M效应具有重要作用。Mussa（1979）指出，在开放经济条件下，可以应用H-L-M效应分析扰动因素对宏观经济的传导问题。

### 2.2.4　货币论

与弹性论强调价格、吸收法强调支出不同，货币论强调货币供求在一国国际收支中的决定作用，是在开放经济条件下，传统封闭经济的货币理论的推广应用。货币论的历史源远流长，起源可以追溯至1752年David Hume反驳重商主义时提出的金币流动价格机制：在金本位制下，由于物价－货币（黄金）－国际收支的自动调节机制，各国国际收支在长期都处于均衡状态。国际金本位体系崩溃和凯恩斯主义革命后，货币论发展停滞，甚至倒退。Meade（1951）的著作《国际收支》推动了货币论的现代复兴。Mundell（1962）提出政策搭配理论，认为一国应采取财政政策促进内部平衡，采取货币政策促进外部平衡，凸显了货币政策对国际收支的作用。20世纪六七十年代，美国经济学家Johnsen与Mundell通过研究开放经济条件下货币供给与国际收支的关系，系统地提出货币论。货币论的基本观点是货币的不平衡往往引起国际收支的不平衡。《新帕尔格雷夫经济学大辞典》[①]详细地阐述了货币论，本书中简明论述如下：

一个实施固定汇率制和充分就业条件下的小国，国内和国外的商品市场和资本市场完全一体化，完全的套汇决定着国内商品和金融资产的价格。在货币市场中，货币供应量$M^s$是高能货币存量$H$和货币乘数$m$的乘积，即

$$M^s=mH \tag{2-10}$$

其中，高能货币存量$H$是国际储备存量的国内通货价值$eR$与货币当局持有的国内资产$D$之和，即

$$H=eR+D \tag{2-11}$$

① 《新帕尔格雷夫经济学大辞典》第三卷，第533页，词条“国际收支的货币分析法”，Mario I. Blejer和Jacob A. Frenkel著。

$P$为价格水平，实际货币余额需求$M^d$是实际收入$Y$的正函数，是持币机会成本$r$（用利率来衡量）的负函数，即

$$M^d=Pf(Y,\ r) \tag{2-12}$$

当一国货币市场均衡时，$M^d=M^s$，即$M^d=mH$。由式2-10、式2-11、式2-12三式发现

因为 $$H = eR + D$$

即 $$M^d = m(eR + D) = meR+mD$$

得出 $$R=\frac{M^d\text{-}mD}{me}=g(P,\ Y,\ r,\ m,\ D) \tag{2-13}$$

式2-13为固定汇率制下货币论对国际收支的解释。具体而言，实际收入和价格的提高会增加储备；利率、货币乘数、国内资产的增加会减少储备。与封闭经济货币理论不同，一国货币市场的不均衡不仅反映名义收入的变化，而且反映以一国外汇储备变动表示的国际收支变化。当一国创造的货币供给超过实际货币余额需求时，多余的货币供给将用来进口，发生国际收支逆差；当一国创造的货币供给不能满足实际货币余额需求时，货币从国外流入，呈现国际收支顺差。

进一步考察货币论框架下汇率与国际收支的关系，当汇率贬值（$e$上升时），国际贸易品价格上升，实际货币存量价值下降，发生国际收支盈余。当货币供需均衡时，储备的流动便会终止。货币论认为汇率贬值对国际收支的调节作用是暂时的。国内学者张志超（1986）对国际收支调节的货币论进行评述；邱兆祥、王海南（2006）通过放松假定，将货币论模型应用于中国，探讨了国际收支自动调剂机制在中国失灵的原因。

### 2.2.5 结构分析法

结构分析法主要研究结构性因素在一国国际收支中的作用。其中，具有代表性的是Houthakker和Magee（1969）提出的豪斯克－麦奇收入不对称效应。豪斯克－麦奇收入不对称效应关注进出口商品的收入弹性和价格弹性，发现如果美国和其他国家的收入都增加10%，美国的进口将增加15%，出口只增加10%，并且美国对他国产品的偏好还在不断增加。结构分析法的理论研究也在不断丰富和完善。1979年第二次石油危机后，许多发展中国家都面临着经常账户国际收支逆差难题，大多数国家实施紧缩性的货币政策和财政政策的效果并不理

想。经济学家经过反思，认为应该从内部视角出发，重新审视发展中国家的经常账户失衡。Taylor（2002）认为，一国宏观经济状况主要由结构性因素决定，不同的表现只是结果；改善一国收入分配状况会促进经济增长。Thirlwall（1979）建立了受国际收支约束的经济增长模型，指出贸易收支不平衡是由国内经济结构不同引起的供给不足造成的。此外，结构分析法从供给角度出发，认为长期供给不足往往是经常账户失衡的原因，而产业结构不合理可能是引发长期供给不足的重要原因：一国落后单一的产业结构会使其出口商品处在产业链的底端，出口商品的需求收入弹性较低，价格弹性较高，而进口商品则具有较高的需求收入弹性和较低的价格弹性。鉴于此，国内收入水平的提高可以带来进口贸易的增加，国外收入水平的提高却不能带来本国出口贸易的增加，从而国内收入水平的提高不利于改善处于产业链底端国家的经常项目。调节经常账户失衡的政策重点应在于国内产业结构的升级。伍戈（2006）进一步研究了豪斯克－麦奇收入不对称效应与美国经常账户失衡之间的关系，认为美国经常账户失衡的原因是结构性的，扭转失衡的方法也应是结构性的。

### 2.2.6 储蓄－投资分析法

储蓄－投资分析法最早可以追溯至美国发展经济学家Chenery（1966）的研究文献，文章分析了当时许多发展中国家出现的投资大于储蓄、进口大于出口的现象。储蓄－投资分析法基于国民收入－支出核算理论，从国内视角考察经常账户失衡。基本思路如下。

根据国民收入恒等式

$$Y=C+I+(X-M)=C+S \tag{2-14}$$

其中，$Y$代表收入，$C$代表消费，$I$代表投资，$X$代表出口总额，$M$代表进口总额，$S$代表储蓄。

整理得

$$X-M=S-I \tag{2-15}$$

上式的左端为“贸易缺口”，或称“外汇缺口”；右端为储蓄投资缺口。一国经常项目主要取决于国内的储蓄和投资的差额，当国内储蓄大于投资时，经常账户呈现盈余；当国内储蓄小于投资时，经常账户发生赤字。进一步，可以区分经济活动中的政府部门、企业部门、私人部门。用$S^g$表示政府部门储蓄，$S^c$表示企业部门储蓄，$S^p$表示私人部门储蓄；用$I^g$表示政府部门投资，$I^c$表示企业部门投资，$I^p$表示私人部门投资。则

$$X-M=(S^g-I^g)+(S^c-I^c)+(S^p-I^p) \tag{2-16}$$

在实际应用中，为了更好地体现指标的意义，通常采取在上式两端都除以*GDP*的做法，即

$$\frac{X-M}{GDP}=\frac{S^g-I^g}{GDP}+\frac{S^c-I^c}{GDP}+\frac{S^p-I^p}{GDP} \tag{2-17}$$

由上式可知，经常账户余额／*GDP*可以分解为政府部门、企业部门、私人部门储蓄－投资缺口／*GDP*之和，鉴于此，可以分析各部门储蓄－投资行为对经常账户余额／*GDP*的贡献。杨盼盼、马光荣和徐建炜（2015）详细考察了2002—2008年中国居民、企业和政府部门在经常账户顺差扩大中的作用，发现中国经常账户的持续扩大存在明显的长期趋势，且主要来自居民和政府部门储蓄倾向持续增加。储蓄－投资分析法从内部视角探讨一国经常账户顺差或逆差的成因。由于居民、企业和政府的储蓄－投资行为都具有前瞻预期性，所以储蓄－投资分析法的提出为跨期均衡分析法提供了依据，具有重要的理论和现实意义。

## 2.3 经常账户跨期均衡分析法

Sachs（1982）提出了经常账户跨期优化方法，引发了学术界对经常账户收支决定理论研究的革命性变化。基于Sachs建立的两期模型，经常账户不仅取决于一国目前的经济环境，也取决于未来的经济发展趋势。经常账户的即时平衡不一定是最优选择，经常账户在一个时期内顺差、另一个时期内逆差是经济发展的动态均衡，保证了资源的有效配置。Obstfeld和Rogoff（1995）被公认为经常账户跨期均衡分析法的代表，文章指出，经常账户的核心功能在于它可以作为缓冲工具。在开放经济条件下，经济体在世界范围内跨期平滑消费和投资，可以通过经常账户逆差形式融资进行消费和投资，也可以通过经常账户顺差形式将资本借给其他国家。Obstfeld和Rogoff（1995）通过引入代表性经济人的效用函数和预算约束，使经常账户收支理论具有了微观基础。本书简述经常账户跨期均衡分析法的基本模型和推导过程。

根据储蓄–投资恒等式，一国经常项目$CA_t$可以表示为

$$CA_t=A_{t+1}-A_t=r_tA_t+Y_t-C_t-G_t-I_t \quad (2\text{–}18)$$

其中，$CA_t$代表$t$期的经常账户余额，$A_{t+1}$代表第$t$+1期对外净资产，$A_t$代表第$t$期对外净资产，$Y_t$代表当年的产出总额，$C_t$代表第$t$期的消费，$G_t$代表第$t$期的政府购买水平，$I_t$代表第$t$期的投资水平，$r_t$代表对外净资产的收益率。

跨期预算约束函数为支出现值等于期初对外净资产与国内生产总值的现值之和，即

$$\sum_{s=t}^{\infty}R_{t,s}\left(C_s+G_s+I_s\right)\leqslant\left(1+r_t\right)A_t+\sum_{s=t}^{\infty}R_{t,s}Y_s \quad (2\text{–}19)$$

且满足非庞氏骗局条件

$$\lim_{s\to\infty}R_{t,s}A_s\geqslant 0$$

$R_{t,s}$代表期限$t$和期限$s$之间的消费贴现因子，且定义

$$R_{t,s}=\frac{1}{\prod_{V=t+1}^{s}1+r_v} \quad (2\text{–}20)$$

代表性经济人的效用函数为

$$U_t=\sum_{s=t}^{\infty}\beta^{s-t}u\left(C_s\right) \quad (2\text{–}21)$$

其中，$\beta\in(0,1)\quad u'(C)>0,\quad u''(C)<0$

代表性经济人的预算约束为

$$\sum_{s=t}^{\infty}R_{t,s}C_s=\left(1+r_t\right)(V_t+B_t)+\sum_{s=t}^{\infty}R_{t,s}\left(w_sL_s-T_s\right) \quad (2\text{–}22)$$

其中，$V_t$是国内公司在$t$–1期末的现值，$B_t$是国内居民拥有的债券，$w_s$代表实际工资，$L_s$代表劳动力供给。求解代表性经济人的效用函数的最大化，消费需要满足欧拉方程

$$u'(C_t)=\beta(1+r_{t+1})u'(C_{t+1}) \quad (2\text{–}23)$$

当消费者效用函数是常替代弹性，即$u(C)=\dfrac{c^{1-\frac{1}{\sigma}}-1}{1-\frac{1}{\sigma}}$时，根据式2–23，

$$C_{t+1}=\beta^{\sigma}\left(1+r_{t+1}\right)^{\sigma}C_t \tag{2-24}$$

解出

$$C_t=\frac{\left(1+r_t\right)A_t+\sum_{s=t}^{\infty}R_{t,s}\left(Y_s-I_s-G_s\right)}{\sum_{s=t}^{\infty}R_{t,s}\left(\beta^{s-t}/R_{t,s}\right)^{\sigma}} \tag{2-25}$$

定义持久性变量 $\tilde{X}_t$： $\tilde{X}_t\equiv\frac{\sum_{s=t}^{\infty}R_{t,s}X_S}{\sum_{s=t}^{\infty}R_{t,s}}$

$$CA_t=(r_t-\tilde{r}_t)A_t+(Y_t-\tilde{Y}_t)-(G_t-\tilde{G}_t)-(I_t-\tilde{I}_t)+\left[1-\frac{1}{(\beta/R)^{\sigma}}\right](\tilde{r}_tA_t)+\tilde{Y}_t-\tilde{G}_t-\tilde{I}_t \tag{2-26}$$

其中，

$$(\beta/R)^{\sigma}\equiv\frac{\sum_{s=t}^{\infty}R_{t,s}(\beta^{s-t}/R_{t,s})^{\sigma}}{\sum_{s=t}^{\infty}R_{t,s}} \tag{2-27}$$

根据式2–26，经常账户余额取决于经济变量与其持久水平的差值，即经常账户余额不仅取决于当期经济变量，还取决于相应经济变量的持久水平。

经常账户跨期均衡分析法的意义在于明确了经常账户的核心功能在于它可以作为缓冲工具。在开放经济条件下，经济体可以在世界范围内跨期平滑消费和投资。当国内储蓄不能完全被投资吸收时，多余的储蓄便流向国外，形成经常账户顺差；反之，形成经常账户赤字。鉴于此，一国经常账户可以理解为跨期取向的函数。经常账户跨期均衡分析法使得研究者们将注意力从经常账户自动调节机制转向了跨期预算约束，从静态或比较静态分析视角转向动态最优化视角。后来，学者们在跨期均衡框架下讨论了相对价格，产出波动与投资，不可贸易品与消费、投资，耐用品，贸易条件，人口结构，不确定性等多种因素对经常账户的影响。

## 2.4 跨期均衡视角下的储蓄－投资缺口

### 2.4.1 政府视角的分析

储蓄－投资缺口分析法是从国民收入恒等式的角度出发，国民收入恒等式的主要含义是经常账户余额取决于政府部门的财政收支缺口和私人部门的储蓄－投资缺口之和，这是从静态框架的角度分析问题，如果没有找到这几类变量之间的因果关系，那么可以认为这一说法类似于同义反复，很难说明究竟是谁决定了谁。学者们在利用国民收入恒等式研究经常账户调节时经常使用的一个方法是假定外部冲击将首先影响政府部门，那么这时政府的收支平衡就可以被视为一个准外生变量，进而经常账户可以被视为政府收支冲击的响应变量。这一理论最初体现在20世纪80年代，里根政府推行减税和扩大军费开支的财政政策后，美国财政赤字与经常账户赤字同时上升，呈现“孪生赤字”的现象。许多学者将对这一现象的理论研究称为双赤字理论。21世纪初期，美国长期和结构性的预算恶化与经常项目赤字伴生，这种现象使人们重新关注双赤字理论。

双赤字理论认为，提高预算赤字的财政政策也会提高经常账户赤字。一国经常项目等于私人部门储蓄－投资差额与政府部门税收－购买差额之和。当私人部门储蓄－投资差额保持不变时，经常账户余额与政府部门税收－购买差额呈现等额同方向变化；当私人部门储蓄－投资差额与政府部门税收－购买差额同方向变化时，经常项目余额的变化方向与政府部门税收－购买差额的变化方向相同；当私人部门储蓄－投资差额与政府部门税收－购买差额反方向变化时，经常项目余额的变化方向取决于两者变化绝对值大的一方。

尽管理论上财政赤字与经常项目赤字具有相关性，但是学术界对双赤字理论依然存在着较大争论。一些观点认为两者存在相关性，并且财政赤字可以引发经常项目赤字。Chinn和Prasad（2003）的实证研究发现，在1971—1995年，在控制其他因素的前提下，无论是发达国家还是发展中国家，政府财政盈余与经常账户结余／*GDP*均呈现正相关。Erceg，Guerrieri和Gust（2006）建立了开放经济DSGE模型，发现美国的财政赤字可以显著地解释经常账户赤字，财政赤字每增加1%，经常账户赤字增加2%。Cline（2005）从财政扩张对汇率的传导机制角度，再次论证了双赤字理论。文章指出，根据蒙代尔－弗莱明模型，在浮动汇率制下，扩张性的财政政策会刺激本国总需求和利率水平的上升，利率水平的上升吸引资金流入，引起本币升值和出口量减少，从而恶化了经常项目。

另一些观点则认为两者的变动并无必然关联，财政赤字不一定会引起经常项目赤字。Oudiz 和 Sachs（1984）、Wolf（1994）区分了暂时性政府支出和永久性政府支出，认为暂时性政府支出的增加会恶化经常账户，永久性政府支出的增加不会对经常账户产生影响。Baxter（1995）和 Kollmann（1998）通过在两种商品模型中引入投资行为，发现扩张性的财政政策对储蓄产生负向影响，但是对投资的影响不确定，所以对经常账户的影响也不确定。Obstfeld 和 Rogoff（1995）发现，暂时性的财政扩张政策对经常账户具有恶化作用，永久性的财政扩张政策对经常账户的作用不确定。可以解释为，根据李嘉图等价定理，政府发债等同于推迟了税收，理性的消费者会增加和预算赤字数额相等的储蓄，经常账户保持不变。Haliassos 和 Tobin（1990）指出，李嘉图等价定理成立的条件过于苛刻，理性消费者储蓄的增加量很难等于预算赤字的增加额。按照这种思路，在很多情况下，预算赤字可能依然会影响经常账户。Corsetti 和 Muller（2006）指出，财政赤字会提高利率，挤出私人投资，这样储蓄大于投资，从而冲销了财政赤字对经常账户的影响。Kim 和 Roubini（2008）指出，财政扩张可以通过发行货币、增加潜在债务风险等渠道引起货币贬值，对经常账户产生正向作用。

一些学者发现，财政赤字的结构可能影响经常账户。田丰、徐建炜、杨盼盼（2012）指出，中国的公共支出多用于支持基础建设，很少用于完善社会保障体系，这可能会促使中国居民为了应对未来的不确定性增加预防性储蓄，加剧经常账户顺差。

### 2.4.2 居民视角的分析

#### 2.4.2.1 人口年龄结构、性别比与经常账户

世代交替模型（Over Lapping Generation Models）将人口分布引入宏观经济学框架，成为分析经常账户均衡决定的一个有效工具。近年来，学者们重点关注人口年龄结构和人口性别比对经常账户的作用。根据生命周期理论（life-cycle theory），人们在年轻和年老时没有收入或者收入减少，为了一生的

消费平滑，人们会在中年时进行储蓄，以满足年老时相对稳定的消费。这样，人口年龄（横轴）和储蓄率（纵轴）会呈现倒U形曲线，即劳动年龄人口的储蓄率较高，非劳动年龄人口的储蓄率较低甚至为负。在开放经济条件下，劳动年龄人口占比较高的国家容易形成高储蓄率，多余的储蓄流出国内，形成经常账户顺差；而非劳动年龄人口占比较高的国家则容易形成经常账户逆差。学者们在生命周期理论假设下，研究人口结构对经常账户的作用，一些研究支持生命周期理论对经常账户失衡的解释，得出抚养比（0~15岁人口与65岁人口之和占总人口的比重）与经常账户余额负相关（Chinn et al.，2008；Higgers，1998；朱超等，2012；谢建国等，2013）；另一些学者的研究不支持这一结论（Chinn et al.，2003；Du et al.，2010），得出抚养比与经常账户之间并不存在显著性的关系，这也被称为生命周期假说之谜（life-cycle theory puzzle）。李兵和任远（2015）以第二次世界大战作为人口结构的工具变量，发现人口抚养比上升对投资率的负面影响大于对储蓄率的正面影响，总体上对一国经常账户余额具有正面作用。

一些研究从预防性储蓄角度解释了生命周期假说之谜。Leland（1968）指出，预防性储蓄理论认为未来收入不确定性和消费不确定性会增强人们的预防性储蓄动机，提高居民储蓄率。陈彦斌（2014）指出，如果家庭的老年抚养比较高，会促使子女增加储蓄，以面对未来在老年人医疗、养老等方面可能发生的巨额支出；如果家庭的少儿抚养比较低，父母认为子女的健康状况和寿命面临着较大的不确定性，增加当前储蓄是应对未来子女患病、遭遇意外而不能为自己养老的有效方式。Cooper（2006）认为，居民平均寿命的提高会增加社会老年人口抚养比，促使居民提高预防性储蓄，从而对一国经常账户具有正向作用。

人口年龄结构还可以通过影响投资率进而影响经常账户平衡。Higgins和Williamson（1996）认为，老年抚养比的提高会提高社会对风险的厌恶程度，使得人们进行投资的欲望下降，从而降低一国的投资率，可以称为谨慎性投资理论对经常账户失衡的解释。Coopper（2006）认为，抚养比的上升会引起社会劳动年龄人口的减少，在劳动生产率一定的条件下，企业的资本边际产出和回报率下降，从而降低企业的投资率。这些文献的结论基本一致，即抚养比的提高会降低居民和企业的投资率，对经常账户余额具有正面影响。

一些学者还关注人口性别比与经常账户之间的关系。Du和Wei（2010）认为，男性人口比重的提高促使他们在婚姻市场上面临更激烈的竞争，需要增加储蓄以增强其在婚姻市场上的竞争力，从而提高一国储蓄率，对经常账户发挥正向作用。魏尚进和张晓波（2011）认为，竞争性储蓄动机理论是解释近年来中国储蓄率上升的重要因素，人们储蓄的目的是谋求个人或者子女在婚姻市场上更有利的地位，男性在婚姻市场上不断增大的竞争压力促使养男孩的家庭提高储蓄率。江涛（2013）认为，婚姻推迟和男性人口比重的上升可以解释中国的高储蓄率。按照这种思路，男性人口比重的上升可以提高一国储蓄率，进而对一国经常账户具有正向作用。

#### 2.4.2.2 人均收入、储蓄与经常账户

在储蓄-投资缺口框架下，人均收入可以影响居民储蓄，进而影响一国经常账户。人均收入与居民储蓄之间的关系最早可以追溯到凯恩斯绝对收入假说。凯恩斯认为消费是当期收入的稳定函数，边际消费倾向是递减的，从而储蓄也是当期收入的稳定函数，且边际储蓄倾向介于0和1之间。弗里德曼的持久收入假说认为消费是持久收入的函数，所以储蓄也是持久收入的函数，并且与持久收入正相关。绝对收入假说和持久收入假说的共同特点是认为储蓄是收入的一条向上倾斜的直线，高收入国家必然对应着高储蓄。所以据此推测，在其他条件不变时，高收入国家不大可能会出现经常项目逆差。这一特征显然与各国现实不相符，例如美国是典型的高收入国家，同时也是最大的经常账户赤字国家之一。

2015年诺贝尔经济学奖获得者Deaton（1991）研究发现，当消费者遵循最优消费原则时，储蓄是逆周期的。在经济下行、收入下降时，为了平滑消费，消费者开始累积资产，储蓄率上升；当经济上行、收入上升时，消费者没有动力进行储蓄，储蓄率下降。Deaton指出，消费者是否为平滑消费进行储蓄与收入的不确定性、消费者的谨慎态度等因素有关。收入的不确定性越强，消费者越谨慎，预防性储蓄的动机越强。Deaton的研究让我们意识到，储蓄和收入之间的关系并非总是正相关的，在一些条件下，也可能是负相关。所以，随着收入的增加，储蓄减少，经常账户余额可能下降。

还有一些研究探讨社会保障和居民储蓄之间的关系。Feldstein（1974）指出，社会保障对居民储蓄有替代效应和退休效应。替代效应指社会保障降低

了人们对养老风险的担忧，从而使当期消费增加，储蓄下降；退休效应指社会保障可能会促使人们提前退休，为了使退休后的消费水平不下降，居民会提前减少消费，增加储蓄。Feldstein（1974）对美国数据进行实证检验，发现替代效应大于养老效应，即社会保障对美国居民的储蓄有负向作用。之后，大部分的研究都支持社会保障的引入会降低一国居民储蓄率（Alicia，1976；Barra，1978；Munnell，1976；等等）。按照这种思路，由于多数情况下，低收入国家没有足够的财政收入建立完善的社会保障体系，高收入国家的社会保障体系相对完善，所以当一国的经济发展水平向高收入阶段迈进时，社会保障体系越完善，居民储蓄率越可能下降，从而经常账户顺差缩小或逆差扩大，那么，人均收入和经常账户之间也可能呈倒U形。王佳（2017）利用2005—2013年138个国家的面板数据考察人均收入对贸易平衡的作用，发现人均收入（横轴）和贸易平衡（纵轴）呈现倒U形。

经验研究方面，Ostry和Reinhart（1995）的跨国数据研究则表明在一定阶段内，随着人均收入的增加，储蓄率不断增加；当人均收入增加到一定程度后，储蓄率可能不升反降。董丽霞和赵文哲（2013）从一国在不同发展阶段的人口转变效应出发，发现在低收入阶段，少年抚养比的上升和老年抚养比的下降导致储蓄率提高；之后随着收入的增加，少年抚养比的下降和老年抚养比的上升导致储蓄率提高；在高收入阶段，少年抚养比的下降和老年抚养比的上升导致储蓄率下降。这些研究意味着人均收入（横轴）和储蓄率（纵轴）之间的关系呈倒U形。鉴于此，在其他条件不变时，人均收入（横轴）和经常账户（纵轴）的关系也可能呈倒U形。

需要说明的是，人均收入还可以通过影响企业和政府储蓄，进而影响一国经常账户。樊纲和吕焱（2013）认为，发展中国家的劳动力资源丰富，资本短缺，发达国家则相反。在二元经济结构下，剩余劳动力的存在导致发展中国家的劳动力工资上升缓慢，随着资本的扩张，企业利润迅速积累，企业储蓄增加。李扬（2014）指出，剩余劳动力的工业化、城市化、市场化促使经济增长率大幅提高，从而引起中国企业储蓄率的上升。按照这一思路，随着收入的增加，低收入国家的企业储蓄率可能比高收入国家的上升迅速，低收入国家更容易发生经常账户顺差。有关人均收入与政府储蓄方面的研究比较少，何婷婷（2014）研究发现，中国人均GDP较低的地区，储蓄率增长较快的原因在于政府部门更偏好于经济建设职能而非公共服务职能，所以低收入地区的公共部门储蓄率较高。按照这一思路，低收入地区容易形成较高的政府储蓄率，对经常账户产生正向作用。

#### 2.4.2.3　收入不确定性与经常账户失衡

不确定性理论最早可以追溯到1921年出版的奈特的《风险、不确定性和利润》和凯恩斯的《概率论》。奈特在书中指出，不确定性意味着人类的无知，表示人们根本无法预测没有发生的将来事件；风险是人们已知概率分布的不确定，可以根据过去推测未来的可能性，并非真正的不确定性。凯恩斯则认为，经济系统是一个具有未来不确定性的过程，强调不同的个体由于获得的信息不同，对未来不确定性的概率估计会得到不同的结果。随着不确定性的引入，西方消费理论有了新的发展。Hall（1978）将收入确定条件下的消费理论——弗里德曼永久收入假说（1957），拓展至收入不确定条件下的消费理论——随机游走假说。Flavin（1981）检验收入的可预测变化与消费的可预测变化之间的关系，发现消费可能对可预测的收入变动做出反应，提出消费的过度敏感性假说。Dynan（1993）建立了预防性储蓄模型，认为在收入不确定条件下，居民具有明显的预防性储蓄动机。这些研究不仅推动了消费理论的发展，也增强了消费理论对现实的解释，同时，将收入不确定、消费、经常账户失衡紧密联系起来。

Stephanie Schmitt-Grohé和Martin Uribe整理的国际金融讲义手稿的第二部分将不确定性纳入经常账户均衡决定中，指出在未来收入不确定的条件下，居民会减少当期消费，增加储蓄，改善一国当期经常账户余额。但是，文中定义未来收入不确定的概率分布是已知的（有1/2的概率变好，有1/2的概率变差），所以如果严格依照奈特对风险和不确定性的区分，这一结论应该属于收入风险和经常项目均衡决定范畴。而真正的不确定性（又称奈特不确定性）与经常项目均衡之间的关系，应区分收入的正向或负向不确定性，从人们对未来收入的预期视角出发进行探讨。王佳（2017）从居民对未来收入的预期视角出发，研究收入不确定性与经常账户的关系，发现1983—2015年，收入正向不确定具有恶化经常账户的作用，收入负向不确定具有改善经常账户的作用。

#### 2.4.2.4　文化差异与经常账户失衡

文化差异也是一个解释居民收入消费的重要变量。中国、日本等东亚国家居民在偏好、文化上的特点也常常被认为是经常账户大规模盈余的重要原因。东亚文化强调勤俭伦理，在儒家文化的基础上引入资本主义，高储蓄总是与高增长相伴出现，这种观点被称为儒家资本主义学说，香港中文大学金耀基1983年出版的《从传统到现代》是研究这一问题的代表作。如果采用经济学的术语加以诠释，其理论可以简单地叙述为：消费者的偏好在国与国之间是不同的，尤其是主观贴现率（人们在当期对未来所拥有财富的贴现价值）存在差异。在世界范围内，东亚居民的主观贴现率较低，更看重未来的财富，因而倾向于高储蓄。

但是，因为文化因素可以解释太多东西，所以其实也就相当于什么也没有解释。在这项研究中，我们更应该关注，究竟是文化中的哪一个环节通过怎样的渠道影响储蓄率，进而影响经常账户。Cole、Maleath和Postlewaite（1992）认为，一个社会对非货币化商品（进入名牌大学、获取社会地位等）的认可环境是造成储蓄率差异以及经常账户失衡的关键文化因素。Carroll、Overland和Weil（2000）认为，社会文化中的习惯形成（habit formation），即人们在进行未来决策的时候对过去发生过的事件的依赖程度，是影响一国储蓄率高低的重要因素。一个国家的习惯形成因素越强，该国消费的跨期替代弹性越大，消费者会对未来消费赋予更高的权重，此时，高增长反而有可能会带来高储蓄率；反之，高增长可能伴随着储蓄率的下降。他们认为，美国文化底蕴较为薄弱，自然不会有太强的习惯形成因素，因此储蓄率很低；中国的传统文化影响深远，也就造成了长期的高储蓄率。但是，这一理论似乎很难解释为何同样受传统文化影响深远的英国会在20世纪20年代之后，突然从长期的经常账户顺差转为持续的经常账户逆差。

在实证研究方面，Carroll和Rhee（1994）分析加拿大家庭支出调查中各国移民至加拿大的群体的财富与储蓄数据，发现不同原籍的群体之间的储蓄率并无差异，并不支持文化对于储蓄率的影响。Guiso、Sapienza和Zingales（2006）通过世界价值调查（World Value Survey）的问卷调查，研究了选择“勤俭节约、储蓄财富”答案的人群比重对该国储蓄率的影响，发现这一结论为正且高度显著，但也只能解释各国之间储蓄率差异的5%。

综上所述，虽然很多人意识到文化因素对东亚国家的高储蓄率的影响，也有一些理论上的解释，但是实证经验鲜有充分的证据支持。杨盼盼（2012）

指出，如果文化可以影响经常账户失衡，那么每一次经常账户顺差或逆差的逆转应该伴随着文化的变革，但事实并非如此。

### 2.4.3 企业视角的分析

#### 2.4.3.1 资本回报率

在跨期均衡框架下，一国经常账户顺差意味着资本的净流出，经常账户逆差意味着资本的净流入。按照这样的思路，资本回报率较高的国家更容易发生资本的净流入，形成经常账户逆差；资本回报率较低的国家更容易发生资本的净流出，形成经常账户顺差。企业的投资效率决定了资本回报率的高低，鉴于此，企业投资回报率差异是全球经常账户失衡的重要影响因素。一些研究采用经济增长率作为衡量资本回报率的指标，认为理论上，经济增长率的提高往往是一国资本回报率上升的信号，从而吸引国内外企业增加对本国的投资，使得本国投资率上升，恶化本国的经常账户。Glick和Rogoff（1995）研究发现，美国的经济增长率相对于世界其他国家每增长1%，美国的经常账户赤字 / *GDP*就会下降0.15%。Engel和Rogers（2006）指出，一国均衡的经常账户赤字率，可以用该国预期未来在世界GDP中的份额与当下在世界GDP中的份额之差来衡量，该差值越大，经常账户赤字越严重。

需要说明的是，经济增长率既可能带来资本回报率的提高，也可能带来劳动回报率的提高。一些学者认为，工会有助于提高劳动收入份额（Kalleberg et al.，1984；Droucopoulos et al.，2015）。Thomas Piketty（2014）认为，发达国家的工会力量较为强大，经济增长的果实更多地体现为工资上涨。按照这种思路，对发达国家而言，经济增长率的提高并非资本回报率上升的有效信号，经济增长率的上升并不一定会吸引国内外投资，提高本国投资率，恶化本国的经常账户。

还有一些研究同样质疑经济增长率与经常账户的负向关系。“卢卡斯之谜”是其中的代表。Lucas（1990）通过总结历史经验，发现资本总是从贫困的国家流向富裕的国家，而后者的资本回报率往往远低于前者。这一现象被称为“卢卡斯之谜”。Lucas本人对此现象的解释是，资本回报率应是剔除风险后的真实回报率，由于人力资本、国别风险以及资本市场发展程度等因素的影响，资本回报率和经济增长率往往不同。与发达国家相比，发展中国家较低的人力资本、政治风险的存在以及资本市场发展不完全都会影响资本回报率的最终计算。按照这种思路，发展中国家经济增长率的上升可能并不是资本回报率上升的有效信号，从而并不会显著地影响一国的投资率，进而对经常账户产生负向作用。事实上，Lucas并未完全否定新古典经济学分析框架，而是强调剔除风险后真实回报率的作用。但是，随后的一些研究发现，即使采用剔除风险后的真实回报率指标，并且考虑人力资本因素，新古典经济学分析框架也不能较好地预测国家之间的资本流动。Kraay和Ventura（2000）提出一种解释，即一国往往会按照历史头寸配置国内和国外资产，而不是完全依照资本回报率来配置。Gordon（2004）认为，传统的研究忽视了贸易品和不可贸易品在生产率上的差异，在服务业上拥有比较优势的国家容易发生经常账户逆差，在制造业上拥有比较优势的国家往往是经常账户顺差国家。

### 2.4.3.2 金融市场发展程度

金融市场发展程度是影响居民储蓄-投资缺口的重要因素，对国内储蓄转化为企业投资的能力具有更加重要的作用。许多文献专门研究了金融发展程度对全球经常账户失衡的影响。

Willen（2004）建立了一个两国一般均衡模型，证明发展完全的金融市场是引起一国经常账户赤字的主要原因。美联储前主席Bernanke（2005）在“全球储蓄浪潮与美国经常账户赤字”的演讲中指出，美国的经常账户赤字与东亚国家的高储蓄浪潮密不可分。他认为，由于东亚国家的金融发展程度偏低，居民和企业更加倾向于将储蓄存放于美国，转化为对美国投资，从而加剧了美国的经常账户逆差。Caballero等（2006）认为，以美国、英国、澳大利亚为代表的资本流入国（I）能够提供足够的金融资产，以新兴国家、OPEC石油输出国以及高储蓄率国家为代表的资本输出国（F）虽然经济增长较快，但是不能提供足够的金融资产，这种差异促使资本从F国流向I国，加剧了全球经常账户失衡。Mendoza等（2009）提供了一条资本双向流动机制：一是发展中国家金融市场存在不能提供或有资产、借贷双方只能签订不完全合同两种不完备性，它们的居民和企业为了规避风险，获得稳定的储蓄收益，更愿意将金融财富转移至发达国家；二是发展中国家的资本回报率较高，发达国家又以对外直接投资的方式将资本回流至发展中国家。Ju和Wei

（2010）认为，发展中国家落后的产权保护和公司治理能力是金融资本首先流向发达国家，再借助发达国家高效的金融服务回流本国的主要原因。Song等（2011）发现，由于资本管制，中国的私有企业对外借款面临着冰山成本，被迫增加储蓄，从而提高了中国的储蓄率。茅锐、徐建炜和姚洋（2012）研究发现，全球失衡其实是各国基于制造业–金融业比较优势而形成的国际分工的副产品。李俊青和韩其恒（2011）、佟家栋等（2011）、肖立晟和王博（2011）的研究都支持一国金融业的发展容易带来经常账户逆差，中国金融业的不发达与经常账户顺差密切相关。翟晓英和刘维奇（2012）依照金融发展程度—消费—经常账户失衡路径研究了中国经常账户失衡，发现中国经常账户失衡受到消费率的显著负向影响，而消费率受到金融发展程度的显著影响。

需要说明的是，金融发展程度是一个综合指标，一些学者运用金融相关比率、各种金融资产占金融资产总额比率等指标衡量一国金融发展程度（Goldsmith，1969）；一些学者提出采用*M2/GDP*、流动性负债/*GDP*作为反映一国金融发展程度的指标（Mckinnon，1973；King et al.，1993）；还有一些学者认为应该采用私人部门的信贷/*GDP*、股市资本化比率等组合指标来衡量金融发展程度。

## 2.5 逐步丰富的经常账户决定因素研究

### 2.5.1 国际收支阶段论

国际收支阶段论利用国际投资净头寸的正负对一国国际收支阶段进行划分，又称“债务周期假说”。国际收支阶段论认为，当一国的消费超过其收入时，就产生了国际债务，该国必须接受卖方的信贷或者借款来弥补收入的不足，所以当一国发生经常账户赤字时，对外负债大于国外资产，国际投资净头寸为负，是债务国（debtor）；当一国发生经常账户盈余时，国外资产超过对外负债，国际投资净头寸为正，是债权国（creditor）。国际收支阶段论认为一国在经济发展进程中，国际收支会经过如下几个阶段：不成熟的债务国阶段；成熟的债务国阶段；债务减少国阶段；不成熟的债权国阶段；成熟的债权国阶段。该理论的代表者有Crowther（1957）、Kindleberger（1963）、萨缪尔森（1952）、Razgallah（2004）、Eaton（1989）等。因为人均收入可以较好地反映一国的贫富状况，代表一国的经济发展阶段，所以在后来的研究中，学者们常常以国际收支阶段论为前提，将人均收入与一国国际收支问题紧密联系。Chinn和Prasad（2003）认为，如果国际收支阶段论成立，一国的人均收入和经常项目平衡之间存在U形关系，意味着一国在经济起飞时需要举借外债，在经济趋于成熟时开始偿付外债。Roldos（1996）认为，一国从低收入水平向中等收入水平迈进时，需要进口资本以满足本国发展需要，从而发生经常项目逆差。Halevi（1971）从新古典资本流动理论出发，认为资本并不必然从富国流向穷国。余永定（2007）认为中国的国际收支格局是不经济、不合理的。余永定和覃东海（2006）认为，中国作为人均收入较低的发展中国家，长期保持着贸易顺差，把自己的短缺资源借给别人使用，是不经济的。王栋贵（2012）综述了诸多国内外经济学者对国际收支阶段论的研究，并讨论了国际收支阶段论对中国的适用性。

### 2.5.2 贸易开放度

关于贸易开放度对一国经常账户的影响，不同的文献得出的结论并不相同。比较有代表性的是，Chinn和Prasad（2003）认为，一国贸易开放度的提高对经常账户具有负向作用，理由是贸易开放度的上升意味着与国外相比，本国资本更具有吸引力，从而促使本国的投资率上升，并且可以利用更多的国外资本为本国经常账户赤字融资。Santos-Paulino和Thirlwall（2004）采用进出口关税来衡量贸易开放度，发现贸易开放度对发展中国家进出口都具有正向影响，但是对进口的正向影响要大于对出口的。Cavallo和Frankel（2008）认为，长期来看，贸易开放度的上升对经常账户的借方具有正向作用，并且这种正向作用要大于对贷方的正向作用。谢建国和张炳男（2013）认为，对外贸易的开放可以促使一国更好地利用国外资本来提升本国的就业水平，优化资源配置，从而提高本国的产出能力和效率，对一国经常账户具有正向作用。

需要说明的是，衡量贸易开放度的指标有很多。目前，一直被学者们广泛采用的是进出口贸易总额与国内生产总值GDP的比值。还有一些学者采用关税率、黑市交易费用、道拉斯指数、修正的贸易依存度等指标来测量贸易开放度（贾良斌等，1999；包群等，2003；胡立法，2004；沈利生，2005；黄琛杰，2006；等等）。

### 2.5.3 赫克歇尔－俄林的资源禀赋理论

赫克歇尔－俄林的资源禀赋理论是国际贸易的基本理论之一，指各国倾向于出口那些在其生产过程中相对密集地使用本国相对丰盈生产要素的商品，简称H–O理论。H–O理论假设在完全竞争条件下，两国的生产规模报酬不变，利用两种供给呈完全刚性的生产要素生产两种相同的产品，两国生产的同种产品的价格便取决于生产成本的差别，而生产成本的差别来自两国生产要素价格的差别，最终两国生产要素价格的差别取决于两国要素资源禀赋的差异。根据H–O理论，资源禀赋的相对差异是两国进行国际贸易的基础，也是决定两国经常账户的根本原因。

H–O理论从一个全新的视角阐述了资源禀赋对国际分工与国际收支的作用。但是学者们对H–O理论的意见并不一致，Jones（1956）指出，如果劳动密集型国家出口劳动密集型产品，那么与其交换的商品必须是土地密集型国家出口的劳动密集型产品。显然，定理对另一国是不适用的。Leontief（1953）考察了美国的进出口贸易，发现美国的出口商品是劳动密集型产品，进口替代品是资本密集型产品。这一结论与H–O理论相悖，人们称之为“里昂惕夫悖论”。里昂惕夫悖论的提出也使人们重新思考H–O理论成立的条件和含义。

与其他理论比较，赫克歇尔－俄林资源禀赋理论和里昂惕夫悖论更多地关注一国进出口商品的结构，对我们理解经常账户失衡有一定的帮助。

### 2.5.4 布雷顿森林体系Ⅱ学说

近年来，布雷顿森林体系Ⅱ学说逐渐兴起。布雷顿森林体系Ⅱ学说认为，全球经常账户失衡是现行国际货币体系下，发达国家和发展中国家政府制定不同经济发展战略带来的结果。纵观世界，当前全球经常账户赤字主要存在于美国、英国等少数经济发达国家，大部分保持经常账户盈余的国家是发展中国家。Dooley等（2009）发现，这一特征与布雷顿森林体系时期的经济形势非常相似。布雷顿森林体系建立之初，美国成为世界上的“中心国家”，欧洲和日本形成世界上的“外围国家”。外围国家通过汇率低估，采用贸易和资本管制等措施，形成了大量的外汇储备。随着外围国家逐渐向中心国家靠拢，东亚新兴国家成为新的外围国家，美国依然是中心国家。当前全球经常账户失衡只不过是布雷顿森林体系的翻版，称为布雷顿森林体系Ⅱ。

接下来，学者们重点讨论了布雷顿森林体系Ⅱ的可持续性。Dooley等（2009）认为，布雷顿森林体系Ⅱ是可以持续的，因为东亚国家有着十分充裕的剩余劳动力，而美国有足够多的国内需求吸收东亚国家的储蓄。在2008年国际金融危机爆发后，Dooley等（2009）否认金融危机是当今国际货币体系不可持续的表现，认为如果2008年国际金融危机是国际货币体系危机，则应当发生美元危机。但事实上，世界其他国家并未停止向美国融资，美元资产的利率也没有大幅上升。相反，Roubini和Setser（2005）认为，布雷顿森林体系Ⅱ的内在是不稳定的，美国需要为经常账户赤字融通的资本已经远远不是世界其他国家央行储蓄所能够提供的了的。Gourinchas和Rey（2007）认为，美元依靠世界货币的地位，不断向世界其他国家扩张，从中获得巨额利益：美国通过长期的经常账户逆差获得稳定的“铸币税”收入流。Gourinchas和Rey认为，当今的国际货币体系依然存在着“特里芬难题”，具体而言，在布雷顿森林体系下，美元与黄金的脱钩是世界各国所恐惧的，而现在世界各国担心的是美元贬值。

国内研究方面，中国经济增长与宏观稳定课题组（2009）从货币霸权视角出发，建立了全球失衡与危机的模型，论证了美国扩张性的货币政策和美元霸权与2008年国际金融危机密切相关。王道平和范小云（2011）研究发现，当今的国际货币体系是全球经常账户失衡以及金融危机频繁爆发的重要原因。

### 2.5.5 生产率冲击

理论上，在只存在一种商品的两国经济情况下，短期生产率冲击对经常账户的效应并不明确。可以解释为，如果一国生产率（country-specific productivity）是临时性提高，收入增加会促使本国资本流出以平滑消费，发生经常账户逆差；如果一国生产率是永久性提高，该国需要从外国进口资本以满足本国生产率提高带来的投资扩张，发生经常账户顺差。全球生产率（Global Productivity）的提高对经常账户的效应更加复杂，学者们对国别生产率和全球生产率冲击对经常账户失衡的影响展开研究。Glick和Rogoff（1995）利用8

个工业化国家的面板数据进行实证研究，结果表明国别生产率的提高具有恶化一国经常账户的倾向，如果冲击对于所有国家都是严格对称的话，全球生产率的提高对经常账户失衡没有明显的影响。Iscan（2000）进一步区分了贸易品部门和非贸易品部门，结论显示：国别贸易品部门生产率的提高对经常账户的负向作用强于对投资的正向作用；全球贸易品部门生产率冲击与国别非贸易品部门生产率冲击对经常账户没有影响，但是显著地提高一国的投资率。Gourinchas和Jeanne（2007）认为，全要素生产率增长与经常账户之间正相关，一国向世界先进技术的靠近与资本净流入负相关。在世界范围内，发展中国家的资本流向了拥有先进技术的发达国家，在发展中国家内部，资本流向了经济增长更慢的经济体，这也被称为“配置谜团”（Allocation Puzzle）。

### 2.5.6 综合因素的实证研究

随着研究的深入，越来越多的学者意识到全球经常账户失衡是多方面因素的综合结果，他们对全球经常账户失衡进行了综合分析。Debell和Faruqee（1996）运用面板数据对1971—1993年的21个工业化国家的经常账户进行了实证检验，发现人均收入水平、人口结构、财政赤字是经常账户失衡的长期影响因素；实际汇率、贸易条件、经济周期是经常账户失衡的短期影响因素。Normandin（1999）研究发现，财政预算赤字的持续性和人口出生率对经常账户赤字具有正向作用。Chinn和Prasad（2003）将89个国家区分为发达国家和发展中国家，研究发现财政结余率和国际投资净头寸对一国经常账户具有正向作用，人均GDP增长率与经常账户基本无关。在发展中国家，金融发展程度与经常账户正相关，贸易开放度与经常账户弱负相关。Chinn和Ito（2008）将金融发展程度、法律体系制度等因素纳入经常账户决定因素研究中，发现对于工业化国家来说，政府预算是影响经常账户的显著性因素。对于金融发展程度及法律发展程度较高的国家来说，金融市场越发达，储蓄越低；对于新兴经济体或欠发达国家来说，金融市场越发达，储蓄越高。Gruber和Kamin（2009）在Chinn和Prasad（2003）的基础上，引入了一些新的解释变量，包括金融危机虚拟变量、石油收支、制度变量等，对全球61个国家1982—2003年的经常账户余额／*GDP*的影响因素进行了实证研究。研究发现，一些传统因素，包括人均收入、财政赤字、经济增长率、经济开放度等都不能解释亚洲经常账户盈余和美国经常账户赤字。但是，如果加入金融危机变量，则能够很好地解释亚洲经常账户盈余，这是由于金融危机压抑了信贷需求与供给，促使国内需求和投资下降，发生经常账户盈余。

上述综合因素的实证研究为我们理解全球经常账户失衡提供了重要的帮助，说明全球经常账户失衡是多重因素共同作用的结果，并且一些因素对不同组别国家经常账户的影响有着明显的差异。

### 2.5.7　全球经常账户失衡研究新进展

Coulibaly等（2020）研究发现，国际移民在全球经常账户失衡的调整中发挥了重要的作用，移民的增加会改善一国的经常账户。Manger等（2020）认为，一国内部的工资调整制度可以显著地影响经常账户，汇率制度不是影响一国经常账户的显著性因素。Bamogo（2020）研究撒哈拉以南的非洲国家经常账户失衡发现，实际汇率贬值对经常账户赤字的可持续性具有正向影响。Harkmann等（2020）研究发现，汇率制度对中欧和东欧国家的经常账户失衡具有重要作用。张坤（2013）研究发现，与传统因素相比较，国际资本流动的估值效应对全球经常账户失衡的影响愈加明显。陈启斐和张群（2019）研究全球59个主要贸易国家2000—2014年的数据发现，服务贸易净值与经常账户余额之间存在着显著的负向关系。杨盼盼等（2015）研究发现，中国为危机后全球经常账户的再平衡做出了积极贡献。姜珂和昌忠泽（2020）认为，总抚养比的提高会对一国经常账户具有显著的正向作用，但是这种冲击存在着滞后性。

## 2.6　总结与评述

现有文献从不同的角度，运用不同的方法对经常账户收支理论进行了具体的分析，为进一步研究全球经常账户失衡问题提供了重要的理论依据。对文献归纳总结后发现，全球经常账户失衡的影响因素有：政府财政收支、人均收入、人口年龄结构、人口性别比、文化差异、金融发展程度、贸易开放度、生产率冲击、自然资源禀赋、国际货币体系、进出口商品的收入弹性、经济增长率、汇率、法律完善程度以及金融危机等。想要穷尽全球经常账户失衡影响因素似乎是不现实的。许多研究者选择上述因素作为解释变量或控制变量，对全球经常账户失衡进行理论分析和实证检验。但是现实情况是，对于一项理论（因素），不同的研究得出的结论往往大相径庭，似乎没有统一确定的理由来解释全球经常账户失衡。按照这种思路，全球经常账户失衡似乎是难以解释的神秘谜团。

一般而言，一国的经常账户失衡不仅与单一因素相关，而是多重因素共同作用的综合结果。基于这些考虑，有必要选择重要因素，从综合视角出发，对全球经常账户失衡影响因素进行统计描述和数据验证，考察各国影响因素（横轴）与经常账户失衡（纵轴）之间的对应关系，探求哪些理论（因素）更加富有现实意义。大多数已有文献采用单一的数据列，没有比较横截面数据、面板数据和时间序列数据实证检验结果的异同。事实上，在凯恩斯收入消费研究中，学者们发现存在着横截面数据和时间序列数据冲突的问题，即从横截面数据来看，低收入家庭是负储蓄（动用以前的储蓄、借贷等），高收入家庭的消费小于收入，平均消费倾向下降，支持凯恩斯绝对收入理论。但是，从长期时间序列数据来看，美国（家庭）的长期平均消费倾向基本保持不变，与凯恩斯绝对收入理论不一致。那么，横截面数据、面板数据、时间序列数据不一致的现象是否存在于经常账户失衡中？这是一个值得研究的问题。再有，面板数据的确定性结论是否适用于持续性失衡国家（地区）的分析，也是一个值得关注的问题。全球经常账户失衡的突出表现是某些国家（地区）经常账户的持续性不平衡现象，有必要选择几个持续性失衡国家（地区），结合这些国家（地区）的特点，分别进行理论研究或时间序列数据实证研究。现有文献更多地关注美国巨额的经常账户赤字以及中国的持续性经常账户盈余。但是，欧元区内部成员国之间的经常账户失衡并未引起广泛的关注。在名义汇率相同的情况下，欧元区内部成员国之间发生了大规模的经常账户失衡：德国、荷兰保持着巨额的经常账户顺差，希腊、西班牙和葡萄牙发生了严重的经常账户逆差。因此，有必要将欧元区内部成员国之间经常账户失衡纳入持续性失衡范畴进行研究和讨论。

## 2.7 本章小结

本章主要内容分为五个部分，分别对传统的经常账户收支理论、经常账户跨期均衡分析法、跨期均衡视角下的储蓄－投资缺口、逐步丰富的经常账户决定因素研究进行了文献综述，并进行了总结和评述。

对于经常账户收支理论的综述表明，传统的经常账户收支理论从局部均衡视角出发，更多地考察收入、相对价格及汇率、结构、消费和投资支出对经常账户失衡的作用。经常账户跨期均衡分析法从动态均衡视角出发，使得经常账户均衡决定具有了微观基础。在跨期均衡分析框架下，政府、居民和企业的储蓄－投资缺口是构成一国经常账户余额的三个部分，对经常账户均衡决定因素的挖掘深入到财政赤字、人均收入、人口年龄结构、人口性别比、收入不确定性、文化差异、经济增长率、金融市场发展程度等多个方面。国际收支阶段论、贸易开放度、资源禀赋理论、布雷顿森林体系Ⅱ学说、生产率冲击等理论逐渐丰富了经常账户收支理论。越来越多的学者意识到全球经常账户失衡往往是多种因素共同作用的结果。

本章的不足之处主要在于对投资收益和经常转移并未单独详细地综述，投资收益和经常转移是分析经常账户失衡不可或缺的两项内容。例如，从私人侨汇收入来看，印度、墨西哥、菲律宾、中国等国家是私人侨汇收入较高的国家，也会在一定程度上影响一国的经常转移，导致经常账户失衡。作者将在今后的研究中尝试对投资收益和经常转移影响因素进行详细综述。

# 3 全球经常账户失衡变迁（1980—2015年）

## 3.1 引言

本章讲述全球经常账户失衡的变迁。首先，搜集了世界180个国家（地区）1980—2015年的经常账户余额（或经常账户余额 / *GDP*）数据，在此基础上，从失衡规模和失衡离散程度两个维度对全球经常账户失衡进行历史数据描述和分析。其次，从国别（地区）视角出发，考察了1980—2015年，北美的美国、加拿大，亚洲的中国、日本及部分新兴经济体，欧洲的英国、欧元区成员国、俄罗斯，大洋洲的澳大利亚、新西兰，拉丁美洲的墨西哥、巴西、阿根廷、哥伦比亚、委内瑞拉、秘鲁和智利，非洲的埃及、南非、阿尔及利亚、埃塞俄比亚、安哥拉和贝宁，以及中东地区产油国沙特阿拉伯、阿联酋、伊朗、科威特的经常账户失衡，并对其展开描述与分析。最后，对全球经常账户失衡特征进行了总结。

## 3.2 全球经常账户失衡历史数据描述与分析

### 3.2.1 全球经常账户失衡规模 / *GDP*

无论是顺差，还是逆差，都是一国经常账户失衡的表现。鉴于此，学术界通常采用世界范围内各国经常账户顺差与逆差绝对值之和 / *GDP* 作为衡量全球经常账户失衡规模相对值的指标（Blanchard et al., 2009）。具体公式为

$$GI_t = \frac{\sum_i |CA_i|}{\sum_i |GDP_i|} \tag{3-1}$$

其中，$GI_t$表示全球经常账户失衡规模／*GDP*，$CA_i$表示第$i$个国家的经常账户余额，$GDP_i$表示第$i$个国家的国内生产总值。$GI_t$越高，表示全球经常账户失衡的问题越严重；$GI_t$越低，表示全球经常账户失衡的严重程度越低。

根据式3-1，本书利用全球180个国家1980—2015年的历史数据，计算$GI_t$。图3-1是1980—2015年全球经常账户失衡规模／*GDP*数据的变化。

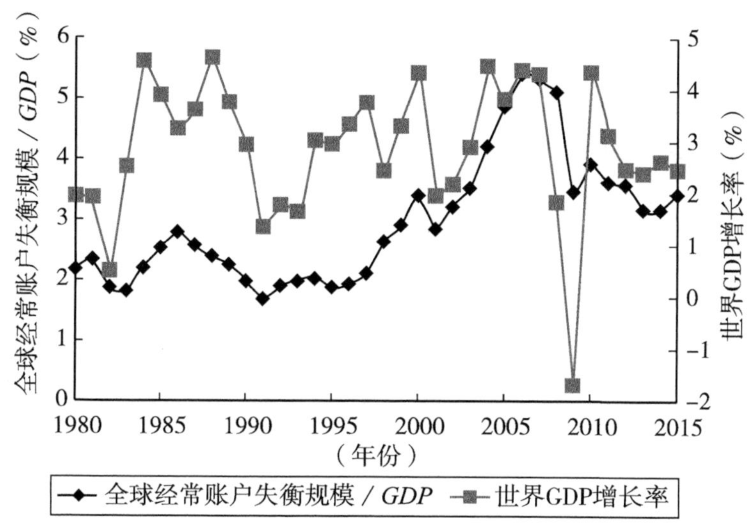


**图3-1　1980—2015年全球经常账户失衡规模／*GDP*数据的变化**

数据来源：作者根据世界银行WDI数据库自行计算。

可以发现以下两个特点：第一，在大多数年份里，全球经常账户失衡规模／*GDP*和世界GDP增长率保持着同向而行的走势。例如，1991—2000年，世界GDP增长率整体呈上升趋势，从1.36%（1991年）上升至4.33%（2000年），全球经常账户失衡规模／*GDP*也从1.69%（1991年）上升至3.40%（2000年）。2008年国际金融危机和欧债危机爆发后，世界GDP增长率从2006年的4.38%下降至2009年的−1.68%，全球经常账户失衡规模／*GDP*也从2006年的5.40%下降至2009年的3.46%。第二，1980—1995年，全球经常账户失衡规模／*GDP*基本保持在2.00%左右。1995年以后，全球经常账户失衡规模／*GDP*增加，在2006年达到顶峰（5.40%）。尽管在2008年国际金融危机和欧债危机爆发前后，全球经常账户失衡规模／*GDP*出现了一定幅度的下降，但是依然保持在3.50%以上。随着世界经济的复苏，2013—

2015年，全球经常账户失衡规模 / *GDP*再次小幅扩大，2015年全球经常账户失衡规模 / *GDP*达到3.42%，约为1991年失衡规模（1.69%）的两倍。总体上，自20世纪90年代后期以来，全球经常账户失衡程度逐渐加深，失衡水平较高，应当给予充分的重视。

### 3.2.2 全球经常账户失衡离散程度

为了更清晰地看出在一段时间内，全球经常账户失衡的分布是更加广泛，还是更加集中，一些学者采用离散程度作为衡量全球经常账户失衡集中程度的指标（Bracke et al.，2010；杨盼盼等，2014）。本书采用Bracke等（2010）的方法计算1980—2015年全球经常账户失衡的离散程度，包括顺差国经常账户失衡离散程度和逆差国经常账户失衡离散程度。

$$S_1 = 1 / \sum_{CA_i > 0} \left( \frac{CA_i}{\sum_i CA_i} \right)^2 \tag{3-2}$$

$$S_2 = 1 / \sum_{CA_i \ll 0} \left( \frac{CA_i}{\sum_i CA_i} \right)^2 \tag{3-3}$$

其中，$S_1$代表顺差国经常账户失衡离散程度，$S_2$表示逆差国经常账户失衡离散程度。

$CA_i$表示第$i$个国家的经常账户余额。$CA_i > 0$代表经常账户顺差国家，$CA_i < 0$代表经常账户逆差国家。$S_1$增加，表示顺差国经常账户失衡的分布更加广泛；$S_1$越低，表示顺差国经常账户失衡越集中在较少的国家。同样，$S_2$增加，表示逆差国经常账户失衡的分布更加广泛；$S_2$越低，表示逆差国经常账户失衡的分布越集中在较少的国家。

根据式3-2、式3-3，计算1980—2015年顺差国和逆差国经常账户失衡离散程度，形成图3-2。从图3-2可以发现，自20世纪80年代以来，顺差国失衡的离散程度小幅波动，在扩散之后迅速收敛和集中，然后又重新扩散至更多国家。扩散和集中的时间长度是6~7年。这一现象说明，当一个顺差国的失衡程度上升到超过世界平均顺差水平后，该顺差国的失衡程度会逐渐下降，从而使全球顺差国经常账户失衡的离散程度上升，如此循环往复，开始下一阶段的收敛集中和重新扩散过程。值得关注的是，2011—2015年，全球经常账户顺差国失衡的离散程度从12.99（2011年）下降至8.12（2015年），顺差国失衡的集中程度逐年加深。

图3-2也显示了逆差国经常账户失衡的离散程度。可以发现，1981—1994年，逆差国失衡的离散程度呈现迅速下降后逐步上升，然后再次下降的过程。20世纪90年代后期至2015年，逆差国失衡的离散程度较为稳定。这一现象说明，如果某个国家的经常账户逆差水平超出世界平均值，这很可能不是一种暂时的现象，而会在很长时间内持续。尽管2005—2013年，逆差国经常账户失衡的离散程度小幅上升，但是依然远低于顺差国失衡的离散程度。2013—2015年，逆差国经常账户失衡的离散程度从7.26下降至4.79，逆差国经常账户失衡集中程度逐年加深。

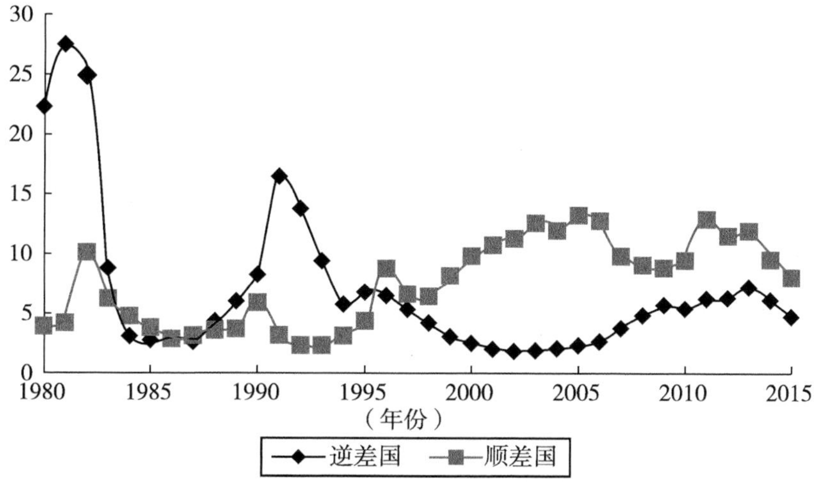


**图3-2　1980—2015年顺差国和逆差国经常账户失衡离散程度**

数据来源：作者根据世界银行WDI数据库自行计算。

通过上述分析可以发现，顺差国和逆差国经常账户失衡离散程度大致可以分为两个阶段，1980—1995年，顺差国失衡的离散程度总体低于逆差国，1996—2015年，逆差国失衡的离散程度低于顺差国。2013—2015年，顺差国和逆差国失衡的分布都更加集中。

## 3.3　国别视角下经常账户失衡历史数据描述与分析

这一节以地域为划分标准，对五大洲主要经济体的经常账户失衡展开历史数据描述和分析。

### 3.3.1　北美主要经济体的经常账户失衡

#### 3.3.1.1　美国经常账户的持续性逆差

第二次世界大战后，美国的经济一直以绝对优势领先于世界各国。直至1971年，美国的货物贸易与经常账户第一次出现了逆差，随后的几年里，美国经常账户时而为正，时而为负，但是1982—2015年（1991年除外），美国经常账户始终保持着逆差。

研究1980—2015年美国经常账户的绝对值（经常账户余额）和相对值（经常账户余额／*GDP*），可以发现，1981—1991年，美国的经常账户逆差先急剧扩大，后迅速缩小。一些研究认为，1985年的“广场协议”以及1987年的“卢浮宫协议”后，日元和德国马克的升值是缓解美国经常账户逆差的重要因素（李杨和何海峰，2009）。自1991年后，美国经常账户持续恶化，赤字额屡创新高，并在2006年——次贷危机爆发的前一年达到历史最高点（经常账户赤字额8067.26亿美元，经常账户赤字额／*GDP*为5.82%）。2008年国际金融危机和欧债危机爆发前后，美国的经常账户逆差有所缓解，赤字额和赤字额／*GDP*均有所下降。2010—2015年，美国经常账户赤字额的平均水平约为4284亿美元，4284亿美元／*GDP*的平均水平约为2.65%。2015年，美国经常账户赤字额约为4630亿美元，4630亿美元／*GDP*约为2.70%，为1982年（0.35%）的7.71倍、1992年（0.79%）的3.42倍。无论是绝对失衡水平，还是相对失衡水平，美国都发生了持续的经常账户逆差。

为了更加清晰地观察美国经常账户失衡在全球经常账户失衡中扮演的角色和所处的地位，本书利用1980—2015年全球180个国家的经常账户失衡历史数据，计算美国经常账户赤字额占全球经常账户赤字总额的比重可以发现，1980—1990年和1991—2013年，美国的经常账户赤字额占全球经常账户赤字总额的比重分别经历了一次急剧扩大又逐渐缩小的过程。1994—2015年，美国经常账户赤字总额占全球经常账户赤字额的比重保持在30%以上，2015年，美国经常账户赤字额占全球经常账户赤字总额的比重达到42.0%。1980—2015年，美国经常账户赤字额占全球经常账户赤字总额的平均值约为41.4%，美国是全球经常账户赤字的主要来源。

#### 3.3.1.2　加拿大经常账户的非持续性失衡

加拿大位于北美洲，是世界上国土面积第二大的国家，拥有丰裕的自然资源和发达的科技。研究1980—2015年加拿大的经常账户绝对值（经常账户余额）和相对值（经常账户余额／*GDP*），可以发现，1980—1998年，有9年发生了经常账户赤字。经常账户赤字额最高值达到229亿美元（1991年），经常账户赤字额／*GDP*最高值达到3.94%（1989年）。1999—2008年，加拿大保持了10年的经常账户盈余。2009年，加拿大发生了经常账户赤字，并且经常账户赤字额逐渐扩大。2015年，加拿大的经常账户赤字额达到489.65亿美元，经常账户赤字额／*GDP*约为3.16%。总体上，1980—2008年，加拿大经历了近10年的经常账户赤字后，保持了10年的经常账户盈余，2008年金融危机后，加拿大的经常账户一直是逆差状态。应该说，加拿大的经常账户发生了非持续性失衡。

### 3.3.2　日本及亚洲新兴经济体的经常账户盈余

近年来，日本及亚洲新兴经济体几乎同时呈现出较大规模的经常账户盈余。研究1982—2015年中国经常账户余额和经常账户余额／*GDP*。可以发现，在1994年以前，中国的经常账户余额时而为正，时而为负。1994—2015年，中国始终保持着经常账户顺差，并且在2002—2007年，顺差额和顺差额／*GDP*都迅速扩大。尽管在2008年国际金融危机和欧债危机之后，中国的经常账户顺差额和顺差额／*GDP*都逐渐下降，但是伴随着世界经济的复苏，自2014年起，中国的经常账户顺差额和顺差额／*GDP*不断攀升。2015年，中国经常账户顺差额为3306.02亿美元，顺差额／*GDP*约为2.96%。

研究1980—2015年日本经常账户余额和经常账户余额／*GDP*可以发现，1981—2015年，日本的经常账户始终保持着顺差。2007年，日本经常账户顺差额／*GDP*达到最高值（4.87%）。2010年，日本经常账户顺差额达到最高值（2209.86亿美元）。2011年，日本东北部海域发生了9.0级大地震，并引发海啸，受到这些自然灾害的影响，日本的经常账户盈余连续3年下降。2014年，日本的经常账户顺差额减少为364.77亿美元，顺差额 / *GDP*下降至0.79%。随着国际油价的下跌，以及出口贸易、旅游业的复苏，2015年，日本经常账户顺差再次扩大，经常账户盈余1355.80亿美元，顺差额 / *GDP*达到3.28%，约为2014年的4.15倍。

研究1980—2015年部分亚洲新兴经济体（包括印度、印度尼西亚、马来西亚、菲律宾、泰国、韩国和新加坡）经常账户余额之和与经常账户余额 / *GDP*之和。可以发现，1980—1997年的大多数年份里，这些亚洲新兴经济体的经常账户整体上呈现逆差。1998—2015年，这些亚洲新兴经济体的经常账户整体上保持顺差，顺差额之和最高值为2015年的1723.14亿美元，最低值为2012年的126.16亿美元；顺差额 / *GDP*之和保持在22%以上。

为了更加清晰地反映日本及亚洲新兴经济体经常账户盈余对全球经常账户盈余的贡献，这里利用1982—2015年全球180个国家经常账户失衡的历史数据，计算日本及亚洲新兴经济体经常账户顺差额占全球经常账户顺差总额的比重，形成图3–3。

首先考察中国的顺差额占比情况。中国的顺差额占全球经常账户顺差总额的比重相对稳定，1994—2008年，该份额从2.87%上升至24.98%。2008年后，该份额小幅下滑，但依然保持在10%以上。2015年，中国顺差额占全球经常账户顺差总额的比重为23.44%，处于历史上的高位水平。

其次考察日本的顺差额占比情况。图3–3显示，日本顺差额占全球经常账户顺差总额的比重总体上逐渐缩小。在1996年以前，日本的经常账户顺差额占全球经常账户顺差总额的比重不断波动，最低值为1982年的11.91%，最高值达到1992年的63.58%。1998年以后，日本的经常账户顺差额占全球经常账户顺差总额的比重逐渐下降，2014年达到最低值2.62%。2015年，该份额上升至9.61%。

最后考察部分亚洲新兴经济体（包括印度、印度尼西亚、马来西亚、菲律宾、泰国、韩国和新加坡）顺差额之和的占比情况。图3–3显示，在1982—1998年的大多数年份里，亚洲新兴经济体的经常账户顺差额之和占全球经常账户顺差总额的比重为负值。1998—2015年，这些亚洲新兴经济体的经常账户顺差额之和占全球经常账户顺差总额的比重始终为正，最大值达到1998年的23.06%，最小值为2012年的0.88%。2015年，这些亚洲新兴经济体经常账户顺差额之和占全球经常账户顺差总额的比重为12.22%。

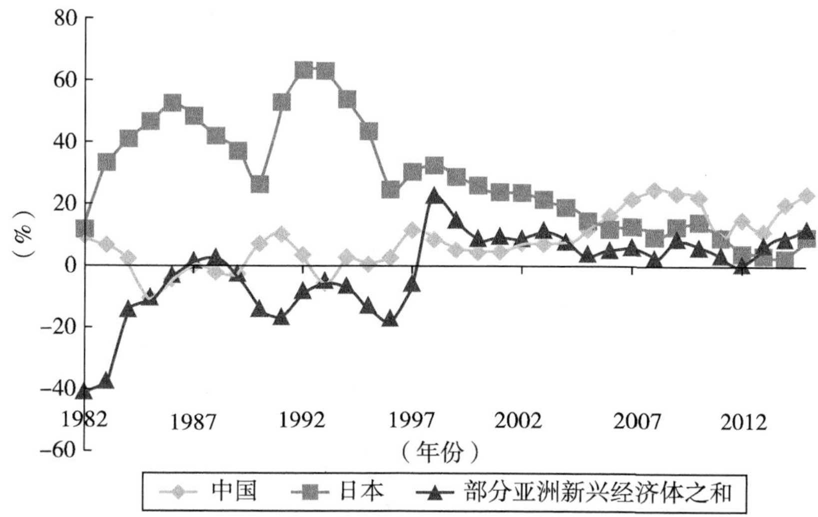


**图3–3　1982—2015年中国、日本及部分亚洲新兴经济体经常账户顺差额占全球经常账户顺差总额的比重**

数据来源：世界银行WDI数据库、国家外汇管理局与作者自行计算。由于数据的可得性，这里的亚洲新兴经济体包括印度、印度尼西亚、马来西亚、菲律宾、泰国、韩国和新加坡。

### 3.3.3　欧洲主要经济体的经常账户失衡

#### 3.3.3.1　英国经常账户的持续性逆差

图3–4显示了1980—2015年英国的经常账户绝对值（经常账户余额）和相对值（经常账户余额／*GDP*），可以发现，1984—2015年，英国已经持续了32年的经常账户逆差。1981—1989年的9年间，英国的经常账户逆差急剧扩大，逆差额最高值为1989年的410.84亿美元，逆差额／*GDP*最高值为4.11%。1990—1997年，英国经常账户赤字额总体上呈现逐渐缩小的趋势，1997年逆差额为29.46亿美元，逆差额／*GDP*为0.19%。1998年开始，英国经常账户逆差再次扩大，2015年扩大至1532.95亿美元，逆差额／*GDP*达到1980年以来的最高值5.36%。

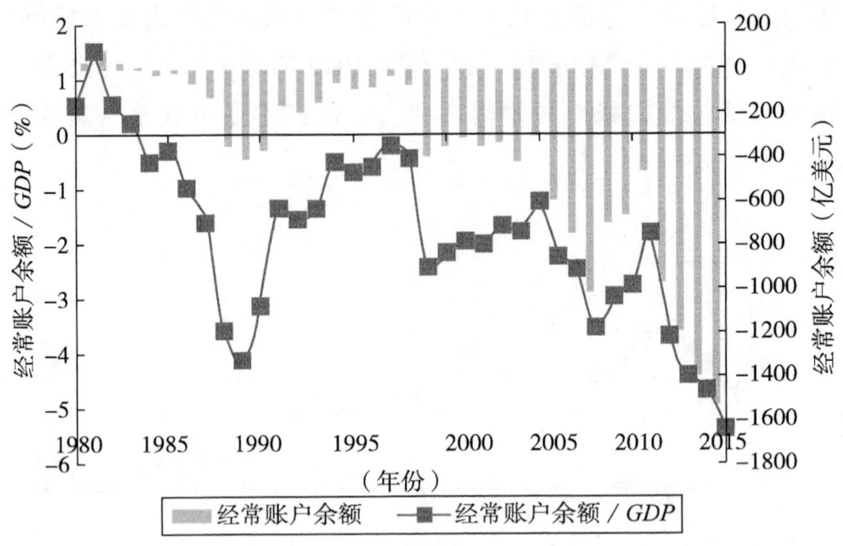


**图3-4 1980—2015年英国经常账户余额与经常账户余额/*GDP***

数据来源：世界银行WDI数据库。

### 3.3.3.2 欧元区成员国之间的经常账户失衡

在欧洲主权债务危机爆发之前，学者们重点关注了美国持续性经常账户逆差和中国、日本及东亚国家的大规模经常账户顺差，欧元区成员国之间的经常账户失衡并未成为全球经常账户失衡问题的焦点。一个可能的解释是，作为货币联盟，欧元区整体上经常账户余额接近于传统的平衡（Ahearne et al. 2005；廖泽芳，2014）。随着欧洲主权债务危机的爆发和蔓延，学术界和政策制定者们开始关注欧元区成员国之间的经常账户失衡问题。

为了更加清晰地反映欧元区成员国之间的经常账户失衡，本书剔除了8个区内GDP占比小于1%的国家[①]，以欧元区（整体）、德国、荷兰、希腊、葡萄牙、西班牙为一组研究对象，以奥地利、比利时、芬兰、法国、爱尔兰、意大利为另一组研究对象，分别展示各自的经常账户余额/*GDP*，形成图3-5、图3-6。从图3-5可以发现，自1999年欧元区建立以来，欧元区在整体上经常账户收支接近平衡，但其成员国之间的经常账户收支状况截然不同。一方面，在大多数年份里，德国、荷兰始终保持巨额的经常账户顺差。2004—2015年，

① 分别是塞浦路斯、卢森堡、马耳他、斯洛伐克、斯洛文尼亚、立陶宛、爱沙尼亚、拉脱维亚。

这两个国家的经常账户余额 / *GDP*保持在4%以上，最高值超过10%。并且，即使在2008—2010年全球经济低迷时期，德国、荷兰依然可以保持高位顺差。另一方面，希腊、葡萄牙、西班牙则发生了严重的经常账户赤字。2006年，希腊、葡萄牙和西班牙的经常账户赤字 / *GDP*分别为11.49%、10.67%和8.99%。在欧债危机和经济危机爆发后，随着国内需求的缩减、进口额的下降，葡萄牙和西班牙的经常账户赤字逐渐减少，2015年，葡萄牙和西班牙出现了少量的经常账户盈余。

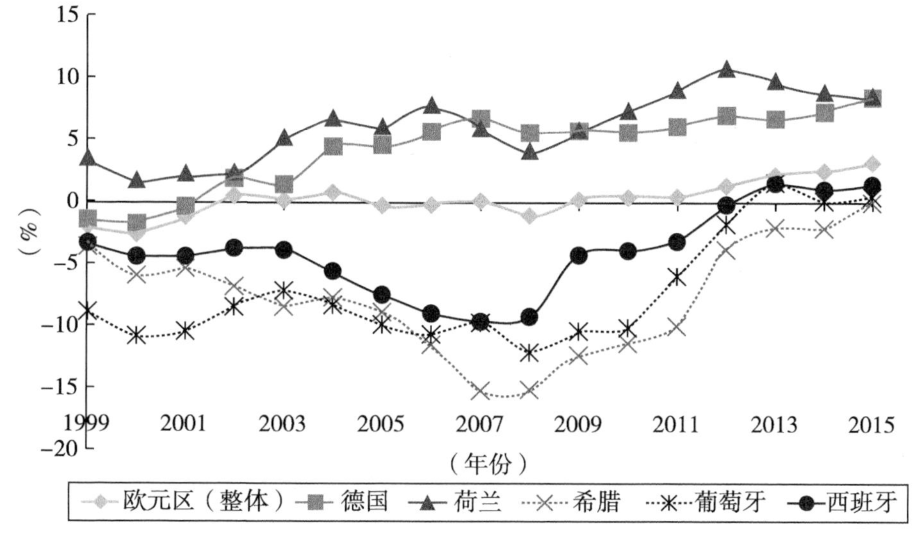


**图3-5　1999—2015年欧元区成员国经常账户余额 / *GDP*（一）**

数据来源：国际货币基金组织WEO数据库。为突出重点，本图只列出欧元区（整体）、德国、荷兰、希腊、葡萄牙、西班牙的经常账户余额 / *GDP*。

由图3-6可以发现，在大多数年份里，法国和意大利的经常账户余额 / *GDP*保持在2%以内，奥地利和比利时的经常账户余额 / *GDP*在2%左右，芬兰、爱尔兰的经常账户余额 / *GDP*呈现较大幅度的波动。通过图3-11和图3-12的分析可知，欧元区成员国之间的经常账户失衡集中体现在德国、荷兰与希腊、西班牙、葡萄牙等国家之间，这些国家的经常账户发生了持续性失衡。

为了进一步观察德国、荷兰、希腊、西班牙和葡萄牙的经常账户失衡，本书采用图3-7来显示这些国家的经常账户余额，可以发现，2002—2015

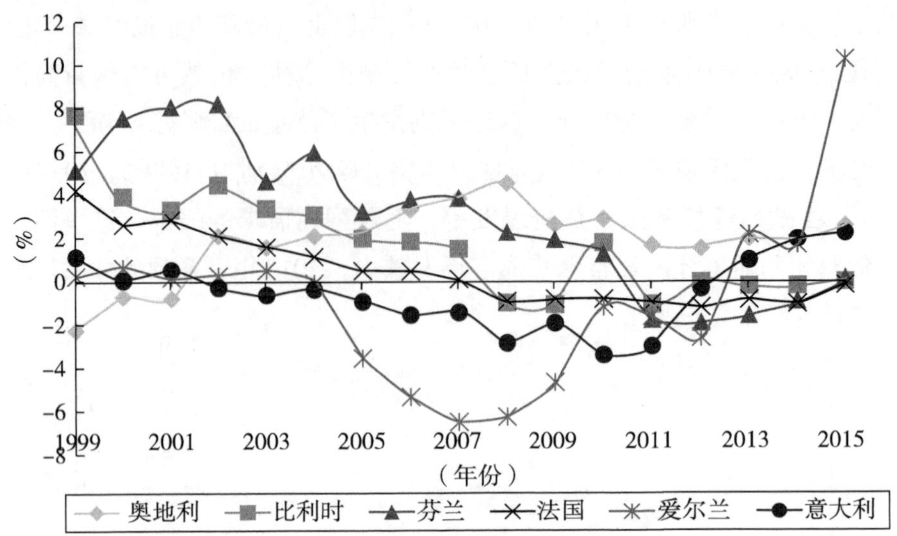


图3-6 1999—2015年欧元区成员国经常账户余额 / *GDP*（二）

数据来源：国际货币基金组织WEO数据库。为突出重点，本图列出奥地利、比利时、芬兰、法国、爱尔兰、意大利的经常账户余额 / *GDP*。

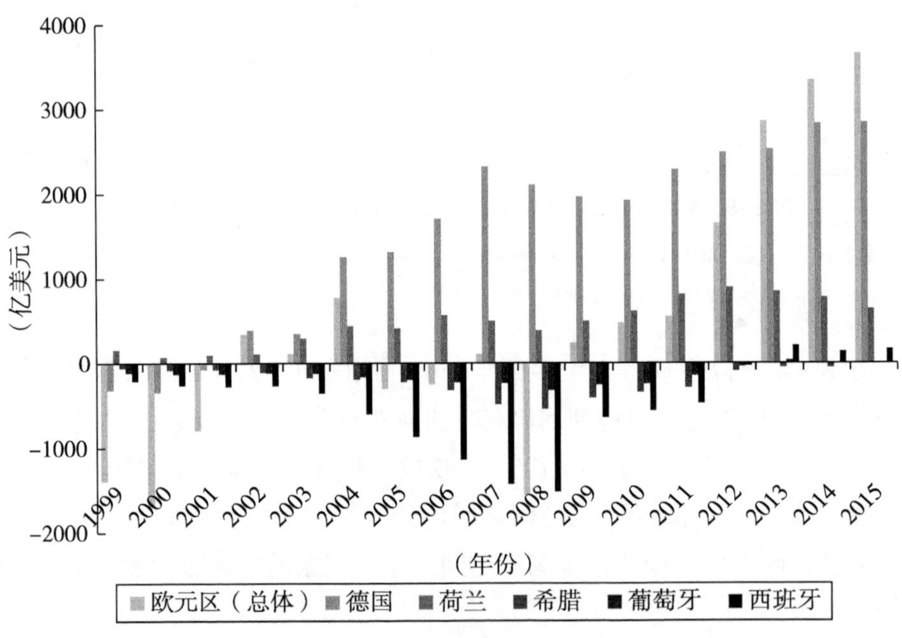


图3-7 1999—2015年欧元区成员国经常账户余额

数据来源：国际货币基金组织WEO数据库。

年以来，德国始终保持着经常账户顺差，是欧元区主要的顺差国家。2015年，德国的顺差额达到历史最高值2842.24亿美元。1999—2015年，荷兰的经常账户始终保持顺差，2012年顺差额达到最高值895.44亿美元，最低值为2000年的72.64亿美元。希腊、西班牙和葡萄牙则发生了严重的经常账户逆差。2008年，希腊、西班牙和葡萄牙的经常账户逆差规模分别为538.15、319.21和1519.62亿美元。2012年后，希腊、西班牙和葡萄牙的经常账户逆差额减少，德国、荷兰经常账户顺差额保持稳定或继续扩大，欧元区整体的经常账户顺差额呈现扩大趋势。无论是从失衡的绝对规模，还是从相对规模来看，欧元区成员国之间的经常账户失衡都不容忽视，是全球经常账户失衡的重要体现。

#### 3.3.3.3　俄罗斯经常账户的持续性顺差

作为世界上国土面积最大的国家，俄罗斯拥有丰富的石油、天然气、煤炭、铁、森林等自然资源，成为其出口贸易盈余的主要来源。俄罗斯的经常账户失衡并未引起学者们的广泛关注。事实上，1992—2015年，俄罗斯的经常账户仅在1992年和1997年为负值，其余各个年份均保持着经常账户盈余，如图3-8所示。

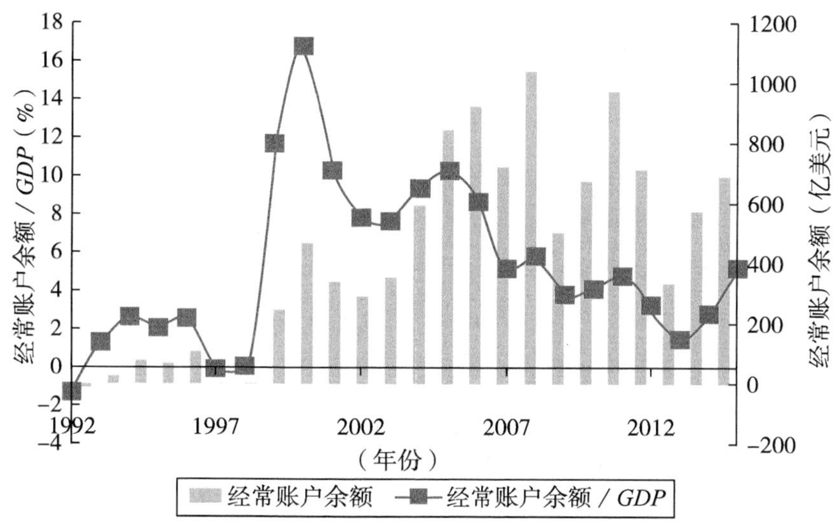


**图3-8　1992—2015年俄罗斯的经常账户余额与经常账户余额／*GDP***

数据来源：世界银行WDI数据库。由于数据的可得性，俄罗斯的经常账户数据从1992年开始。

图3-8显示了1992—2015年俄罗斯的经常账户余额与经常账户余额/*GDP*。可以发现，从经常账户失衡绝对规模来看，20世纪90年代后期以来，俄罗斯的经常账户顺差额总体上呈增长态势，从1998年的2.19亿美元扩大至2008年的1039.35亿美元。2009年，受国际金融危机的影响，俄罗斯的经常账户顺差额下降至503.84亿美元。2012—2013年，俄罗斯的经常账户顺差额小幅回落。2015年，俄罗斯的经常账户顺差额扩大至690.00亿美元。从相对规模来看，俄罗斯的经常账户顺差额/*GDP*的最高值为2000年的16.79，最低值为1998年的0.075%。2000—2013年，俄罗斯的经常账户顺差额/*GDP*总体上呈下降态势。2013—2015年，俄罗斯的经常账户顺差额/*GDP*由1.50%扩大至5.20%。鉴于上述分析，应当认为，俄罗斯发生了持续性经常账户顺差，是全球经常账户顺差的来源国。

### 3.3.4 大洋洲主要经济体的经常账户失衡

作为大洋洲的主要国家，澳大利亚的经常账户失衡并未引起学者们的广泛关注。一个可能的解释是，与美国严重的经常账户赤字，和中国、日本巨额的经常账户盈余相比，澳大利亚的经常账户失衡的绝对规模相对较小。图3-9显示了1980—2015年澳大利亚的经常账户余额与经常账户余额/*GDP*。可以发现，澳大利亚的经常账户始终保持着逆差。从经常账户失衡的绝对规模来看，自20世纪90年代年起，澳大利亚的经常账户逆差整体呈扩大的趋势，2012年，澳大利亚的经常账户逆差额达到最大值660.03亿美元。2004—2015年，澳大利亚的经常账户逆差额始终大于400亿美元。从经常账户失衡的相对规模来看，澳大利亚的经常账户逆差额/*GDP*在4%附近波动，2007年达到最高值6.70%。这些现象说明，在关注欧美和亚洲经济体经常账户失衡的同时，我们应该意识到在大洋洲，澳大利亚同样是经常账户失衡较为严重的国家。需要说明的是，大洋洲的主要国家新西兰也发生了长期的经常账户逆差（见图3-10），但是逆差额的绝对规模较小，2015年为55.94亿美元，约为同期澳大利亚（579.78亿美元）的9.65%。在大洋洲，澳大利亚是主要的经常账户逆差国家，也是全球经常账户逆差的来源国。

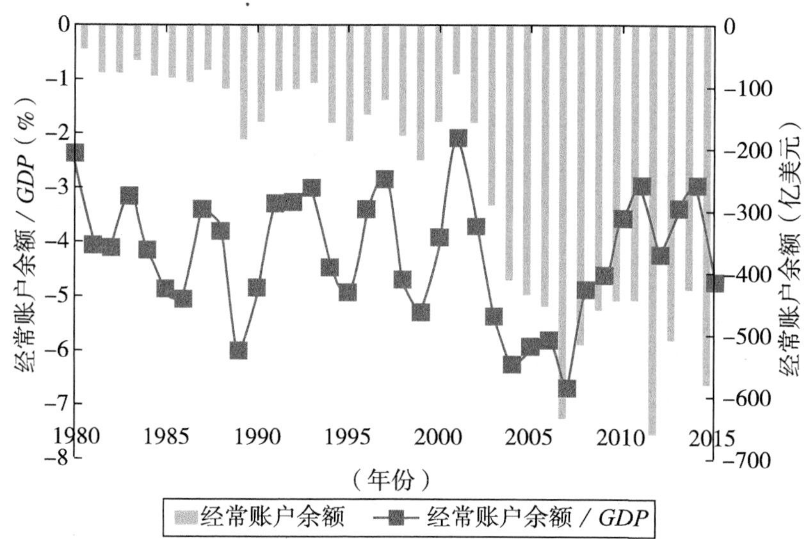


**图3-9 1980—2015年澳大利亚的经常账户余额与经常账户余额 / *GDP***

数据来源：世界银行WDI数据库。

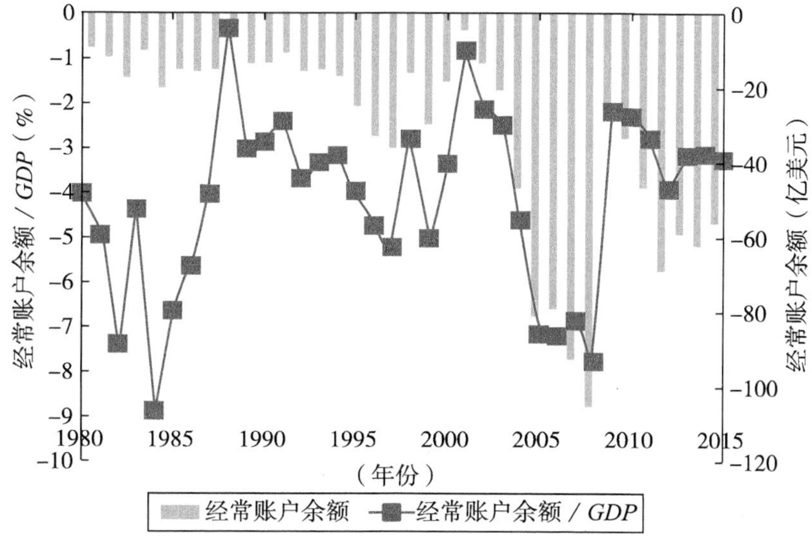


**图3-10 1980—2015年新西兰的经常账户余额与经常账户余额 / *GDP***

数据来源：世界银行WDI数据库。

## 3.3.5 拉丁美洲主要经济体经常账户的非持续性失衡

### 3.3.5.1 墨西哥经常账户的持续性逆差

墨西哥位于北美洲南部，拉丁美洲的西北端，拥有丰富的矿产资源，是拉美经济大国。图3-11显示了1980—2015年，墨西哥的经常账户绝对值（经常账户余额）和相对值（经常账户余额／*GDP*），可以发现，1980—2015年的绝大多数年份里，墨西哥发生了经常账户赤字，仅在1983年、1984年、1985年和1987年，墨西哥发生了经常账户顺差。1980—1994年，墨西哥的经常账户赤字额经历了迅速缩小和急剧扩大两个过程。经常账户赤字额最高值为1994年的296.62亿美元，经常账户赤字额／*GDP*最高值为1992年的5.90%。1995—2015年，墨西哥经常账户赤字额／*GDP*基本保持在2%附近。

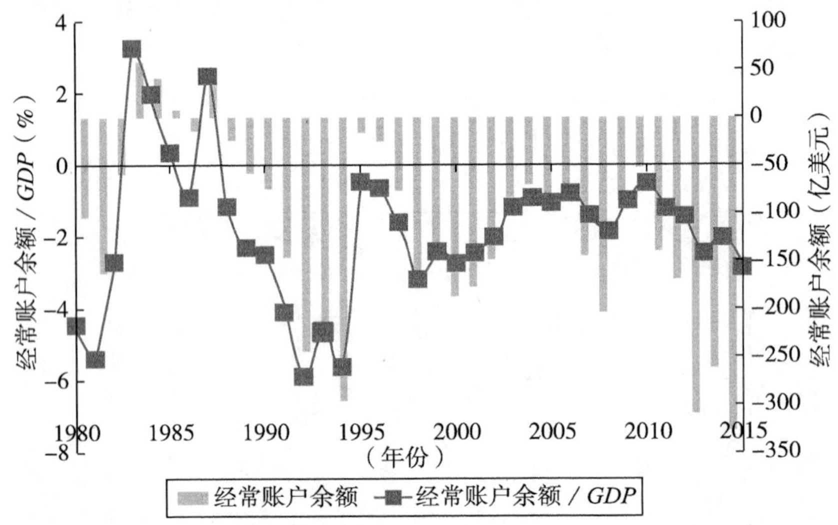


**图3-11 1980—2015年墨西哥经常账户余额与经常账户余额／*GDP***

数据来源：世界银行WDI数据库。

### 3.3.5.2 南美洲主要经济体的经常账户非持续性失衡

除了墨西哥，本书参考2015年南美洲主要经济体的国内生产总值情况，选择巴西、阿根廷、哥伦比亚、委内瑞拉、秘鲁和智利作为代表研究。图3-12显示了1980—2015年巴西、阿根廷、智利、委内瑞拉、秘鲁和哥伦比亚的经常账户余额／*GDP*。可以发现，在1990年以前的多数年份里，这

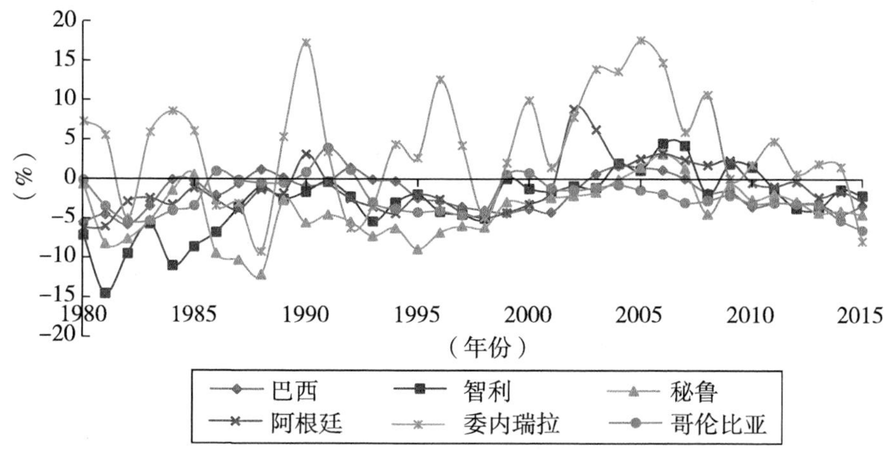


**图3-12　1980—2015年南美洲主要经济体经常账户余额／*GDP***

数据来源：世界银行WDI数据库。

些国家都是经常账户逆差国。1990—2015年，这些国家的经常账户呈现顺差与逆差相互交替的状况。具体地，1990—2002年，巴西发生了经常账户逆差，但是经常账户赤字额／*GDP*相对较低（1990年为0.83%，2002年为1.50%）。2003—2007年的5年时间里，巴西的经常账户由逆差转为顺差，顺差额占比最高值是1.75%（2004年），最低值为0.11%（2007年）。2008年后，巴西的经常账户一直保持着逆差，2015年，巴西的经常账户赤字额／*GDP*为3.32%。1991—2001年，阿根廷保持着经常账户逆差，逆差额占比的最高值为4.84%（1998年），最低值为0.34%（1991年），平均值为2.97%。2002—2009年，阿根廷的经常账户呈现顺差状况，顺差额占比的最高值为8.97%（2002年），最低值为1.86%（2008年）。2010年后，阿根廷发生了经常账户逆差，2015年，阿根廷经常账户逆差额／*GDP*为2.73%。考察委内瑞拉和哥伦比亚的经常账户余额／*GDP*，可以发现，与巴西和阿根廷类似，这些国家的经常账户余额／*GDP*时而为正，时而为负，委内瑞拉经常账户余额/*GDP*的波动较大。1990—2015年，智利和秘鲁的经常账户变化具有高度的一致性，1990—2003年，智利和秘鲁一直是经常账户逆差国家，2004—2007年，智利和秘鲁的经常账户转亏为盈，保持了4年的经常账户顺差，并分别达到顶峰值4.63%和3.27%（2006年）。2008年之后，秘鲁的经常账户转为逆差。2015年，智利和秘鲁的经常账户赤字额／*GDP*分别为1.98%和4.39%。总体上，自1990年起，巴西、阿根廷、委内瑞拉、哥伦比亚、智利和秘鲁等国家的经常账户顺差与逆差交替出现，具有较强的周期性，并且在许多年份里，这些国家的经常账户顺差额（或逆差额）/ *GDP* 保持在1%甚至是0.5%以下，非常接近于经常账户平衡，属于非持续性失衡国家。

### 3.3.6 非洲主要经济体的经常账户非持续性失衡

非洲国家数量非常多，列举每个国家的经常账户失衡状况并不现实。本书参考2015年非洲各国国内生产总值情况，选择埃及、南非、阿尔及利亚、埃塞俄比亚、安哥拉和贝宁作为代表研究。

图3–13显示了1980—2015年非洲主要经济体的经常账户余额 / *GDP*。可以发现，整体上，南非、埃及、埃塞俄比亚、贝宁的经常账户余额 / *GDP* 波动幅度较小，阿尔及利亚和安哥拉的经常账户余额 / *GDP* 波动幅度较大。总体上，除了贝宁始终保持着经常账户逆差以外，与南美洲类似，非洲主要经济体的经常账户失衡时而为负，时而为正，具有较强的周期性，属于非持续性失衡国家。

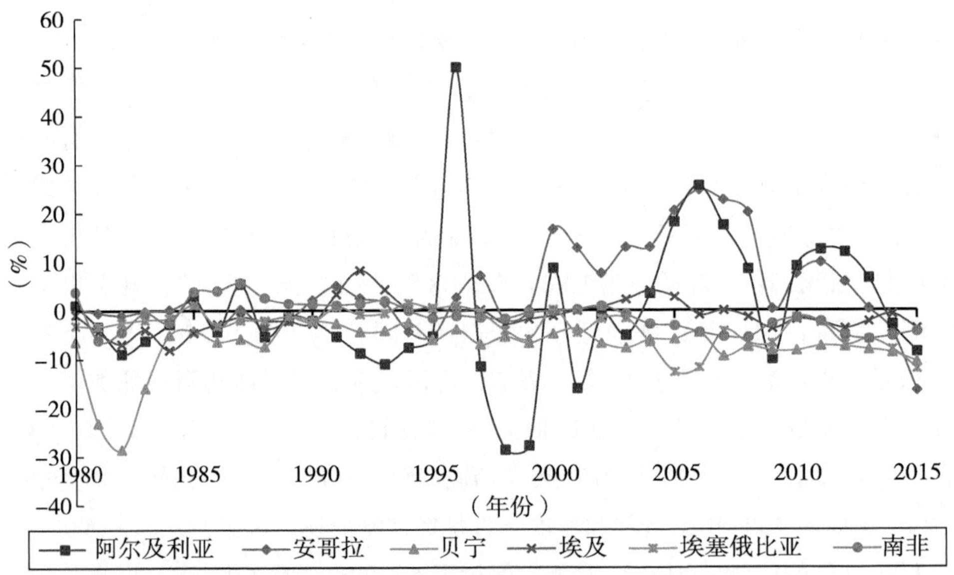


**图3–13 1980—2015年非洲主要经济体经常账户余额 / *GDP***

数据来源：世界银行WDI数据库。

### 3.3.7　中东产油国的经常账户失衡

图3–14显示了1980—2015年中东产油国经常账户余额/*GDP*。由于战争，1991年，科威特的经常账户赤字额/*GDP*高达242.19%。鉴于此，这里采用双坐标轴来表示中东产油国的经常账户余额/*GDP*。图3–20的次要坐标轴表示科威特的经常账户余额/*GDP*，其余三个国家的经常账户余额/*GDP*由主要坐标轴表示。可以发现，产油国的经常账户并不都是顺差状况。自1980年至20世纪90年代初的十余年时间里，伊朗和沙特阿拉伯的经常账户基本呈现逆差状况，20世纪90年代中后期以来，伊朗和沙特阿拉伯的经常账户转亏为盈，保持了十余年的经常账户顺差。1980—2015年，科威特（1991年除外）和阿联酋的经常账户始终保持顺差。受到政策、石油价格、外部需求等多项因素的影响，2000—2015年，四个国家的经常账户都保持了顺差。

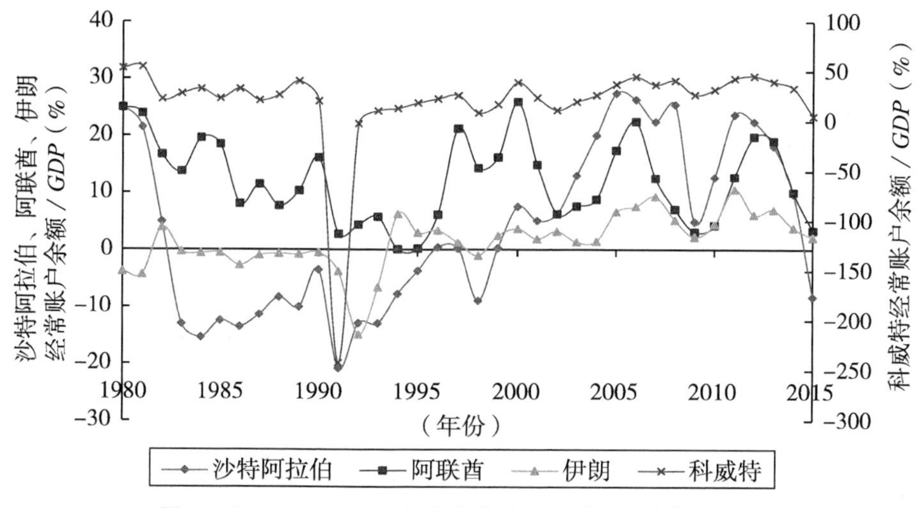


**图3–14　1980—2015年中东产油国经常账户余额/*GDP***

数据来源：世界银行WDI数据库。中东有五大产油国，分别是沙特阿拉伯、阿联酋、伊朗、科威特和伊拉克。由于伊拉克数据缺失，这里展示四个国家的经常账户余额/*GDP*。

## 3.4　全球经常账户失衡特征总结

基于历史数据描述与分析，作者认为，全球经常账户失衡（1980—2015

年）主要有以下特征。

其一，从全球视角出发，在大多数年份里，全球经常账户失衡规模 / *GDP* 与世界经济增长率保持同向而行的走势，2008—2010年国际金融危机和欧债危机期间，全球经常账户失衡规模有所下降，但依然保持在高位水平。失衡的集中程度，尤其是逆差的集中程度高是当前全球经常账户失衡的主要特征。鉴于此，本书将在第4章和第5章对全球180多个国家进行相关性分析和跨国面板数据实证检验。

其二，从国别（地区）视角出发，根据本书依据的持续性或非持续性经常账户失衡概念界定，研究发现，一些国家（地区）发生了持续性经常账户失衡，另一些国家发生了非持续性经常账户失衡。持续性经常账户失衡的国家（地区）有：美国、墨西哥、中国、日本、部分亚洲新兴经济体、英国、德国、荷兰、希腊、葡萄牙、西班牙、俄罗斯、澳大利亚、新西兰、科威特和阿联酋等。这些国家的失衡持续时间之久，失衡的绝对规模（经常账户余额）和相对规模（经常账户余额 / *GDP*）之大都引人关注。非持续性经常账户失衡的国家有：奥地利、比利时、芬兰、法国、爱尔兰、意大利、加拿大、巴西、阿根廷、哥伦比亚、委内瑞拉、秘鲁、智利、埃及、南非、阿尔及利亚、埃塞俄比亚、安哥拉等。这些国家的经常账户失衡规模较小，失衡持续时间相对较短，具有明显的周期性：在一些年份里，呈现经常账户盈余；在另一些年份里，发生经常账户赤字。鉴于此，本书将在第6章分别对美国、欧元区成员国、中国三个持续性失衡国家（地区）展开分析，并简略讨论日本、俄罗斯、英国、澳大利亚经常账户的持续性失衡。

其三，为了便于了解全球经常账户失衡，本章根据第1章持续性失衡和非持续性失衡的概念界定，对上述经常账户失衡的国家（地区）进行分类。这里以1991—2015年的25年时间长度为标准，分类如表3–1所示。

## 3.5 本章小结

本章主要内容分为两个部分。第一，从全球视角出发，对全球经常账户失衡规模、失衡的离散程度进行了历史数据描述和分析。研究发现，全球经常账户失衡规模 / *GDP* 与世界经济增长率基本呈现同向而行走势。在2008—

**表3–1　经常账户失衡国家（地区）分类（1991—2015年）**

| 失衡类型 / 地区或国家 | 持续性顺差 | 持续性逆差 | 非持续性失衡 |
|---|---|---|---|
| 北美洲 | | 美国 | 加拿大 |
| 亚洲 | 中国、日本、亚洲部分新兴经济体 | | |
| 欧洲 | 俄罗斯、德国、荷兰 | 英国、希腊、西班牙、葡萄牙 | 奥地利、比利时、芬兰、法国、意大利、爱尔兰 |
| 大洋洲 | | 澳大利亚、新西兰 | |
| 拉丁美洲 | | 墨西哥 | 巴西、阿根廷、哥伦比亚、委内瑞拉、秘鲁、智利 |
| 非洲 | | | 埃及、南非、阿尔及利亚、埃塞俄比亚、安哥拉 |
| 中东产油国 | 科威特、阿联酋、伊朗 | | 沙特阿拉伯 |

2010年国际金融危机和欧债危机期间，全球经常账户失衡规模 / *GDP*有所下降，但依然保持在历史高位水平。全球经常账户失衡集中程度，尤其是逆差集中程度高。第二，从国别（地区）视角出发，对北美、亚洲、欧洲、大洋洲、拉丁美洲、非洲的主要经济体及中东地区的产油国家的经常账户失衡进行了历史数据描述和分析，对持续性经常账户失衡和非持续性经常账户失衡的国家（地区）进行总结。

上述研究表明，全球经常账户失衡是非常复杂的经济现象，不同国家（地区）的经常账户失衡呈现不同的特征。理解全球经常账户失衡，既要从全球视角出发，考察相关因素与经常账户失衡的关系，也要从国别（地区）视角出发，对一些持续性失衡国家重点分析。鉴于此，本书将基于横截面数据和面板数据，对全球经常账户失衡进行数据分析和实证研究；基于时间序列数据对一些持续性失衡国家（地区）进行实证研究；从收入不确定、人口结构和人均收入等视角出发，对经常账户失衡进行实证研究。

本章的不足之处在于未能展示全球所有国家（地区）的经常账户失衡状况，这主要是由于篇幅的限制及数据的可得性。为了全面地描述全球经常账户失衡现状，并弥补上述不足，本章的第2节搜集了尽可能多的国家样本数据——180个国家（地区），对全球经常账户失衡规模和集中程度进行描述与分析。作者希望本章的描述和分析能够对学术界认识全球经常账户失衡变迁及现状有所贡献，即使这种贡献是非常有限的。

# 4 全球经常账户失衡影响因素相关性分析

## 4.1 引言

第3章关于全球经常账户失衡变迁的研究表明，自20世纪90年代以来，全球经常账户失衡的规模迅速扩大。学术界对全球经常账户失衡影响因素的研究文献层出不穷，那么，究竟哪些因素的解释更贴近现实？本章尝试利用横截面数据对影响因素（横轴）与全球经常账户失衡（纵轴）进行统计描述和数据验证，验证现有理论（因素）对全球经常账户失衡的解释能力。本章对12项重要的影响因素进行分析，既包括影响一国储蓄-投资缺口的政府财政结余率、人均收入、人口抚养比、人口性别比、金融发展程度，也包括贸易开放度、人均国土面积、货币国际化、经济自由度、国际竞争力、内陆国家、石油价格等重要因素。其中，4.2.1—4.2.4是基于储蓄-投资缺口的重要因素的分析，4.2.5—4.2.11是对其他重要因素的分析。本章对大多数因素采用2015年的横截面数据进行分析。由于各国不同年份经常账户收支并不一致，本书将1990年、1995年、2000年、2005年、2010年的横截面数据作为参考，见附录[①]。需要说明的是，本章是横截面数据的统计描述与数据验证，所以暂时不涉及经济增长率、汇率等周期性因素。有关经济增长率和汇率变化对全球经常账户失衡的作用，将在下一章中进行讨论。

---

① 附录对1990年、1995年、2000年、2005年、2010年的影响因素与全球经常账户失衡进行了横截面数据验证。

## 4.2 理论基础与相关性分析

### 4.2.1 政府财政结余率与全球经常账户失衡

#### 4.2.1.1 理论基础

本节的重点在于考察双赤字理论是否成立。理论依据为文献综述2.4.1节政府视角的分析。根据双赤字理论，政府财政赤字与经常账户相关，巨额的财政赤字可能与经常账户赤字伴生。鉴于此，本节从全球视角出发，考察2015年政府财政结余率与各国经常账户余额／*GDP*的横截面分布情况，观察政府财政赤字严重的国家是否都伴随着经常账户赤字，并初步讨论政府财政结余率与全球经常账户失衡之间可能存在的关系。

#### 4.2.1.2 数据验证

图4–1显示了2015年188个国家（地区）政府财政结余率与经常账户余额／*GDP*。横坐标轴与纵坐标轴相交，将平面分为四个象限，分别是：第一象限——政府财政结余率为正，经常账户余额／*GDP*为正；第二象限——政府财政结余率为负，经常账户余额／*GDP*为正；第三象限——政府财政结余率为负，经常账户余额／*GDP*为负；第四象限——政府财政结余率为正，经常账户余额／*GDP*为负。可以发现，政府财政结余率与经常账户余额／*GDP*至少呈现以下两个特点：第一，政府财政结余率为正的国家，可能是经常账

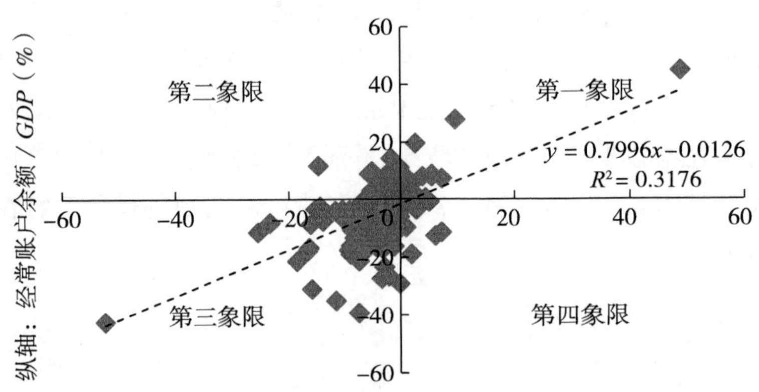


**图4–1 2015年188个国家（地区）政府财政结余率与经常账户余额／*GDP***

注：政府财政结余率＝政府财政结余／*GDP*。

数据来源：国际货币基金组织WEO数据库。

户顺差（逆差）国家；政府财政结余率为负的国家，也可能是经常账户顺差（逆差）国家。第二，大多数国家集中在第二象限和第三象限，并且第三象限的国家数量明显偏多，即许多国家发生了财政赤字和经常账户赤字并存的双赤字现象。

## 4.2.2　人均收入与全球经常账户失衡

### 4.2.2.1　理论基础

本节的重点在于考察人均收入与全球经常账户失衡之间的关系。理论上，人均收入至少可以通过两个途径影响一国经常账户：第一，在储蓄–投资缺口框架下，人均收入影响居民储蓄，进而影响经常账户（文献综述2.4.2.2）；第二，根据国际收支阶段论，人均收入和一国经常账户平稳间存在U形关系（文献综述2.5.1）。鉴于此，本节从全球视角出发，分析人均收入和各国经常账户余额／*GDP*的横截面数据分布，探讨两者之间可能存在的线性关系或曲线关系。

### 4.2.2.2　数据验证

图4–2显示了2015年139个国家（地区）人均收入与经常账户余额／*GDP*。可以发现，在接近的人均收入水平上，既有经常账户顺差国家，也有经常账户逆差国家。许多低收入国家发生了大规模的经常账户赤字（阿富汗、赞比亚

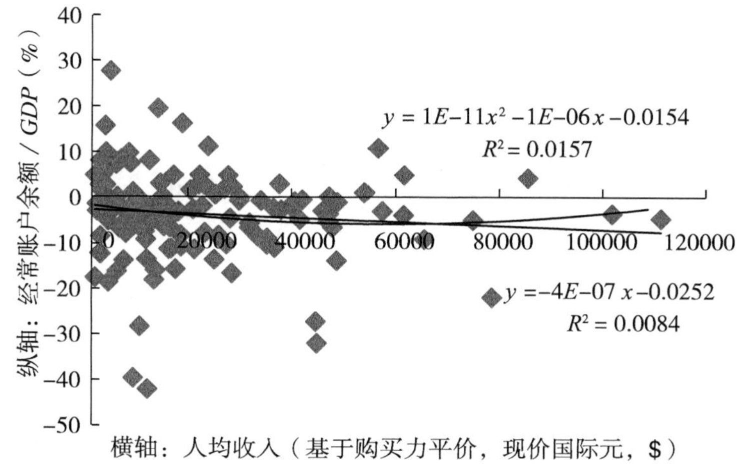


**图4–2　2015年139个国家（地区）人均收入与经常账户余额／*GDP***

数据来源：世界银行WDI数据库。

等），也有一些低收入国家呈现经常账户盈余（尼泊尔、越南等）；一些高收入国家发生了大规模的经常账户盈余（冰岛、挪威、瑞士等），也有许多高收入国家呈现经常账户赤字（美国、澳大利亚、加拿大等）。

### 4.2.3 人口结构与全球经常账户失衡

#### 4.2.3.1 理论基础

本节重点研究人口抚养比和人口性别比与全球经常账户失衡之间的关系。理论上，人口抚养比至少可以通过两个渠道影响一国经常账户（文献综述2.4.2.1）。根据生命周期理论，人口抚养比偏高的国家容易形成较低的储蓄率和经常账户逆差；人口抚养比偏低的国家容易形成较高的储蓄率和经常账户顺差。根据预防性储蓄和谨慎性投资理论，人口抚养比偏高的国家容易形成较高的储蓄率和经常账户顺差；人口抚养比偏低的国家容易形成较低的储蓄率和经常账户逆差。根据竞争性储蓄动机及相关理论，男性人口比例的上升将提高一国储蓄率，对经常账户产生正向作用（文献综述2.4.2.1）。本书将从全球视角出发，对人口抚养比、人口性别比与全球经常账户失衡进行统计描述和数据验证。

#### 4.2.3.2 数据验证

图4–3显示了2015年139个国家（地区）人口抚养比与经常账户余额／

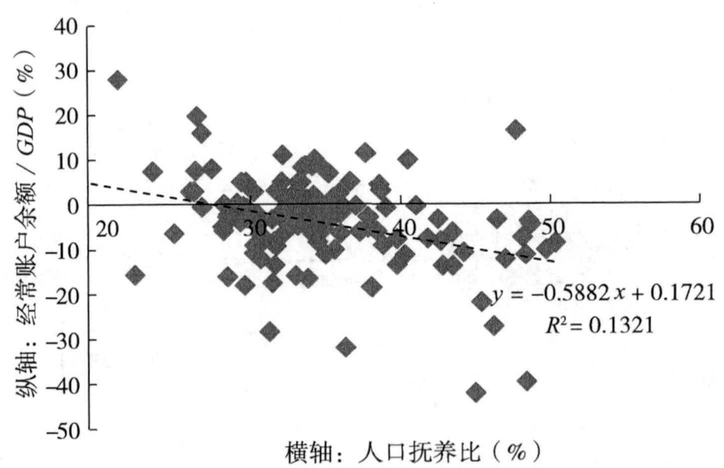


**图4–3 2015年139个国家（地区）人口抚养比与经常账户余额／*GDP***

注：人口抚养比是0～14岁及65岁以上人口之和占总人口的比例。

数据来源：世界银行WDI数据库。

*GDP*。可以发现，人口抚养比集中在20%与51%之间。在非常接近的人口抚养比水平上，既有经常账户顺差国家，也有经常账户逆差国家。许多人口抚养比较高的国家发生了大规模的经常账户赤字（埃及、赞比亚等），也有一些人口抚养比偏高的国家呈现经常账户盈余（日本、瑞典等）；许多人口抚养比偏低的国家呈现经常账户赤字（巴西、阿塞拜疆、乌克兰等），也有许多人口抚养比偏低的国家发生了大规模的经常账户盈余（新加坡、泰国等）。

图4–4显示了2015年139个国家（地区）人口性别比与经常账户余额 / *GDP*。可以发现，人口性别比集中在45%与55%之间。在非常接近的人口性别比水平上，既有经常账户顺差国家，也有经常账户逆差国家。从散点图来看，人口性别比与全球经常账户失衡没有明显的关系。

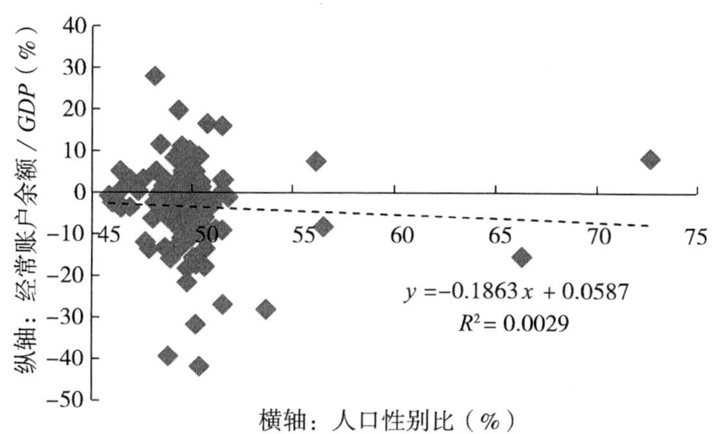


**图4–4 2015年139个国家（地区）人口性别比与经常账户余额 / *GDP***

数据来源：世界银行WDI数据库。

## 4.2.4 金融发展程度与全球经常账户失衡

### 4.2.4.1 理论基础

本节的重点是研究金融发展程度与全球经常账户失衡之间的关系。理论上，金融发展程度越高的国家，更容易将国内储蓄转化为企业投资，从而发生经常账户逆差（文献综述2.4.3.2）。金融发展程度是一个复合指标，有多个维度的衡量指标。综合比较并考虑数据的可得性，本节选择两个重要指标，即私人部门的国内信贷占GDP的百分比、股票交易总额占GDP的百分比，分别研究这两个指标与经常账户失衡之间的关系。需要说明的是，通常情况下，衡量复合指标的方法是计算多维指标的加总平均值，但是对本节而言，加总平均后的指标会损失许多国家样本。鉴于此，本节分别描述和分析私人部门的国内信贷、股票交易总额与经常账户失衡的关系。

#### 4.2.4.2 数据验证

图4–5、图4–6分别显示了2015年134个国家（地区）私人部门的国内信

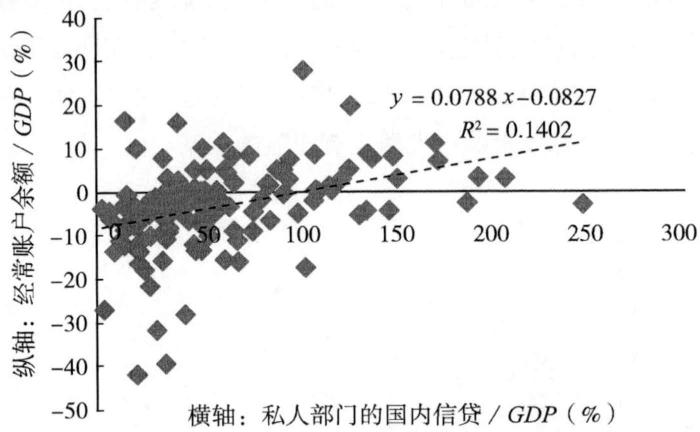


**图4–5 2015年134个国家（地区）私人部门的国内信贷 / *GDP*与经常账户余额 / *GDP***

数据来源：世界银行WDI数据库。

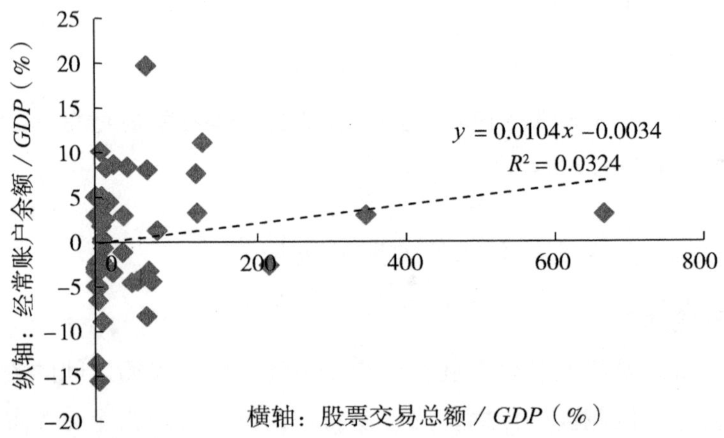


**图4–6 2015年49个国家（地区）股票交易总额 / *GDP*与经常账户余额 / *GDP***

数据来源：世界银行WDI数据库。

贷 / *GDP*、49个国家（地区）股票交易总额 / *GDP*与经常账户余额 / *GDP*。可以发现，在非常接近的横轴水平上，既有经常账户顺差国家，也有经常账户逆差国家。一些金融发展程度较高的国家发生了经常账户赤字（美国、英国等），也有许多金融发展程度较高的国家呈现大规模的经常账户盈余（瑞典、新加坡等）。

## 4.2.5　贸易开放度与全球经常账户失衡

### 4.2.5.1　理论基础

本节重点研究贸易开放度与全球经常账户失衡之间的关系。理论上，贸易开放度对一国经常账户的影响并不确定，不同的研究得出了不同的结论（文献综述2.5.2）。为了探究贸易开放度与全球经常账户失衡之间的关系，本书选择尽可能多的国家样本，对贸易开放度与全球经常账户失衡进行统计描述和数据验证。

### 4.2.5.2　数据验证

图4–7显示了2015年126个国家（地区）贸易开放度与经常账户余额 / *GDP*。可以发现，在非常接近的贸易开放度水平上，既有经常账户顺差国家，也有经常账户逆差国家。贸易开放度较低的国家，可以是经常账户顺差国家或逆差国家；贸易开放度在100%以上的国家，也可以是经常账户顺差国家或逆差国家。

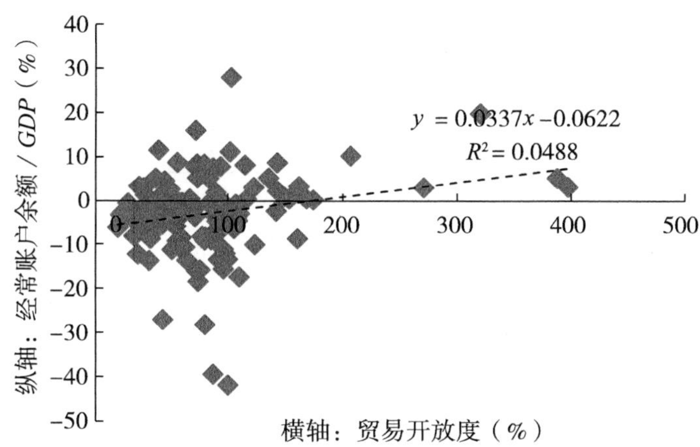


**图4–7　2015年126个国家（地区）贸易开放度与经常账户余额 / *GDP***

注：贸易开放度=货物和服务进出口总额 / *GDP*。

数据来源：世界银行WDI数据库。

### 4.2.6　人均国土面积与全球经常账户失衡

#### 4.2.6.1　理论基础

本节研究人均国土面积与全球经常账户失衡之间的关系。理论上，自然资源充裕的国家倾向于出口资源密集型产品（文献综述2.5.3）。一般来说，丰富的石油、矿产、森林、铁、煤炭、天然气等自然资源有利于一国的出口贸易，但是“荷兰病”“资源诅咒”等理论又说明丰裕的自然资源不利于一国的出口部门和经济增长。鉴于此，有必要研究自然资源丰裕程度与全球经常账户失衡的关系。自然资源丰裕程度是复合指标，一些文献采用石油储备量、耕地面积、森林面积等指标来衡量。本书认为，想要准确衡量一国自然资源总量是比较困难的。鉴于此，本书采用一个较为接近的指标——人均国土面积，概览人均国土面积和全球经常账户失衡的横截面数据分布。虽然人均国土面积并不是衡量一国自然资源丰裕程度的准确指标，但是仅从其横截面数据分布来看，依然可以反映一些问题。鉴于此，本节采用人均国土面积为自然资源丰裕程度的衡量指标，对人均国土面积与全球经常账户失衡进行统计描述和数据验证。

#### 4.2.6.2　数据验证

图4–8显示了 2015年139个国家（地区）人均国土面积与经常账户余额/

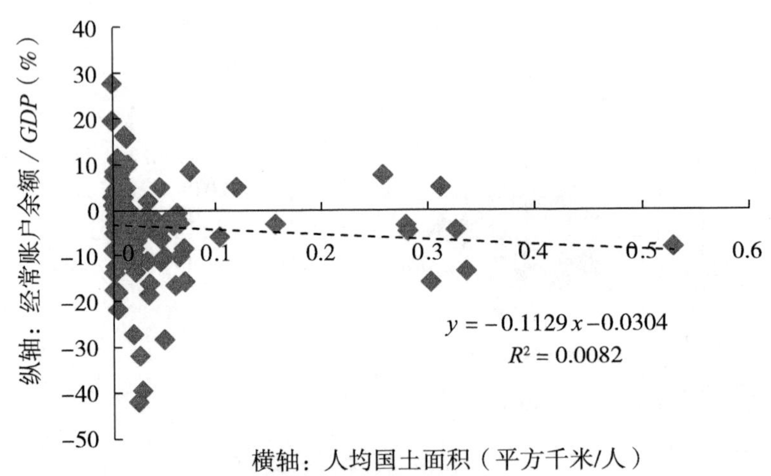


**图4–8　2015年139个国家（地区）人均国土面积与经常账户余额/*GDP***

注：国土面积包括陆地面积和海洋面积。

数据来源：世界银行WDI数据库。

*GDP*。可以发现，在非常接近的人均国土面积水平上，既有经常账户顺差国家，也有经常账户逆差国家。人均国土面积偏低的国家，可以是经常账户顺差国家（新加坡、韩国等）或逆差国家（印度、黎巴嫩等）；人均国土面积较高的国家，也可以是经常账户顺差国家（俄罗斯、冰岛等）或逆差国家（加拿大、新西兰等）。

### 4.2.7　货币国际化与全球经常账户失衡

#### 4.2.7.1　理论基础

关于货币国际化与经常账户失衡的研究并不多见，但是有关美元的国际地位与全球经常账户失衡的研究层出不穷。李杨（2014）从美元的中心货币角度指出，由于其他国家的储备手段主要是美元定值的资产，所以美国只能靠贸易逆差来提供世界经济发展的流动性。Hausmann等（2005）认为，如果把暗物质（dark matters）纳入美国的经常账户统计中，美国的经常账户是平衡的，这也是美国经常账户发生持续性大规模逆差的原因。这些研究的共同特点是关注美元特殊的国际地位对美国经常账户的影响。随着经济全球化进程的不断加快，一些学者开始关注货币国际化对一国经常账户失衡的作用。

货币国际化是一个复合指标。学术界对货币国际化程度的度量主要采用三个指标：一是全球外汇储备中货币的储备份额；二是货币的外汇交易比重；三是国际债券和票据发行额中以该种货币计价的比重。一些学者利用这些指标的加权值度量货币国际化程度，另一些学者更侧重于单一指标对货币国际化程度的度量。张光平（2011）指出，无论货币国际化功能在多少领域有所发挥，皆会影响相应货币的外汇交易活跃程度。基于这种思路，以货币的外汇交易比重作为衡量货币国际化的指标更为合适。根据数据的可得性，本书选择两个指标，一是本国货币的全球外汇储备份额，二是本国货币的全球外汇交易份额，分别考察这两项指标与全球经常账户失衡的关系。

#### 4.2.7.2　数据验证

图4–9显示了2015年7个国家（地区）货币的全球外汇储备份额与经常账户余额 / *GDP*。可以发现以下四个特点：第一，作为赤字大国，美元在全球外汇储备份额中居于主导地位，美元的外汇储备份额基本保持在60%以上，远高

于其他货币。第二，作为统一货币联盟，欧元的外汇储备份额位居世界第二，保持在20%左右。欧元区整体的经常账户接近平衡。第三，英镑和日元的外汇储备份额比较接近，英国发生了经常账户赤字，日本是经常账户盈余国家。第四，2015年，加拿大元、澳大利亚元的外汇储备份额略高于瑞士法郎，加拿大、澳大利亚均为经常账户逆差国家，瑞士则发生了大规模的经常账户顺差。

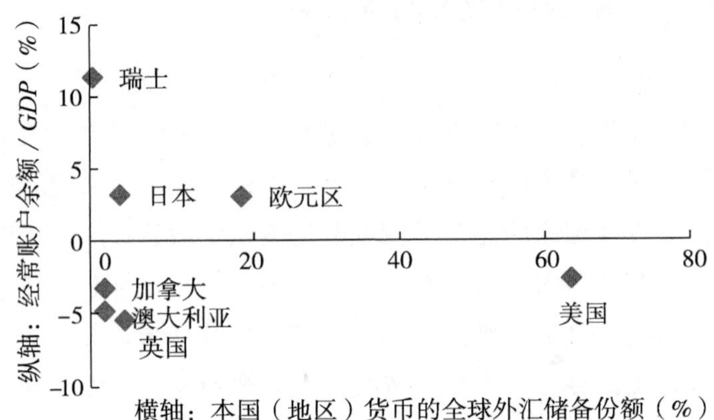


**图4-9　2015年7个国家（地区）货币的全球外汇储备份额与经常账户余额 / *GDP***

数据来源：本国（地区）货币的全球外汇储备份额数据来自国际货币基金组织（IMF）的cofer数据库，经常账户余额 / *GDP*数据来源于世界银行WDI数据库。

国际清算银行（BIS）数据库每隔3年公布各种主要货币在全球外汇交易中的成交量数据。图4-10显示了2013年35个国家（地区）货币的全球外汇交易份额与经常账户余额 / *GDP*。可以发现，美元的全球外汇交易份额居于超高位置，其次是欧元、日元、英镑、澳大利亚元、瑞士法郎及加拿大元。除了这7种货币，其他货币的全球外汇交易份额主要集中在0%～2.5%。在非常接近的全球外汇交易份额水平上，既有经常账户顺差国家，也有经常账户逆差国家。例如，2013年，韩元的全球外汇交易份额为1.20%，经常账户顺差额占比为6.21%；新土耳其里拉的全球外汇交易份额为1.30%，经常账户赤字额占比为7.72%；瑞典克朗的全球外汇交易份额为1.80%，经常账户顺差额占比为5.26%；墨西哥元的全球外汇交易份额为2.50%，经常账户赤字额占比为2.45%。如果将本国货币的全球外汇交易份额作为衡量一国货币国际化的指标，货币国际化程度与一国经常账户失衡之间没有必然的对应关系。

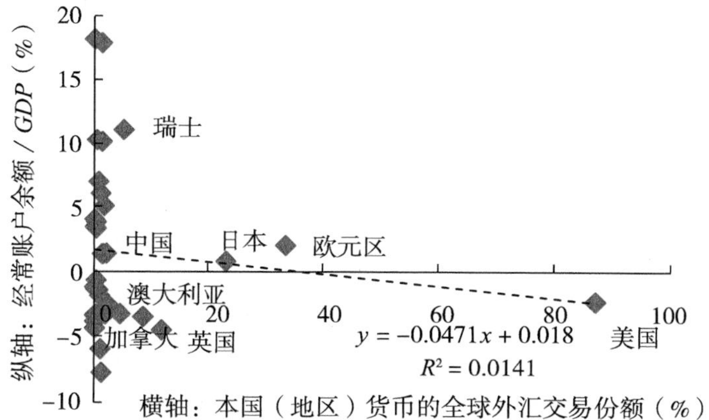


**图4–10　2013年35个国家（地区）货币的全球外汇交易份额与经常账户余额 / *GDP***

数据来源：本国（地区）货币的全球外汇交易份额数据来自国际货币基金组织（IMF）的cofer数据库，经常账户余额 / *GDP*数据来源于世界银行WDI数据库。

## 4.2.8　经济自由度与经常账户失衡

### 4.2.8.1　理论基础

经济自由度反映政府对经济的干预水平，是国际上评价市场化程度的重要指标。美国传统基金会对“经济自由”的定义是：“政府在生产、分配、消费等方面超过保护公民和维持其自由的强制或干预的消除。”美国传统基金会将经济自由度指标分为10项测评，分别是贸易政策、政府财政开支、政府对经济的干预、货币政策、资本流动和外国投资、银行业和金融业、工资和物价、产权、规制及非正规市场活动（黑市）。一些学者研究经济自由度与经济增长之间的关系，大部分观点认为从长期来看，高度的经济自由能够促进经济增长（Romer，1986；Lucas，1988；Grpssman et al.，1991）。但是，关于经济自由度和经常账户之间的关系的研究文献比较鲜见。事实上，经济自由度中有一个重要的指标——贸易自由化。有关贸易自由化与构成经常账户最主要的部分——贸易平衡之间的关系一直是学术界、研究机构以及政策制定者讨论的热点话题。从理论上看，贸易自由化降低了国家之间的关税和非关税贸易壁垒等贸易成本，加大了市场准入机会和贸易开放程度，促进了一国对外贸易的发展。但是，贸易自由化对一国贸易平衡的影响，尤其是对发展中国家贸易平衡的影响之研究并无统一的结论。一些观点认为，贸易自由化有利于改善贸易平衡（Blecker et al.，2013）；一些观点认为，贸易自由化恶化了一国贸易平衡（Santos-Paulino et al.，2004；Wu et al.，2008）；还有一些观点认为，贸易自由化对一国贸易平衡无显著性的作用（Ostry et al.，1992）。那么，从全球视角出发，经济自由度与经常账户之间具有怎样的关系？本节将对经济自由度与各国经常账户失衡进行统计描述和数据验证。

#### 4.2.8.2 数据验证

美国传统基金会发布的经济自由度指数，是全球权威的经济自由度评价指数之一，具有广泛的影响。根据数据的可得性，图4–11从全球视角出发，显示了2015年175个国家（地区）经济自由度与经常账户余额／*GDP*。可以发现，一些经济自由度高的国家，可能是经常账户顺差国家（新加坡、瑞士、德国等），也可能是经常账户逆差国家（美国、加拿大、新西兰等）。许多经济自由度偏低的国家发生了经常账户赤字，但是，也存在着一些经济自由度偏低的国家呈现经常账户盈余（尼泊尔、伊朗等）。

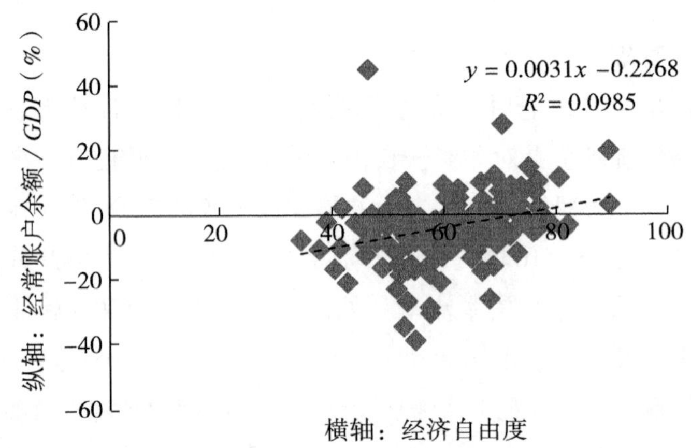


**图4–11 2015年175个国家（地区）经济自由度与经常账户余额／*GDP***

注：横轴数值越大，代表经济自由度越高；反之，经济自由度越低。

数据来源：经济自由度数据来自美国传统基金会。经常账户余额／*GDP*数据来源于世界银行WDI数据库。

### 4.2.9 国际竞争力与经常账户失衡

#### 4.2.9.1 理论基础

伴随着经济全球化的深入发展，各国在关注本国企业、产品、科研等微观层面上的竞争力的同时，越来越关注国家及区域之间的整体竞争能力，即宏观层面上的国际竞争力。不少学者认为，在全球化背景下，一国需要具备更强的国际竞争力，才能成为真正意义上的强国。关于国际竞争力的概念、测度和排名情况，比较有代表性的是达沃斯世界经济论坛（WEF）发布的全球竞争力报告和瑞士国际管理发展学院的世界竞争力年鉴。在全球竞争力报告中，国际竞争力被定义为决定一个经济体生产力水平、制度、政策以及其他要素的集合。生产力水平反过来影响一个经济体可持续繁荣的水平。竞争力更强的经济体是指那种在中期和长期可以更快发展的经济体。全球竞争力指标体系包括基本条件、效率增强因子以及创新与成熟度影响因素这三项。其中，基本条件指数包括制度、基础设施、宏观经济及健康与基础教育这四个方面；效率增强因子指数包括高等教育与培训、商品市场效率、劳动力市场效率、金融市场成熟度、技术准备状况和市场规模这六个方面；创新与成熟度影响因素指数包括企业成熟度与创新这两个方面。

国际竞争力和国际贸易之间的关系是国际贸易理论研究不可或缺的重要方面。由于一国的贸易账户是构成经常账户的核心，所以国际竞争力与经常账户之间也存在着一些可能的联系。关于国际竞争力与经常账户失衡，有一个较为流行的观点认为，一国的国际竞争力越强，经常账户越容易发生顺差；一国的国际竞争力越弱，经常账户越容易发生逆差。那么，从全球视角出发，国际竞争力较强的国家是否都是顺差国家？国际竞争力较弱的国家是否都是逆差国家？

#### 4.2.9.2 数据验证

图4–12显示了2014—2015年121个国家（地区）国际竞争力与经常账户余额 / *GDP*。其中，各国国际竞争力指数多介于3和6之间。可以发现，许多国际竞争力指数偏低（低于4.5）的国家发生了经常账户逆差，许多国际竞争力指数偏高（高于4.5）的国家发生了经常账户顺差。但是，也有一些国家的情况并非如此：在国际竞争力指数偏低，指数介于3和4之间的国家中，斯威士兰、尼泊尔和孟加拉国是经常账户顺差国家；在国际竞争力指数高于5的国家中，美国、芬兰、英国、加拿大、新西兰、澳大利亚和法国发生了大规模的经常账户赤字。鉴于此，纵观全球，国际竞争力较强的国家并非都是经常账户顺差国家，国际竞争力较弱的国家也并非都是经常账户逆差国家。

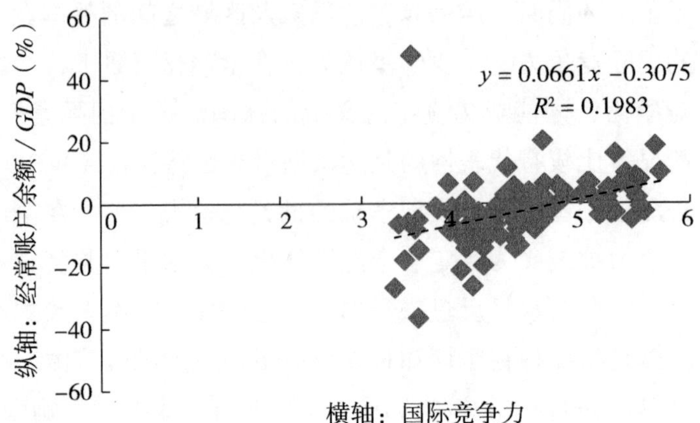


**图4-12 2014—2015年121个国家（地区）国际竞争力与经常账户余额 / *GDP***

注：横轴指数越大，代表国际竞争力越强。经常账户余额 / *GDP*数据采用2014年和2015年经常账户余额 / *GDP*的平均值。

数据来源：国际竞争力指标数据来自达沃斯世界经济论坛的全球竞争力报告，经常账户余额 / *GDP*数据来源于世界银行WDI数据库。

## 4.2.10 内陆国家的经常账户失衡

### 4.2.10.1 理论基础

现有文献中对地理位置与经常账户失衡关系的研究并不多见。在这一节，本书选择具有特殊地理位置的内陆国家为研究对象，探讨这些内陆国家的经常账户失衡。内陆国家是指没有海岸线、地理位置上无法直接通向海洋的国家。内陆国家交通受限，没有入海口和海港，进出口货物需要通过其他国家，增加了储存、运输、管理等进出口费用。理论上，内陆国家的地理位置对该国的进口和出口都具有不利的影响，因此，地理位置并不会对内陆国家经常账户产生显著的正向或负向作用。那么，世界范围内，内陆国家的经常账户有着怎样的分布呢？

### 4.2.10.2 数据验证

图4-13显示了2015年31个内陆国家的经常账户余额 / *GDP*。可以发现，大多数内陆国家发生了经常账户逆差，也有许多内陆国家，例如瑞士、尼泊尔等国家呈现经常账户盈余。作为面积最大的内陆国家，哈萨克斯坦发生了经常账户赤字。附录12还列出1990年、1995年、2000年、

2005年、2010年5个年份里内陆国家的经常账户余额 / *GDP*，可以发现在不同年份里，内陆国家中经常账户逆差国家的数量远多于顺差国家数量。

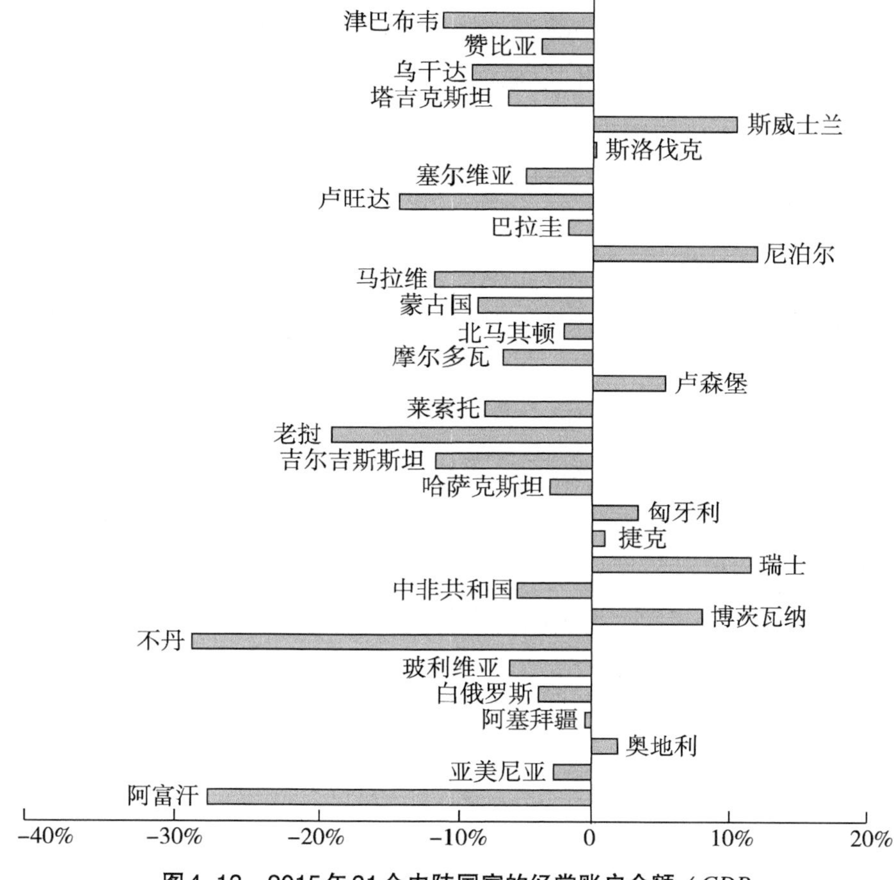


**图4-13　2015年31个内陆国家的经常账户余额 / *GDP***

数据来源：世界银行WDI数据库。

## 4.2.11　石油价格与OPEC成员国的经常账户失衡

### 4.2.11.1　理论基础

石油，也被称为“工业的血液”，是进出口贸易中重要的初级产品，也是影响经常账户的重要因素。20世纪70年代中后期，石油输出国发生了大规模的经常账户盈余，许多发达国家发生了大规模的经常账户赤字。一些流行的观点认为，石油进口是经常账户赤字的主要原因。Sachs（1981）研究发现，投资比石油价格冲击对经常账户具有更加显著的影响。但是，也有许多研究认为，石油价格的大幅度变化会引起经常账户的异动。2007年，国际原油价格先抑后扬，年初最低值为50美元/桶，3月后开始稳步上升，6月下旬达到70美元/桶，10月达到89美元/桶，处于历史高位水平。2014年，国际原油价格从高位下跌，2015年，国际原油价格一直保持在40~50美元/桶的低位水平。本书选择国际原油价格高位时期（2007年）和国际原油价格低位时期（2015年）OPEC成员国的经常账户余额为研究对象，考察石油价格与OPEC成员国经常账户的关系。

#### 4.2.11.2 数据验证

图4-14与图4-15分别显示了国际原油价格高位时期（2007年）和国际原油价格低位时期（2015年），13个OPEC成员国的经常账户余额 / *GDP*。可以发现，2007年，13个OPEC成员国的经常账户都为顺差，利比亚的经常账户顺差额 / *GDP*高达44.06%，其次是科威特的36.79%、阿尔及利亚的22.67%。2015年，大多数OPEC成员国发生了经常账户赤字，利比亚的经常账户赤字额 / *GDP*高达42.09%，其次是阿尔及利亚的16.45%、沙特阿拉伯的8.28%。2015年，仅有卡塔尔、阿联酋、科威特、伊朗4个国家发生了经常账户顺差。

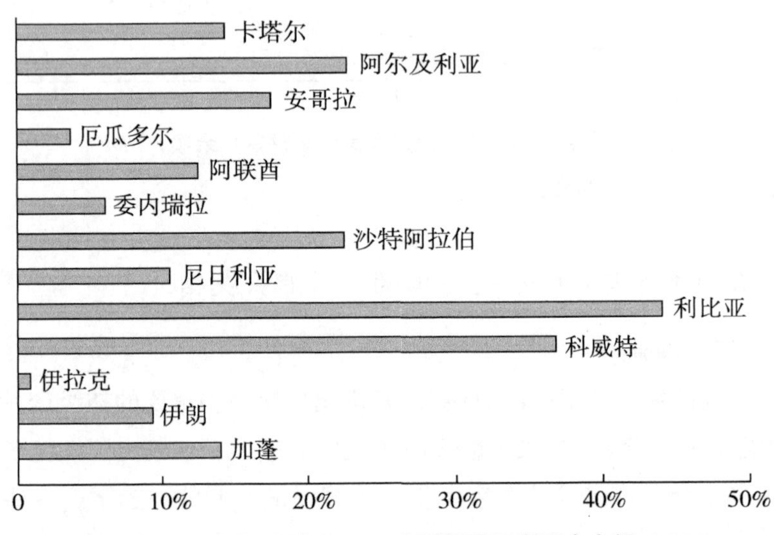


图4-14 2007年13个OPEC成员国的经常账户余额 / *GDP*

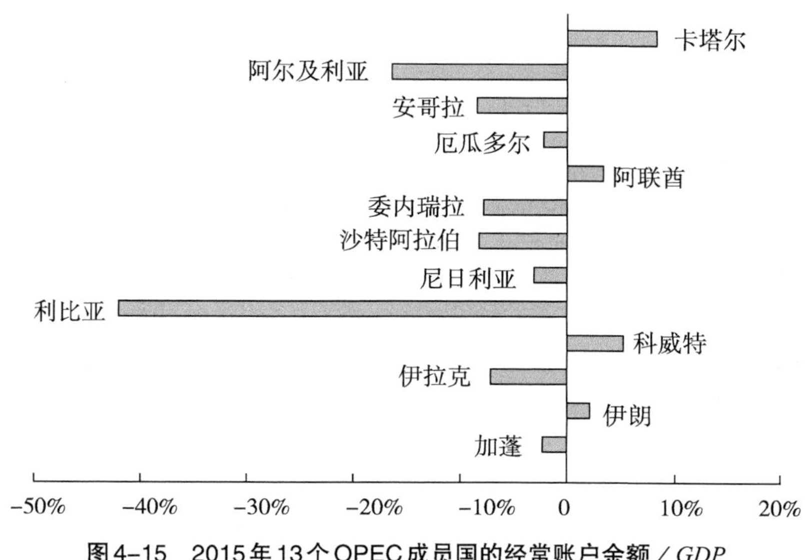


**图4-15 2015年13个OPEC成员国的经常账户余额／*GDP***

## 4.3 进一步讨论

为了进一步研究影响因素与全球经常账户失衡之间的关系，本书对两者进行初步的计量检验。本书利用计量软件添加趋势线，并考察$R^2$值，计量结果见图4-1至图4-15。从本章的样本和计量结果来看，解释能力由强到弱依次是：政府财政结余率、国际竞争力、金融发展程度①、人口抚养比、经济自由度、贸易开放度、人均收入、货币国际化、人均国土面积和人口性别比。单变量对全球经常账户失衡的解释能力非常有限。

从横截面数据可以发现，大多数的内陆国家发生了经常账户赤字。当然，这一现象并不能充分说明自然条件约束对内陆国家的经常账户具有负向作用。但是，一个可能的猜想是，对于大多数内陆国家而言，从出口贸易角度来看，储存、运输、管理费用的增加使得产品的出口价格上升，削弱了出口货物的国际竞争力；从进口贸易角度来看，一方面，进口货物是本国的刚性需求（石油、煤炭等）；另一方面，进口货物的运输、管理等费用增加导致进口支出增加。基于这些原因，许多内陆国家的地理位置对经常账户的负向作用大

① 金融发展程度分别由私人部门的国内信贷／*GDP*和股票交易总额／*GDP*来衡量，这里取前者的计量指标。

于正向作用。需要说明的是，如果从时间序列数据出发，许多内陆国家的经常账户始终保持着盈余（瑞士、卢森堡等国家）；也有一些内陆国家（哈萨克斯坦、蒙古国）的经常账户余额 / *GDP* 时而为正，时而为负，具有明显的周期性。鉴于此，本书认为，地理位置对于内陆国家的经常账户具有一定程度的影响。但是，对于不同的内陆国家，这种影响的方向和大小有所差异。

通过对比国际原油价格高位时期（2007年）和国际原油价格低位时期（2015年）13个OPEC成员国的经常账户余额 / *GDP*，可以发现，在石油价格处于高位的年份，OPEC成员国都是经常账户顺差国家；在石油价格处于低位的年份，大多数OPEC成员国的经常账户转为逆差。

## 4.4 本章小结

在这一章，本书选择12个重要的影响因素，搜集尽可能多的国家样本，对影响因素与全球经常账户失衡进行相关性分析。通过统计描述和数据验证，发现这些影响因素都可以在一定程度上解释全球经常账户失衡，解释能力由强到弱依次是：政府财政结余率、国际竞争力、金融发展程度、人口抚养比、经济自由度、贸易开放度、人均收入、货币国际化、人均国土面积和人口性别比。在数值接近的影响因素（横轴）水平上，往往同时对应着经常账户顺差国家或逆差国家，并且单变量对全球经常账户失衡的解释能力非常有限。

本书还有一些比较有意思的发现，例如，一些财政赤字率偏高的国家发生了经常账户顺差；国际收支阶段论并不坚实；许多人口抚养比偏高的国家呈现经常账户盈余；一些男性比例偏高的国家发生了经常账户赤字；一些金融发展程度偏低、贸易开放度偏低的国家发生了经常账户赤字；人均国土面积、货币国际化程度与经常账户失衡没有必然关系；一些经济自由度偏高的国家是经常账户逆差国家；大多数内陆国家发生了经常账户赤字；石油价格对OPEC成员国经常账户具有非常重要的影响。

本章的不足之处在于，由于数据的可得性，遗漏了其他一些重要的解释变量，例如贸易部门和非贸易部门的生产率、文化差异等，也未将政府财政收支结构进行分解，这在文献中是一国宏观经济研究的重要内容。关于这些不足之处，作者将在今后的学习和工作中进一步研究。

# 5 基于横截面数据和面板数据的全球经常账户失衡影响因素实证研究

## 5.1 引言

在上一章，本书选择12种重要因素，对全球经常账户失衡进行了横截面数据分析和初步讨论。在这一章，本书选择影响一国储蓄－投资缺口的重要因素——政府财政结余率、相对人均收入、人口抚养比、人口性别比、金融发展程度、本国经济增长率，以及其他重要因素——贸易开放度、实际有效汇率、地理位置（内陆国家）、石油价格（对OPEC成员国）等，对全球经常账户失衡影响因素进行实证研究。本章首先基于111个国家（地区）的横截面数据，选择影响一国储蓄－投资缺口的内部因素以及贸易开放度，对全球经常账户失衡进行实证检验。在横截面数据实证检验后，本书基于84个国家（地区）的面板数据，增加汇率、经济增长率等周期性因素，对全球经常账户失衡进行动态面板数据的实证研究，并进行了稳健性检验。

## 5.2 横截面数据实证检验

### 5.2.1 变量选择与初步回归模型

在上一章，本书通过统计描述和数据验证，进行了影响因素与全球经常账户失衡的相关性分析。在这一节，本书希望检验这些解释变量共同影响经常账户余额／*GDP*时的相关关系。结合上一章的相关性分析，本书利用全球111个国家（地区）[①]2015年的横截面数据[②]，初步选择影响一国储蓄-投资缺口的重要因素——政府财政结余率、相对人均收入、相对人均收入的平方项、人口抚养比、金融发展程度，以及贸易开放度6个解释变量，进行横截面数据实证检验。

需要说明的是，基于以下三个原因，实证检验没有涉及前文所述的货币国际化、经济自由度、国际竞争力、人均国土面积、人口性别比。一是数据的可得性。货币国际化、经济自由度、国际竞争力都是综合指标，并且只能搜集到个别年度的数据。二是本书认为，统计描述某一年份人均国土面积、人口性别比与全球经常账户失衡的相关性是有意义的，但是如果进行多变量实证检验，人均国土面积和人口性别比并不是较好的解释变量。因为人均国土面积和人口性别比对全球经常账户失衡的解释能力非常弱，在上一章单变量回归中，在6个不同年份（其余5个年份见附录），$R^2$均非常接近于0，尝试引入人均国土面积和人口性别比后，不仅人均国土面积和人口性别比的回归结果不显著，还会影响其他因素的解释能力。三是虽然人均国土面积是衡量一国自然资源丰裕程度的指标，但是并不准确。自然资源包括水资源、矿产、石油、天然气、煤、木材等多个种类，仅仅以国土面积来衡量一国自然资源总量是片面的。鉴于此，在横截面数据实证检验中，剔除货币国际化、经济自由度、国际竞争力、人均国土面积、人口性别比。

本章建立的初步计量模型为

$$CAB_i=\beta_0+\beta_1 FISCAL_i+\beta_2 RPERGDP_i+\beta_3 RPERGDP_i\hat{}2+\beta_4 DEPENDENT_i+\beta_5 OPENNESS_i+\beta_6 FINANCE_i+u_i \tag{5-1}$$

被解释变量：经常账户余额 / *GDP*（*CAB*）。其中，经常账户余额是货物和服务净出口、净初次收入和净二次收入之和。经常账户余额 / *GDP*的数据来源是世界银行WDI数据库。

解释变量：政府财政结余 / *GDP*（*FISCAL*）。本书采用一般政府净借贷作为财政结余 / *GDP*的指标，数据来源是国际货币基金组织的WEO数据库。

---

① 111个国家（地区）的名称见附录13。

② 本书附录14列出了2011—2015年全球95个国家（地区）解释变量和被解释变量5年平均值的计量结果，除了人口抚养比的解释能力有所下降外，其余解释变量的回归结果基本一致。

相对人均收入和相对人均收入的平方项：*RPERGDP*代表相对人均收入（按照购买力平价*PPP*衡量，现价国际元），*RPERGDP*^2代表相对人均收入的平方项。这里采用本国人均GDP与世界人均GDP的比值来衡量。本国人均GDP和世界人均GDP的数据来源于世界银行WDI数据库。

人口抚养比：*DEPENDENT*代表人口抚养比，由0~14岁及65岁以上人口之和占总人口的比重来表示，数据来源是世界银行WDI数据库。

金融发展程度：金融发展程度是一个综合变量，完善的做法是选择私人部门的国内信贷 / *GDP*、股票交易总额 / *GDP*、上市公司市值 / *GDP*等一系列指标加总平均，但是由于不同指标数据的可得性不同，加总平均会损失许多样本。鉴于此，本书借鉴King和Levine（1993）的方法，并考虑数据的可得性，选择私人部门的国内信贷 / *GDP*来衡量一国金融发展程度，用*FINANCE*表示金融发展程度。数据来源于世界银行WDI数据库。

贸易开放度：*OPENNESS*代表贸易开放度。贸易开放度指数采用一国商品和服务的进出口总值与国内生产总值的比值衡量。贸易开放度的数据来源于世界银行WDI数据库及作者自行计算。

### 5.2.2 初步回归结果

对模型5–1回归方程进行OLS估计后得到如下结果（见表5–1）。

**表5–1 初步回归估计结果**

| 变量名称 | 系数 | 标准差 | T值 | P值 |
|---|---|---|---|---|
| 常数项 | –0.029 | 0.043 | –0.676 | 0.500 |
| *FISCAL* | 0.752 | 0.159 | 4.705 | 0.000 |
| *RPERGDP* | 0.046 | 0.010 | 4.341 | 0.000 |
| *RPERGDP*^2 | –0.003 | 0.001 | –2.679 | 0.008 |
| *DEPENDENT* | –0.031 | 0.102 | –0.301 | 0.763 |
| *FINANCE* | –0.004 | 0.015 | –0.286 | 0.775 |
| *OPENNESS* | –0.005 | 0.009 | –0.569 | 0.570 |
| $R^2$ | 0.460 | | | |
| *Adjusted–*$R^2$ | 0.427 | | | |
| F值 | 14.045 | | | |
| *DW* | 1.904 | | | |

从表5-1可以发现，私人部门的国内信贷 / *GDP*和贸易开放度没有通过10%的显著性检验，其余各个变量均通过了显著性检验。方程本身也通过了1%的F检验。*DW*为1.904，不存在异方差。调整后的可决系数为0.427，说明这些影响因素对全球经常账户失衡具有一定的解释能力。

根据表5-1中的横截面数据回归结果，可以发现，政府财政结余率、人口抚养比的回归结果与上一章单变量回归结果的方向基本相同，但是人均收入和人均收入的平方项、金融发展程度、贸易开放度的系数符号和上一章单变量回归的结果不同。随之而来的问题是：为什么上一章单变量回归和本章多元回归的结果不一致？一个可能的解释是，这些解释变量之间存在着高度相关关系，即共线性。

### 5.2.3 多重共线性问题及改进后的模型

在横截面数据分析中，容易存在多重共线性，引起回归结果估计不准确。本书利用解释变量相关系数矩阵检验发现，私人部门的国内信贷 / *GDP*与相对人均收入和相对人均收入的平方项的相关系数为0.30 ~ 0.52[①]，可以认为是中度相关。鉴于此，本书剔除相对人均收入和相对人均收入的平方项，重新回归，建立方程

$$CAB_i=\beta_0+\beta_1 FISCAL_i+\beta_2 DEPENDENT_i+\beta_3 OPENNESS_i+\beta_4 FINANCE_i+u_i \quad (5\text{-}2)$$

从表5-2可以发现，当剔除了相对人均收入和相对人均收入的平方项后，金融发展程度对一国经常账户具有显著的正向作用。贸易开放度与一国经常账户正相关，但是依然不是显著性因素。

**表5-2 改进后的模型估计结果**[②]

| 变量名称 | 系数 | 标准差 | T值 | P值 |
|---|---|---|---|---|
| *FISCAL* | 0.619 | 0.160 | 3.864 | 0.000 |
| *DEPENDENT* | –0.114 | 0.035 | –3.213 | 0.002 |

① 解释变量的相关系数矩阵见附录15。

② 由于常数项的回归结果不显著，并且不具有较好的经济意义，予以剔除。

续表

| 变量名称 | 系数 | 标准差 | T值 | P值 |
| --- | --- | --- | --- | --- |
| *FINANCE* | 0.041 | 0.012 | 3.319 | 0.001 |
| *OPENNESS* | 0.012 | 0.009 | 1.302 | 0.195 |
| $R^2$ | 0.306 | | | |
| *Adjusted–*$R^2$ | 0.285 | | | |
| Log likelihood | 159.3984 | | | |
| *DW* | 1.674 | | | |

### 5.2.4 检验：内陆国家和OPEC成员国

在处理多重共线性问题后，本节以5–2式检验内陆国家和OPEC成员国：一是设置是否为内陆国家为虚拟变量①；二是设置是否为OPEC成员国为虚拟变量②。首先检验内陆国家的作用。

$$CAB_i=\beta_0+\beta_1FISCAL_i+\beta_2DEPENDENT_i+\beta_3FINANCE_i+\beta_4OPENNESS_i+\beta_5DUM*LANDLOCK_i+u_i \quad (5\text{–}3)$$

其中，被解释变量和解释变量的含义和数据同上一节。虚拟变量为是否为内陆国家，用*DUM*LANDLOCK*量表示。*DUM*的取值为

$$DUM=\begin{cases}0 & \text{该国不是内陆国家}\\ 1 & \text{该国是内陆国家}\end{cases} \quad (5\text{–}4)$$

实证检验结果如表5–3所示。

① 本节实证检验的内陆国家包括阿富汗、亚美尼亚、奥地利、阿塞拜疆、白俄罗斯、玻利维亚、不丹、博茨瓦纳、斯威士兰、匈牙利、哈萨克斯坦、吉尔吉斯斯坦、卢森堡、摩尔多瓦、北马其顿、蒙古国、马拉维、尼泊尔、巴拉圭、卢旺达、塞尔维亚、斯洛伐克、塔吉克斯坦、乌干达和赞比亚。

② 本节实证检验的OPEC成员国包括安哥拉、科威特、印度尼西亚、沙特阿拉伯、利比亚、尼日利亚、卡塔尔、阿联酋。

表5-3 回归估计结果（一）

| 变量名称 | 系数 | 标准差 | T值 | P值 |
|---|---|---|---|---|
| *FISCAL* | 0.622 | 0.160 | 3.873 | 0.000 |
| *DEPENDENT* | –0.121 | 0.036 | –3.293 | 0.001 |
| *FINANCE* | 0.043 | 0.012 | 3.396 | 0.001 |
| *OPENNESS* | 0.010 | 0.009 | 1.115 | 0.267 |
| *DUM*LANDLOCK* | 0.010 | 0.014 | 0.753 | 0.453 |
| $R^2$ | 0.310 | | | |
| *Adjusted–*$R^2$ | 0.282 | | | |
| Log likelihood | 153.6954 | | | |
| *DW* | 1.648 | | | |

注：在本节的分析中，以10%的水平为显著性标准。

比较表5-2和表5-3的回归结果可以发现，政府财政结余率、人口抚养比、金融发展程度和贸易开放度的实证检验结果一致，地理位置（内陆国家）对一国经常账户失衡的作用是不显著的。

由于虚拟变量是否为内陆国家的作用并不显著，予以剔除。下面检验OPEC成员国的作用。

$$CAB_i=\beta_0+\beta_1 FISCAL_i+\beta_2 DEPENDENT_i+\beta_3 FINANCE_i+\beta_4 OPENNESS_i+\beta_5 DUM*OPEC_i+u_i \quad (5\text{–}5)$$

其中，被解释变量和解释变量的含义和数据同上一节。虚拟变量是否为OPEC成员国，用*DUM*OPEC*量表示。*DUM*的取值为

$$DUM=\begin{cases}0 & \text{该国不是OPEC成员国}\\ 1 & \text{该国是OPEC成员国}\end{cases} \quad (5\text{–}6)$$

实证检验结果如表5-4所示。

表5-4 回归估计结果（二）

| 变量名称 | 系数 | 标准差 | T值 | P值 |
|---|---|---|---|---|
| *FISCAL* | 0.618 | 0.160 | 3.854 | 0.000 |
| *DEPENDENT* | –0.118 | 0.036 | –3.284 | 0.001 |
| *FINANCE* | 0.041 | 0.012 | 3.325 | 0.001 |

续表

| 变量名称 | 系数 | 标准差 | T值 | P值 |
|---|---|---|---|---|
| *OPENNESS* | 0.012 | 0.009 | 1.340 | 0.183 |
| *DUM*OPEC* | 0.018 | 0.024 | 0.753 | 0.452 |
| $R^2$ | 0.310 | | | |
| *Adjusted*–$R^2$ | 0.282 | | | |
| Log likelihood | 153.6956 | | | |
| *DW* | 1.620 | | | |

比较表5–2和表5–4的回归结果可以发现，政府财政结余率、人口抚养比、金融发展程度和贸易开放度的实证检验结果一致，OPEC成员国对一国经常账户的作用并不显著。

### 5.2.5 横截面数据检验结果讨论

根据初步回归结果和处理多重共线性后的回归结果，政府财政结余率对一国经常账户的影响都显著为正。2015年，在全球111个国家（地区）中，政府财政结余率排名最高的前10位国家（地区）里，有7个是经常账户顺差国家；排名最高的前20位国家（地区）里，有14个是经常账户顺差国家。政府财政结余率排名最低的20个国家（地区）里，有19个是经常账户赤字国家，仅有文莱达鲁萨兰国是经常账户盈余国家。从全球视角出发，大多数财政盈余率较高的国家发生了经常账户顺差，大多数财政赤字率较高的国家发生了经常账户逆差，这一研究结论在客观上支持了双赤字理论。事实上，从内部视角出发，财政收支是政府储蓄投资缺口，也是一国经常账户的直接组成部分。在同一年份里，较高的财政赤字率意味着一国的政府储蓄投资缺口为负值，对经常账户具有负向作用。2015年，美国的政府财政赤字率为3.456%，英国为4.24%，希腊为3.08%。中国的政府财政赤字率为2.688%，德国则发生了政府财政盈余，财政盈余率为0.745%。按照这种思路，美国、英国、希腊等欧美国家在呼吁治理全球经常账户失衡的同时，也要重视本国巨额的财政赤字。此外，虽然也有一些财政盈余较高的国家发生了经常账户赤字（例如瓦努阿图等），一些财政赤字率较高的国家发生了经常账户盈余（例如文莱达鲁萨兰国），但是这些国家的GDP占全球GDP的份额都非常小。

从初步回归结果来看，相对人均收入的平方项系数显著为负，并不支持国际收支阶段论。相对人均收入（横轴）与一国经常账户（纵轴）之间不存在U形关系，不支持国际收支阶段论。按照国际收支阶段论，一国在经济发展初期，可能举借外债，在经济趋于成熟时开始偿付外债。但是，国际收支阶段论不能解释中国、美国这些大国的经常账户失衡。鉴于此，近年来，许多研究质疑国际收支阶段论，认为国际收支阶段论并不成立。本书对全球111个国家（地区）的横截面数据检验发现，国际收支阶段论解释全球经常账户失衡的能力非常有限。但是，由于处理多重共线性后，改进后的模型已经剔除了相对人均收入和相对人均收入的平方项，鉴于此，在横截面数据实证检验和横截面数据与面板数据实证检验结果不一致的讨论中，不对相对人均收入进行讨论。

根据初步回归结果和处理多重共线性后的回归结果得出，人口抚养比的系数都显著为负，支持生命周期理论对一国经常账户的解释。2015年，在全球111个国家（地区）里，人口抚养比排名最高的20个国家（地区）（人口抚养比在0.42以上），全部为经常账户赤字国家。人口抚养比排名最低的10个国家（地区）里，有8个是经常账户顺差国家（摩尔多瓦和阿曼是经常账户赤字国家）。这也在客观上支持了本书横截面数据的检验结果。鉴于此，从2015年横截面数据来看，与预防性储蓄理论和谨慎性投资理论相比较，生命周期理论对经常账户的解释发挥了更加显著的作用。关注人口年龄结构对于全球经常账户失衡的作用具有重要的现实意义。抚养比偏高的国家可能与经常账户逆差相随，抚养比偏低的国家可能与经常账户顺差相随。世界经济应该避免同周期的少年化和老年化。由于第二次世界大战结束后的“婴儿潮”，到2020年之后，“婴儿潮”中出生的人口基本退休了，美国、日本以及欧洲的一些国家面临更加严峻的人口老龄化。在这样的背景下，世界经济体的年龄结构可能具有趋同走势。中国二孩政策的放开，对于提高本国少儿抚养比，促进全球生育率的上升和人口年龄结构的调整具有积极的作用。

处理多重共线性后，私人部门的国内信贷 / *GDP*对一国经常账户的作用显著为正。即从横截面数据来看，如果以私人部门的国内信贷 / *GDP*作为衡量金融发展程度的指标，金融发展程度的上升改善了一国经常账户。2015年，金融发展程度排名最低的20个国家（地区）里，有19个是经常账户逆差国家（东帝汶除外）。金融发展程度排名最高的20个国家（地区）里，有15个是经常账户顺差国家。这说明，如果将一国高储蓄率和经常账户顺差的原因归结为较低的金融发展水平，可能是片面的。近年来中国金融业迅速发展和经常账户顺差并存的现象也说明了这一点。

处理多重共线性后，贸易开放度的上升与一国经常账户正相关，并不是显著性因素。但是，考察2015年横截面数据，发现贸易开放度排名最高的前10位国家（地区）里，有9个国家的经常账户是顺差国家（摩尔多瓦是经常账户逆差国家）；贸易开放度排名最高的前20位国家（地区）里，有16个是经常账户顺差国家。贸易开放度排名最低的10个国家（地区）里，全部为经常账户赤字。2015年，作为经常账户赤字大国，美国的贸易开放度仅为0.28，在111个国家（地区）里，排名105位。鉴于此得出，贸易开放度较低的国家往往与经常账户赤字相伴，贸易开放度较高的国家往往与经常账户盈余相伴。虽然从横截面数据来看，贸易开放度对一国经常账户没有显著性的作用。但是，长期来看，基于面板数据或时间序列数据分析，贸易开放度对一国经常账户的影响可能会更加显著。

在检验部分，发现地理位置即是否为内陆国家对一国经常账户的作用并不显著。尽管从横截面数据来看，2015年，31个内陆国家里，大多数国家（22个）发生了经常账户逆差。但是，2015年，全球125个国家（地区）里，逆差国家（地区）的数量（83个）远多于顺差国家（地区）的数量（42个）。可见，逆差国家数量多于顺差国家数量的现象并不只发生在内陆国家。鉴于此，不能仅从顺差国和逆差国的个数来判定内陆国家对一国经常账户具有负向作用。事实上，内陆国家的特殊地理位置增加了储存、运输、管理等进出口费用，理论上对一国的进口和出口都具有不利的影响，所以，地理位置并不会对内陆国家经常账户产生显著的作用。

在检验部分，发现OPEC成员国对于一国经常账户也没有显著性的作用，说明在本小节的样本里，OPEC成员国对一国经常账户的作用十分有限。这可能与样本选择以及考察时间内的石油价格有关。2015年，国际原油价格在中低位徘徊，13个OPEC成员国中，9个国家发生了经常账户赤字，4个国家是经常账户顺差国家。而在2007年国际原油价格高位时期，13个OPEC成员国都是经常账户顺差国家。可以推测，虚拟变量是否为OPEC成员国对一国经常账户的影响与石油价格有关。选择石油价格高位年份和石油价格低位年份的横截面数据进行实证检验，结果可能不同。

从2015年的横截面数据实证检验可以发现，基于储蓄投资缺口的政府财政结余率、人口抚养比、金融发展程度等内在因素显著影响了一国的经常账户。贸易开放度、地理位置（内陆国家）、OPEC成员国对一国经常账户的作用并不显著。

上述是横截面实证检验的结果讨论，说明在同一年份这些因素是怎样影响全球经常账户失衡的。在下一节，将基于面板数据，增加汇率和经济增长率等周期性因素，对全球经常账户失衡进行实证检验。一方面，希望通过面板数据实证检验，得出确定性的结论；另一方面，将比较横截面数据和面板数据的回归结果，考察不同数据列回归的实证检验结果是否存在差异性。

## 5.3　面板数据实证检验

### 5.3.1　变量与数据

#### 5.3.1.1　变量

本节选择上一章的重要因素，同时引入汇率和经济增长率等周期性因素。本节侧重于对一个长周期（26年）时间内，全球经常账户失衡影响因素的研究。由于数据的可得性，剔除了货币国际化、经济自由度、国际竞争力，由于指标的解释能力、准确程度及共线性等原因剔除了人均国土面积[①]。

需要说明的是，尽管从横截面数据来看，人口性别比对全球经常账户失衡的解释能力非常有限，但是并不排除在面板数据和时间序列数据中，人口性别比对一国经常账户的显著性作用。事实上，由于各国文化、习俗的差异，考察相同年份不同国家的样本时，竞争性储蓄理论（养儿子的家庭为了促使儿子在未来婚姻市场上更具有竞争力，会增加储蓄，男性人口比例的上升显著改善了一国经常账户）对全球经常账户失衡的解释非常有限。但是，当考察文化习俗接近的国家样本，或者考察某一国家的时间序列数据时，竞争性储蓄理论对经常账户的解释能力可能会增强。

---

① 剔除人均国土面积变量的理由与5.2.1节的相同。

鉴于上述分析，本节在面板数据中引入了人口性别比。在稳健性检验部分，设置是否为内陆国家、是否为OPEC成员国为虚拟变量。面板数据采用全球84个国家（地区）①的样本数据，分别包括26个发达国家（地区）和58个新兴经济体（地区）。时间长度为1990—2015年。由于不同国家、不同年份数据的可得性不同，回归方程的样本和时间长度有相应的调整。具体见5.3.5实证检验结果讨论部分各回归过程的样本和时间长度选择。

被解释变量：经常账户余额／*GDP*（$DAB_{it}$）。$DAB_{it}$代表第$i$个国家在第$t$期的经常账户余额／*GDP*。其中，经常账户余额是货物和服务净出口、净初次收入和净二次收入之和。经常账户余额／*GDP*的数据来源是世界银行WDI数据库。

解释变量：政府财政结余／*GDP*（$FISCAI_{it}$），代表第$i$个国家在第$t$期的政府财政结余／*GDP*。政府财政结余是政府储蓄投资缺口，也是一国经常账户的直接组成部分。根据双赤字理论，政府财政赤字与经常账户赤字伴生，财政赤字率的上升会加剧一国经常账户逆差。也有一些研究区分暂时性政府支出增加和永久性政府支出增加，认为永久性政府支出增加对一国经常账户的作用不确定（Oudiz et al.，1984）。本书的面板数据侧重于考察长周期时间内，一国政府财政结余率对经常账户的作用。在这里，本书采用一般政府净借贷作为财政结余／*GDP*的指标，数据来源是国际货币基金组织的WEO数据库。个别缺失数据由世界银行WDI数据库补充。补充数据由政府收入／*GDP*与政府支出／*GDP*的差值计算而得。补充数据的国家和时间范围分别是：塞浦路斯1990年至1994年，德国1990年，爱尔兰1990年至1994年，以色列1990年至1999年，韩国1990年至1994年，美国1990年至1999年，俄罗斯1990年至1997年，阿拉伯联合酋长国1990年。

相对人均收入水平和相对人均收入水平的平方项：国际收支阶段论认为，当一国从低收入国家向高收入国家迈进时，往往需要进口资本以满足当前的发展需要，从而发生经常账户逆差；当一国发展到高收入水平阶段时，需要偿还发展进程中积累下来的外债，开始向低收入国家输出资本，从而表现为经常账

---

① 84个国家（地区）的名称见附录16。

户顺差。$RPERGDP_{it}$代表第$i$个国家在第$t$期的人均收入与世界人均收入的相对值。$RPERGDP_{it}$^2代表相对人均收入水平的平方项。人均收入的原始数据按照购买力平价$PPP$衡量，现价国际元。数据来源于世界银行WDI数据库。

人口抚养比：$DEPENDENT_{it}$代表第$i$个国家在第$t$期的人口抚养比，由0~14岁及65岁以上人口之和占总人口比重来表示。根据生命周期理论，在开放经济条件下，劳动年龄人口占比较高的国家容易形成高储蓄率，多余的储蓄流出国，形成经常账户顺差；而非劳动年龄人口占比较高的国家则容易形成经常账户逆差。根据预防性储蓄理论，如果家庭的抚养比较高，会促使增加储蓄，以应对未来在子女和老年人医疗、养老等方面可能发生的巨额支出和不确定性，从而对一国经常账户具有正向作用。本书的面板数据实证检验考察长周期时间内，一国人口抚养比对经常账户的作用。数据来源是世界银行WDI数据库。

人口性别比：$MALE_{it}$代表第$i$个国家在第$t$期男性人口占总人口的比重。根据Du和Wei（2010），魏尚进、张晓波（2011）等的观点，男性人口比重过高的经济体容易拥有较高的储蓄率，进而发生经常账户盈余。人口性别比数据来源于世界银行WDI数据库。

贸易开放度：$OPENNESS_{it}$代表第$i$个国家在第$t$期的贸易开放度。贸易开放度的高低会直接影响一国对国外资本的吸引程度以及一国的偿债能力。贸易开放度指数采用一国商品和服务的进出口总值与同期国内生产总值的比值。贸易开放度的数据来源于世界银行WDI数据库及作者自行计算。

金融发展程度：金融发展程度是一个综合变量，较为完善的做法是采用私人部门的国内信贷 / $GDP$、股票交易总额 / $GDP$、上市公司市值 / $GDP$等多个变量加总平均。但是由于股票交易总额 / $GDP$和上市公司市值 / $GDP$缺失了很多数据，鉴于此，本书借鉴King和Levine（1993）的方法，并考虑样本的时间长度以及数据的可得性，选择私人部门的国内信贷占 / $GDP$来衡量一国金融发展程度，用$PRIVATEGDP_{it}$表示第$i$个国家在第$t$期的金融发展程度[①]。数据来源

① 由于数据的可得性不同，本章的金融发展程度采用私人部门的国内信贷 / $GDP$来衡量。在第六章，美国金融发展程度采用私人部门国内信贷 / $GDP$、股票交易总额 / $GDP$和上市公司市值 / $GDP$三者的加总平均来衡量。

于世界银行WDI数据库。

本国经济增长率：$GROWTH_{it}$代表本国经济增长率。在面板数据回归中，本书增加了本国经济增长率。一方面，较高的经济增长率提高了居民的收入水平，会带来储蓄率的增加，对一国经常账户产生正向作用；较高的经济增长率意味着生产能力和技术水平的提高，具有改善一国经常账户的作用。另一方面，经济增长率的上升意味着一国国民收入和进口需求的上升，从而恶化了一国经常账户。此外，较高的经济增长率还是本国资本回报率上升的信号，可能会吸引国内外投资，提高一国的投资率，对一国经常账户具有负向作用。本国经济增长率的数据来源于世界银行WDI数据库。

实际有效汇率：$\ln REER_{it}$代表第$i$个国家在第$t$期的实际有效汇率的对数值。在面板数据回归中，本书还增加了实际有效汇率。理论上，汇率水平变动会通过相对价格效应影响经常账户，但是也有很多研究认为汇率并不是影响一国经常账户的显著因素（文献综述2.2.1）。本书考察长周期时间内，汇率对一国经常账户的影响。考虑到影响经常账户的更多的是实际汇率，同时受到更多影响的是贸易项目，这里采用经贸易加权的实际有效汇率。实际有效汇率的基期为2010年，实际有效汇率的数据来源于世界银行WDI数据库。

#### 5.3.1.2　数据描述性统计

表5-5是本章所用数据的描述性统计。

**表5-5　数据的描述性统计**

| 变量名称 | 含义 | 观测数量 | 均值 | 标准差 | 最小值 | 最大值 |
|---|---|---|---|---|---|---|
| *CAB* | 经常账户余额 / *GDP* | 2184 | –0.022 | 0.110 | –1.130 | 0.603 |
| *FISCAL* | 政府财政结余 / *GDP* | 2184 | –0.030 | 0.171 | –5.054 | 0.490 |
| *RPERGDP* | 相对人均收入 | 2184 | 2.062 | 1.377 | 0.037 | 5.545 |
| *RPERGDP^2* | 相对人均收入水平的平方项 | 2184 | 6.161 | 6.345 | 0.001 | 30.755 |
| *DEPENDENT* | 人口抚养比 | 2184 | 0.382 | 0.068 | 0.140 | 0.543 |
| *MALE* | 人口性别比 | 2184 | 0.501 | 0.028 | 0.463 | 0.748 |

续表

| 变量名称 | 含义 | 观测数量 | 均值 | 标准差 | 最小值 | 最大值 |
|---|---|---|---|---|---|---|
| *PRIVATEGDP* | 金融发展程度 | 1752 | 0.745 | 0.655 | –0.259 | 6.839 |
| *OPENNESS* | 贸易开放度 | 1950 | 0.834 | 0.538 | 0.110 | 5.317 |
| *GROWTH* | 本国经济增长率 | 2184 | 3.606 | 5.571 | –37.011 | 149.973 |
| ln*REER* | 实际有效汇率的对数值 | 1071 | 4.601 | 0.201 | 3.541 | 5.767 |

### 5.3.2 模型与方法

在现实经济中，大多数经济变量之间的关系是动态的，需要引入滞后项来解释这些关系。动态面板模型在解释变量中加入被解释变量的滞后项，以反映动态滞后效应。由于消费习惯、资源禀赋、技术进步等因素，一国的经常账户可能存在惯性。利用动态面板，将经常账户的滞后项纳入模型，一方面可以很好地反映被解释变量的调整速度，另一方面在排除惯性后，也能够更加准确地估计解释变量和其他变量的作用。对于此类动态面板模型，差分广义矩估计（DIF–GMM）（Arellano et al.，1991）或者系统广义矩估计（System–GMM）是两种合适的处理方法。DIF–GMM的基本思路是首先对计量方程进行差分，以去掉固定效应的影响，然后用一组滞后的解释变量作为差分方程中相应变量的工具变量。System–GMM结合了差分方程和水平方程，此外还增加了一组滞后的差分变量作为水平方程中相应变量的工具变量。System–GMM方法在1998年后逐步完善，在经验研究中也有着广泛的应用。本书数据是平衡面板数据，DIF–GMM是一个较好的估计方法。但是Attanasio等（2010）研究表明，对于较长时间的宏观面板数据，随着时间样本的延长，OLS估计方法可以得到一个无偏估计，并且OLS估计方法优于GMM估计方法。鉴于此，本书采用DIF–GMM方法得到的系数对回归结果做解释，并采用面板混合OLS估计方法、设置虚拟变量、固定效应或随机效应等进行稳健性检验。

$$CAB_{it}=\beta_0 CAB_{it-1}+\beta_1 FISCAL_{it}+\beta_2 RPERGDP_{it}+\beta_3 RPERGDP_{it}\hat{}2+\beta_4 DEPENDENT_{it}+\beta_5 MALE_{it}+\beta_6 OPENNESS_{it}+\beta_7 PRIVATEGDP_{it}+\beta_8 GROWTH_{it}+\beta_9 \ln REER_{it}+u_i+v_{it} \quad (5\text{–}7)$$

其中，$CAB_{it}$为经常账户余额 / *GDP*；$FISCAL_{it}$是政府财政结余 / *GDP*；

$RPERGDP_{it}$是相对人均收入水平；$RPERGDP_{it}$^2代表相对人均收入水平的平方项；$DEPENDENT_{it}$是人口抚养比；$MALE_{it}$是人口性别比；$OPENNESS_{it}$是贸易开放度；$PRIVATEGDP_{it}$是金融发展程度；$GROWTH_{it}$是本国经济增长率；$\ln REER_{it}$是实际有效汇率。$u_i$为不可观测的国别效应，$v_{it}$为随机误差项，$u_i$与$v_{it}$共同构成了模型的误差项。

### 5.3.3 实证检验结果

实证检验根据不同的设定，对式5-7进行了不同的回归。对全球样本的回归结果见表5-6。在实证检验过程中，首先，只控制政府财政结余率对经常账户的作用，形成Reg.1。其次，在Reg.1的基础上，控制相对人均收入水平和相对人均收入水平的平方项对经常账户的作用，形成Reg.2。再次，在Reg.2的基础上，控制人口抚养比对经常账户的作用，形成Reg.3。接下来，在Reg.3的基础上，控制人口性别比对经常账户的作用，形成Reg.4。Reg.5在Reg.4的基础上，增加了本国经济增长率。Reg.6在Reg.5的基础上，增加了贸易开放度。Reg.7在Reg.6的基础上，增加了金融发展程度。Reg.8在Reg.7的基础上，增加了实际有效汇率。

其中，Reg.1 ~ Reg.5覆盖的时间长度是1990—2015年（调整后的时间长度是1992—2015年）。覆盖样本是全球84个国家（地区），其中包括26个发达国家（地区）和58个新兴经济体（地区）。基于贸易开放度的数据可得性，Reg.6覆盖的时间长度也是1990—2015年（调整后的时间长度是1992—2015年）。覆盖样本个数减少为78个国家（地区）（剔除了6个缺失3年以上数据的样本，分别是斯威士兰、埃塞俄比亚、牙买加、巴布亚新几内亚、阿联酋、也门）。基于私人部门的国内信贷 / $GDP$数据的可得性，Reg.7覆盖的时间长度缩短为1991—2014年，覆盖样本个数减少为73个国家（剔除了5个缺失3年以上数据的样本，分别是加拿大、新西兰、文莱达鲁萨兰国、伊朗、基里巴斯）。基于实际有效汇率数据的可得性，Reg.8覆盖的时间长度缩短为1994—2014年，覆盖样本减少为全球51个国家（地区）（在Reg.7的基础上，剔除了22个缺失数据的样本，分别是韩国、孟加拉国、贝宁、不丹、布基纳法索、科摩罗、刚果共和国、萨尔瓦多、几内亚、洪都拉斯、约旦、印度、肯尼亚、黎巴嫩、马达加斯加、莫桑比克、阿曼、纳米比亚、塞舌尔、斯里兰卡、苏丹、苏里南）。

表5-6 面板数据回归估计结果

| 变量 | Reg.1 | Reg.2 | Reg.3 | Reg.4 | Reg.5 | Reg.6 | Reg.7 |
|---|---|---|---|---|---|---|---|
| *CAB* | 0.543***<br>（0.000） | 0.497***<br>（0.001） | 0.505***<br>（0.001） | 0.512***<br>（0.000） | 0.537***<br>（0.001） | 0.825***<br>（0.046） | 0.826***<br>（0.047） |
| *FISCAL* | 0.147***<br>（0.000） | 0.108***<br>（0.001） | 0.112***<br>（0.001） | 0.112***<br>（0.001） | 0.090**<br>（0.001） | 0.260***<br>（0.086） | 0.263***<br>（0.085） |
| *RPERGDP* | | 0.123***<br>（0.000） | 0.116***<br>（0.000） | 0.107***<br>（0.000） | 0.133***<br>（0.000） | 0.006<br>（0.005） | 0.006<br>（0.005） |
| *RPERGDP^2* | | −0.008***<br>（0.000） | −0.008***<br>（0.000） | −0.008***<br>（0.000） | −0.010***<br>（0.000） | −0.001<br>（0.001） | −0.001<br>（0.001） |
| *DEPENDENT* | | | 0.165***<br>（0.007） | −0.020***<br>（0.005） | −0.086**<br>（0.009） | −0.007<br>（0.042） | −0.005<br>（0.043） |
| *MALE* | | | | −1.680***<br>（0.034） | −1.737<br>（0.053） | −0.004<br>（0.039） | −0.005<br>（0.039） |
| *GROWTH* | | | | | 0.001***<br>（0.000） | −0.001**<br>（0.000） | −0.001*<br>（0.000） |
| *OPENNESS* | | | | | | 0.006**<br>（0.003） | 0.007**<br>（0.003） |
| *PRIVATE / GDP* | | | | | | | 0.000<br>（0.000） |
| ln*REER* | | | | | | | |
| *observations* | 2016 | 2016 | 2016 | 2016 | 2016 | 1872 | 1606 |
| *AR*（1） | 0.033 | 0.027 | 0.001 | 0.000 | 0.000 | 0.000 | 0.000 |
| *AR*（2） | 0.305 | 0.299 | 0.201 | 0.189 | 0.197 | 0.285 | 0.244 |
| *Sargan test* | 0.152 | 0.237 | 0.251 | 0.305 | 0.361 | 0.400 | 0.414 |
| 变量 | Reg.8 | Reg.9 | Reg.10 | Reg.11 | Reg.12 | | |
| *CAB* | 0.406***<br>（0.005） | 0.819***<br>（0.040） | 0.803***<br>（0.033） | 0.819***<br>（0.041） | 0.819***<br>（0.041） | | |
| *FISCAL* | 0.489***<br>（0.016） | 0.232***<br>（0.080） | 0.227***<br>（0.078） | 0.231***<br>（0.080） | 0.229***<br>（0.080） | | |
| *RPERGDP* | 0.091***<br>（0.007） | 0.005<br>（0.005） | 0.004<br>（0.005） | 0.006<br>（0.005） | 0.007<br>（0.005） | | |

续表

| 变量 | Reg.8 | Reg.9 | Reg.10 | Reg.11 | Reg.12 | | |
|---|---|---|---|---|---|---|---|
| *RPERGDP^2* | −0.017*** (0.002) | −0.001 (0.001) | −0.000 (0.001) | −0.000 (0.001) | −0.001 (0.001) | | |
| *DEPENDENT* | 0.368*** (0.101) | 0.026 (0.045) | 0.023 (0.044) | 0.022 (0.044) | 0.040 (0.041) | | |
| *MALE* | 0.085 (0.784) | 0.204** (0.062) | 0.379*** (0.119) | 0.189*** (0.060) | 0.287*** (0.094) | | |
| *GROWTH* | 0.001*** (0.000) | 0.001* (0.000) | 0.001** (0.001) | 0.001* (0.000) | 0.001* (0.000) | | |
| *OPENNESS* | 0.021*** (0.003) | 0.004* (0.002) | 0.005* (0.003) | 0.004* (0.002) | 0.005* (0.002) | | |
| *PRIVATE / GDP* | −0.021** (0.008) | −0.001 (0.004) | −0.002 (0.004) | −0.001 (0.004) | −0.001 (0.004) | | |
| ln*REER* | −0.053*** (0.014) | −0.055*** (0.013) | −0.052*** (0.014) | −0.054** (0.013) | −0.036*** (0.009) | | |
| *DUM*LAND-LOCK* | | 0.006 (0.003) | | | | | |
| *DUM*OPEC* | | | −0.023* (0.012) | | | | |
| *observations* | 1071 | 1071 | 1071 | 1071 | 1071 | | |
| *A.R−sq* | | 0.795 | 0.797 | 0.795 | 0.798 | | |
| *F−test* | | 0.000 | 0.000 | 0.000 | 0.000 | | |
| *DW* | | 2.056 | 2.039 | 2.056 | 2.055 | | |
| *AR*（1） | 0.000 | | | | | | |
| *AR*（2） | 0.283 | | | | | | |
| *Sargan test* | 0.442 | | | | | | |

注：*、**、***分别代表在10%、5%、1%的水平上显著。括号中为标准误。*Sargan test*为*J*统计量的*P*值，由CHIDIST（*J*，*ir−v*）函数来获得。*ir*是工具变量的秩，*v*为参数个数。*P*值大于0.05，代表接受模型过度约束正确。*AR*（1）检验差分方程是否存在一阶序列相关，*AR*（2）检验差分方程是否存在二阶序列相关，表中*AR*（1）、*AR*（2）是统计量的*P*值。*F−test*是*F*统计量的*P*值。Reg.9～Reg.12省略了常数项。

### 5.3.4 稳健性检验

为了验证上述DIF-GMM的估计结果的稳健性，本书同时进行了三个方面的稳健性检验。一是采用面板混合OLS估计方法，检验引入虚拟变量后的结果。虚拟变量包括：是否为内陆国家，用*DUM*LANDLOCK*表示。*DUM*的设置与5.2.4节的相同。是否为OPEC成员国，用*DUM*OPEC*表示。*DUM*的设置与5.2.4节的相同。二是随机效应检验。首先，经过豪斯曼检验，得出*P*值为0.987，无法拒绝使用随机效应模型的原假设，确定在面板数据模型中适合采用随机效应。其次，采用随机效应进行实证检验。三是采用混合面板估计方法进行计量检验。稳健性检验的结果见Reg.9 ~ Reg.12。其中Reg.9和Reg.10分别是设置是否为内陆国家为虚拟变量的回归结果和设置是否为OPEC成员国为虚拟变量的回归结果。Reg.11是随机效应回归结果。Reg.12是混合面板回归。

结果表明，相对人均收入、人口抚养比的回归结果符号没有发生改变，但是显著性有所下降。人口性别比的显著性上升明显，Reg.9 ~ Reg.12都显示，人口性别比对一国经常账户具有显著的正向作用。和Reg.8的回归结果类似，政府财政结余率对一国经常账户具有显著的正向影响，贸易开放度的上升显著改善了一国经常账户。实际有效汇率对一国经常账户具有显著的负向影响。经济增长率对一国经常账户具有显著正向作用，但回归系数非常小。总体上，模型具有较好的稳健性。虚拟变量地理位置（是否为内陆国家）不是影响一国经常账户的显著性因素。是否为OPEC成员国对一国经常账户具有显著（10%）的负向作用，这可能有违于一些理论或研究结果，但是本书倾向于认为，是否为OPEC成员国对经常账户的作用与考察时间内的石油价格等因素有关系，并在后文详细讨论。

### 5.3.5 面板数据检验结果讨论

本书以表5-6中的Reg.8作为实证检验的基准结果，根据实证检验结果，本书得到以下几点结论。

政府财政结余率对一国经常账户的作用始终显著为正。从表5-6中的Reg.8的结果来看，政府财政结余率对经常账户的影响是十分显著的。政府财政结余率对经常账户有显著（1%）的正向影响，政府财政结余率增加1%，经常账户余额／*GDP*增加0.489%。所以，对于全球样本，政府财政收支与经常账户余额紧密相关，扩大财政赤字对一国经常账户具有显著的恶化作用。联系现实，尽管美国的财政赤字和经常账户赤字并存现象持续了十余年，支持双赤字理论。但是，美国的一些主流研究结论认为，美国的财政赤字没有对经常账户赤字产生重要的影响。比较有代表性的是，Backus等（2005）认为美国的财政赤字对经常账户赤字没有作用，美联储前主席格林斯潘（2005）指出美国的财政赤字对经常账户失衡的影响非常小。但是，本书的面板数据回归结果和横截面数据回归结果都表明财政赤字是其经常账户逆差的显著因素，支持双赤字理论。作为经常账户赤字大国，在呼吁世界各国或地区共同解决全球经常账户失衡问题的同时，美国自身巨额的财政赤字也是需要重点关注和着力解决的。2016年，特朗普在美国总统大选中胜出，特朗普主张大幅减税与大幅提高基础设施投资，扩张性的财政政策在很大程度上加剧了美国经常账户的赤字。另外，在中文文献中，关于财政收支与经常账户之间关系的研究较少，其中一个重要的原因是中国虽然发生了财政收支赤字，但是经常账户长期保持着顺差状况。这一现象似乎告诉人们，不用过多地关注政府财政收支对经常账户的影响。但是，自2008年以来，中国的经常账户顺差额／*GDP*逐渐缩小，如果顺差并非一种常态，一旦出现逆差，财政政策对经常账户会产生怎样的影响？这是十分关键的问题，也是非常值得我们思考的。

相对人均收入的系数为0.091。相对人均收入平方项的系数为–0.017，并且在1%水平内显著。正的相对人均收入系数和负的相对人均收入的平方项系数表明：相对人均收入和经常账户之间存在着倒U形的关系，并不支持国际收支阶段论。这一研究结果与Chinn 和 Prasad（2003）的研究结果类似，即没有充足的证据支持国际收支阶段论。相反，相对人均收入与经常账户之间存在着倒U形关系。文献综述2.4.2.2节阐述了从人均收入、储蓄、经常账户视角出发，相对人均收入与经常账户之间存在倒U形关系的理论基础，本书的研究支持这一理论，认为倒U形曲线的原因与一国经济发展进程中的社会保障完善程度、剩余劳动力充裕状况等因素相关。从居民储蓄角度来看，一国经济发展初期，由于社会保障体系落后，居民面临的不确定性较强，随着收入的增加，居民更偏好于预防性储蓄，从而居民储蓄率上升，改善一国经常账户。只有当一国经济发展到一定阶段时，社会保障体系相对完善，此时，居民能够在收入增加时扩大消费支出，从而居民储蓄率下降，一国经常账户恶化。从企业储蓄角度来看，相对于发达国家，发展中国家的劳动力成本偏低，在生产率提高和资本扩张的过程中，容易积累大规模的企业利润，从而企业储蓄率上升，改善一国经常账户。随着经济的发展，当剩余劳动力人口下降甚至消失时，企业的劳动力成本上升，利润减少，促使企业储蓄率下降，恶化一国经常账户。

人口抚养比对一国经常账户有显著（1%）的正向影响，人口抚养比增加1%，经常账户余额 / *GDP* 增加0.368%。即在考察时间长度和样本范围内，预防性储蓄动机和谨慎性投资效应抵消了生命周期理论的影响，人口抚养比的提高对一国经常账户具有正向作用。事实上，居民预防性储蓄动机的高低与金融发展水平、社会保障体系完善程度密切相关。当一国金融发展水平较低时，居民面临着较强的流动性约束，不得不增加储蓄以应对未来的不确定性；当一国金融发展水平较高时，居民可能随时能够利用外部资金满足自身的消费需求，从而削弱了居民的预防性储蓄动机。健全完善的社会保障体系解除了居民养老、治病等后顾之忧，也会削弱居民的预防性储蓄动机。与发达国家相比较，新兴经济体的金融发展水平往往较低，社会保障体系也相对落后，预防性储蓄动机较为强烈。本节采用的全球样本，既包括发达经济体，也包括新兴经济体，从实证检验结果来看，更加凸显了预防性储蓄理论对新兴经济体的作用。一些研究将全球样本区分为发达经济体和新兴经济体后，发现人口抚养比对不同组别国家经常账户的作用并不相同（谢建国等，2013）。

人口性别比与一国经常账户正相关，但并不显著。这说明在本书的样本数据中，男性人口比例与经常账户正相关，男性人口比例的上升不是影响一国经常账户的显著性因素。这可能与各国国情，包括房屋价格、婚姻风俗、文化习惯的不同相关。在不同的国情下，性别比对一国储蓄率和经常账户的作用有所差异，进而促使在面板数据中，性别比的作用并不显著。但是，在稳健性检验部分，人口性别比的系数显著性明显上升，说明人口性别比是影响一国经常账户失衡的重要因素。需要说明的是，尽管在面板数据回归中，人口性别比的作用并不十分显著，但是我们不能否认，它可能是引起一个国家经常账户顺差的重要原因，近年来中国持续性增长的性别比和高储蓄率、经常账户顺差并存的现象也说明了这一点。本书将在下一章6.4节加以检验和讨论。

本国经济增长率对一国经常账户具有显著（1%）的正向影响。经济增长率增加1%，经常账户余额 / *GDP*上升0.001%。一方面，较高的经济增长率提高了居民的收入水平，会带来储蓄率的增加，对一国经常账户产生正向作用；较高的经济增长率意味着生产能力和技术水平的提高，具有改善一国经常账户的作用。另一方面，经济增长率的上升意味着一国国民收入和进口需求的上升，从而恶化了一国经常账户。从本书面板数据的实证检验结果来看，经济增长率的上升对一国经常账户的正向影响更大。这与Kelley和Schmidt（1996）的研究结论相同。近年来，中国的高经济增长率和经常账户顺差并存的现象也证实了这一点。但是，我们也要指出，在很多情况下，一国经济增长率的上升往往伴随着经常账户的恶化。遭受主权债务危机的欧元区成员国的历史经验证实了这一点。在危机爆发前，希腊、西班牙等国家有着较高的经济增长率。例如，2006年，希腊、西班牙的经济增长率分别为5.65%和4.18%。同时，这些国家伴随着突出的经常账户逆差。欧债危机和经济危机爆发后，这些国家的经济增长率下降，经常账户逆差也开始减少。2014年，希腊、西班牙的经常账户由逆差转为顺差。这说明虽然对于全球样本来说，经济增长率的上升对一国经常账户具有正向作用，但是对于不同的经济体来说，经济增长率上升的作用可能并不相同①。

贸易开放度对一国经常账户具有显著（1%）的正向影响。贸易开放度上升1%，经常账户余额 / *GDP*上升0.021%。尽管在稳健性检验的Reg.9中，贸易开放度的显著性有所下降，但是，Reg.6 ~ Reg.8的结果都表明，贸易开放度显著改善了一国的经常账户。关于贸易开放度和经常账户的关系，不同的研究结论不同，一些观点认为从长期来看，一国贸易开放度的上升对经常账

① 根据Lucas（1990）对卢卡斯悖论的解释推测，发达国家经济增长率的上升更能体现其生产能力和资本回报率的上升，国内外投资者们为了得到该国生产率和资本回报率提高的优势，增加对本国的投资，促使本国投资率上升，从而恶化一国的经常账户。如果这种差异性结论成立的话，随着本国经济增长率的提高，与新兴经济体相比，发达国家更加容易发生经常账户赤字。

户具有正向作用（Cavallo et al.，2008）。另一些研究认为，贸易开放度对进口的正向影响大于对出口的负向影响，对一国贸易余额具有负向作用；一国贸易开放度的上升意味着一国对外国资本更具有吸引力，从而增加了国外对本国的投资，吸引更多的国外资本（Chinn et al.，2003）。有鉴于此，近年来一些发达国家在经济下行时，政府往往倾向于出台贸易保护主义政策，例如提高关税率、限制进口议案。这些议案背后的假设是，贸易开放度的上升对一国经常账户具有负向影响。但是，从本书的面板数据实证检验结果来看，并不支持这一假设。从本书的实证检验结果来看，尽管在短期，贸易开放度的上升可能会恶化一国经常账户，或者贸易开放度不是影响一国经常账户的显著性因素；但是从长期来看，贸易开放度的上升会促使一国更好地利用外国资本和先进技术，优化资源配置，提高本国产出能力和效率，对经常账户具有显著的正向作用。近年来，中国和亚洲新兴经济体的不断开放和经常账户顺差并存的经验也证实了这一点。按照这种思路，长期来看，美国的贸易保护主义政策可能不仅不会缓解美国经常账户赤字，反而会加剧美国经常账户逆差。

如果以私人部门的国内信贷 / *GDP* 作为衡量金融发展程度的指标，金融发展程度对一国经常账户具有显著（5%）的负向影响。金融发展程度增加1%，经常账户余额 / *GDP* 下降0.021%。这与许多文献的研究结果相同，即随着一国金融发展水平的提高，居民和企业部门更容易将储蓄转化为投资，促进一国投资率的上升，从而对一国经常账户具有负向作用。在金融全球化背景下，如果一国的金融发展水平较低，国内过剩的储蓄无法被金融市场完全消化，多余的储蓄会流向金融发展水平较高的国家。茅锐、徐建炜、姚洋（2012）和姚晓磊（2014）的研究都证明金融发展程度是影响全球经常账户失衡的重要原因。美国、英国持续性经常账户逆差和高度发达的金融业并存的事实也说明了这一点。

与许多文献研究结果相同，实际有效汇率的升值恶化了一国的经常账户。实际有效汇率升值1%，经常账户余额 / *GDP* 下降0.053%。这说明对于全球样本，汇率对经常账户具有调节作用。但是，这并不意味着汇率对所有国家的经常账户都具有显著的作用。一些研究区分了发达国家和新兴经济体，认为实际汇率贬值与发展中国家出口激增密切相关，而对于发达国家，实际汇率贬值并不是出口激增的显著性因素。背后的逻辑是，对于发展中国家来说，当存在贸易品部门弱小和二元经济结构时，汇率贬值可以促进贸易品部门的发展，改善一国经常账户。从本书全球样本的回归结果来看，汇率贬值对一国经常账户具有改善作用。但是本书认为，对于不同的国家，在不同的发展阶段，汇率对经常账户的调节作用各不相同。为了更加深入地进行研究，本书在下一章对美国、欧元区成员国和中国经常账户失衡分别研究。

稳健性检验部分，是内陆国家与一国经常账户正相关，但并不显著。长期来看，一国的地理位置并不是影响其经常账户失衡的显著性因素，这可能是由于地理位置既会影响一国的出口贸易，也会影响一国的进口贸易，总的影响不确定。此外，是OPEC成员国对一国经常账户具有微弱的负向作用。也有利用1989—2008年的历史数据研究，发现是OPEC成员国对一国经常账户具有显著的正向作用（朱超等，2012）。这可能是由于在考察期间，石油价格经历了大幅上涨的过程[①]，进而对一国经常账户具有显著的改善作用。这一结果也说明在分析全球经常账户失衡时，利用不同时间长度的数据得出的结论是不同的，没有充分的理由说明影响因素对经常账户的作用是确定的。事实上，石油价格对OPEC成员国的经常账户具有至关重要的作用。正如本书第4章4.2.11节石油价格与OPEC成员国经常账户的横截面数据描述，在石油价格高位时期（2007年），13个OPEC成员国均为经常账户顺差国；在石油价格低位时期（2015年），9个OPEC成员国发生了经常账户逆差。这说明尽管OPEC成员国对全球经常账户失衡的作用有限，但是石油价格是影响中东地区OPEC成员国经常账户的重要因素。

由于GMM方法较好地捕捉了滞后项。经常账户的滞后一期的系数始终显著为正，说明经常账户存在着强惯性。

上述分析是对面板数据回归结果的讨论。在进行面板数据实证检验结果讨论后，本书发现，面板数据的检验结论与横截面数据的检验结论并不一致。在下一节，本书比较分析了不一致性，并且尝试做出一些解释。

---

① 2003—2008年，国际石油价格保持上升走势，2008年，纽约商品交易所原油期货价格达到历史高点147.27美元/桶。

## 5.4 横截面数据与面板数据实证检验结果不一致

本章分别基于2015年全球111个国家（地区）的横截面数据，基于1990—2015年全球84个国家（地区）的面板数据，对全球经常账户失衡进行了实证检验。本章研究了政府财政结余率、相对人均收入、人口抚养比、人口性别比、本国经济增长率、贸易开放度、金融发展程度、实际有效汇率对一国经常账户失衡的影响。对比横截面数据的检验结果，本书发现横截面数据与面板数据的回归结果不一致。具体如表5-7所示。

**表5-7 横截面数据与面板数据回归结果比较**

| 变量 | 横截面数据 | 面板数据 | 是否一致 |
|---|---|---|---|
| 政府财政结余率 | 正向显著 | 正向显著 | 一致 |
| 相对人均收入① | — | 倒U形 | — |
| 人口抚养比 | 负向显著 | 正向显著 | 不一致 |
| 人口性别比 | 不显著 | 正相关② | 不一致 |
| 金融发展程度 | 正向显著 | 负向显著 | 不一致 |
| 贸易开放度 | 不显著 | 正向显著 | 不一致 |
| 是否为内陆国家 | 不显著 | 不显著 | 一致 |
| 是否为OPEC成员国 | 不显著 | 微弱负向 | 不一致 |

其一，在横截面数据分析中，人口抚养比与经常账户负相关，支持生命周期理论对经常账户的解释。在面板数据分析中，人口抚养比对经常账户具有显著的正向作用，支持预防性储蓄和谨慎性投资理论对经常账户的解释。

其二，从上一章相关性分析来看，人口性别比对一国经常账户失衡的作用非常有限，并且从本章横截面数据实证检验建立初步模型时筛选变量的过程来看，人口性别比不是影响一国经常账户的显著性因素。但是，从动态面板数

① 在横截面数据实证检验中，相对人均收入作为初步回归模型的解释变量。处理多重共线性后，剔除了相对人均收入和相对人均收入的平方项，鉴于此，这里不讨论相对人均收入回归结果是否一致。

② 尽管在Reg.8中，人口性别比对一国经常账户的作用并不显著，但是在Reg.9 ~ Reg.12中，人口性别比的显著性明显上升。

据Reg.8的结果来看，人口性别比与一国经常账户正相关。在稳健性检验部分，Reg.9 ~ Reg.12，人口性别比的上升显著改善了一国经常账户。这说明在横截面数据和面板数据的回归结果中，人口性别比的作用效果存在着不一致性。

其三，在横截面数据分析中，处理多重共线性后，金融发展程度的上升显著改善了一国经常账户；在面板数据分析中，金融发展程度的上升显著恶化了一国经常账户。

其四，在横截面数据分析中，处理多重共线性后，贸易开放度与经常账户正相关，但不显著；在面板数据分析中，贸易开放度的上升显著改善了一国经常账户。

其五，在横截面数据分析中，是否为OPEC成员国不是影响一国经常账户的显著性因素。但是从面板数据回归结果来看，是OPEC成员国对一国经常账户产生了微弱的负向作用。在上一小节，本书解释了这一结果与样本在某一时间长度内的石油价格密切相关，在不同的时间长度内，OPEC成员国的作用效果也并不相同。

一个随之而来的问题是，为什么横截面数据和面板数据的回归检验结果存在着不一致性？联系收入消费理论可知，在实证分析中存在着横截面数据和时间序列数据冲突的问题。具体地，在20世纪30年代，凯恩斯提出了绝对收入假说，许多学者通过对实际统计材料的分析，对这一思想进行了验证，发现一方面，从横截面数据来看，低收入家庭是负储蓄（动用以前的储蓄、借贷等），高收入家庭的消费小于收入。当人们的收入从低到高时，消费增加的幅度小于收入增加的幅度，边际消费倾向和平均消费倾向均递减，与凯恩斯绝对收入理论一致。另一方面，从长期时间序列数据来看，一国（家庭）的长期平均消费倾向基本保持不变，与凯恩斯绝对收入理论不一致。例如，美国经济学家库兹涅茨对70年的数据进行了分析，发现1869—1938年，美国的国民收入增长了6倍多，但是平均消费倾向稳定在0.84 ~ 0.89。即横截面数据与时间序列数据的结论冲突。学者们进一步解释了为什么横截面数据和时间序列数据的结论冲突：在长时期中，由于收入以外其他因素的作用，消费函数上移，表现为每一收入水平对应的消费水平提高，消费函数的整体上移恰好抵消了平均消费倾向随着收入增加而下降的趋势，从而平均消费倾向在长期保持稳定。关于消费函数上移的原因，学者们归纳为城市化水平的提高、新的消费品成为必需品、人口老龄化、积累的社会财富的增加等多重原因。

本书发现，在全球经常账户失衡研究中，横截面数据与面板数据实证检验结果不一致。这些不一致体现在储蓄投资缺口影响因素方面，也体现在贸易开放度、是否为OPEC成员国等因素上。具体分析如下。

对于人口抚养比、人口性别比、金融发展程度等影响储蓄投资缺口的因素，横截面数据和面板数据的回归结果不一致。可能的解释：一是，面板数据包含着时间序列数据和横截面数据两个维度，横截面数据与时间序列数据相冲突。从时间序列数据来看，经常账户还受到经济增长率、汇率等周期性因素的影响。由于这些周期性因素的作用，横截面数据与面板数据的实证检验结果不一致。二是，从长期来看，这些内在因素对全球经常账户失衡的影响还受到其他因素，例如居民储蓄动机、文化习惯、社会风俗等因素的影响。例如，关于人口性别比，可能在特定的国家或者文化习俗接近的国家（例如东亚国家），人口性别比的上升会显著影响一国储蓄率和经常账户。而从全球来看，这一因素的作用效果会被削弱。三是，这些因素的效果需要通过时间长度得以体现，从面板数据或时间序列数据来看，这些因素的作用效果才可以充分显现。

此外，贸易开放度和是否为OPEC成员国对一国经常账户的影响不一致。回顾第四章的相关性分析，2015年126个国家（地区）的横截面数据表明，贸易开放度与一国经常账户正相关。虽然本章的多变量初步回归结果显示，贸易开放度与一国经常账户负相关，但是在处理多重共线性问题后，我们发现，贸易开放度与一国经常账户正相关，但不显著。而从长周期时间（1990—2015年）来看，贸易开放度对一国经常账户具有显著的正向作用。这表明贸易开放度对一国经常账户的改善作用更加体现在长周期时间内。设想，在某一年份，一国贸易开放度的上升可能更容易促使其扩大进口需求，购买本国生产和消费的必需品，而出口额不仅受到贸易开放度的影响，也受到世界经济增长、国外需求的影响。所以从横截面数据来看，贸易开放度的上升不会显著改善一国经常账户。但是，从长期来看，随着一国贸易开放度的上升，将促使本国更好地利用国外资本和技术，更加合理地配置本国的劳动力和资本，提高本国的就业率和生产率，进而对一国经常账户产生正向影响。

是否为OPEC成员国的回归结果也不一致，在2015年的横截面数据中，OPEC成员国不是影响一国经常账户失衡的显著性因素。但是从本书考察的长周期时间来看，OPEC成员国对一国经常账户具有微弱的负向作用。可以推测，在长周期时间内，石油价格是不断波动的，所以OPEC成员国对一国经常账户失衡的作用与选择的时间长度有关。

在本章的实证检验结果中，政府财政结余率的横截面数据和面板数据的实证检验结果是一致的，说明与其他因素相比，政府财政结余率对一国经常账户的作用更加确定，这可能是由于从储蓄投资缺口视角出发，政府财政结余是一国经常账户的直接组成部分。尽管一些研究发现，永久性的政府财政赤字率上升不会对经常账户产生影响（Oudiz et al.，1984；Wolf，1994），但是本书的实证检验，无论是横截面数据实证检验，还是一个长周期的面板数据实证检验，都得出政府财政结余率的上升会对一国经常账户产生正向作用。

## 5.5 本章小结

本章建立了关于经常账户失衡的综合模型，对2015年111个国家（地区）进行了横截面数据实证检验，利用1990—2015年的历史数据，对全球84个国家（地区）的经常账户失衡进行了实证分析，主要有以下四个发现。

首先，基于横截面数据回归结果，在处理多重共线性问题后，本书发现，政府财政结余率对经常账户具有显著的正向影响。人口抚养比对经常账户具有显著的负向影响，支持生命周期理论对经常账户的解释。金融发展程度的上升显著改善了一国经常账户。贸易开放度与一国经常账户正相关。

其次，基于面板数据回归结果，本书发现，政府财政结余率对一国经常账户的作用始终显著为正。相对人均收入的平方项系数为负，表明相对人均收入和经常账户之间存在着倒U形的关系，并不支持国际收支阶段论。人口抚养比对一国经常账户有显著的正向影响，支持预防性储蓄理论和谨慎性投资理论对经常账户失衡的解释。人口性别比对一国经常账户具有正向作用。金融发展程度对一国经常账户具有显著的负向影响。贸易开放度对一国经常账户具有显著的正向作用。本国经济增长率对一国经常账户具有显著的正向影响。实际有效汇率的升值显著恶化了一国的经常账户。

再次，比较横截面数据和面板数据分析和实证检验结果，本书发现，人口抚养比、人口性别比、金融发展程度、贸易开放度、是否为OPEC成员国的实证检验结果均不一致。本书联系凯恩斯收入消费理论的横截面数据与时间序列数据的不一致性，对上述不一致提出了一个可能的解释：在面板数据回归中，经常账户还受到经济增长率、汇率等周期性因素的影响。由于这些周期性因素的作用，横截面数据与时间序列数据之间存在着不一致性。并且贸易开放度、OPEC成员国对一国经常账户的影响还与时间长度、石油价格等因素相关。

最后，比较横截面数据和面板数据分析的实证检验结果，除了不一致性，我们还发现政府财政结余率的横截面数据与面板数据实证检验结果的方向和显著性是一致的。这表明政府财政收支是解释经常账户不可忽视的重要因素，扩张性的财政政策会恶化一国经常账户。

本部分的不足之处有以下几点。

首先，模型是现实的简化，因而在建模的过程中，也不免与现实经济存在着诸多不符合之处。例如，本书将重要因素直接引入经常账户收支决定的面板数据回归模型之中，探讨其对经常账户失衡的影响，但是本书并未就影响这些变量的因素展开进一步的分析。

其次，由于数据的可得性及时间长度要求，本书对一些综合指标的处理可能不够完善。例如，贸易开放度和金融发展程度都是综合指标，但是本书仅采用进出口总额 / *GDP* 和私人部门的国内信贷 / *GDP* 作为衡量这两项变量的指标。

再次，本书采用的仍然是确定性的方法，在现实中，政府、企业、居民行为都具有一定的不确定性，将不确定性因素引入经常账户收支理论将是未来改进的方向。

最后，虽然试着说明了横截面数据与面板数据结论不一致的原因，但是由于知识储备及能力有限等原因，讨论得并不充分。对于这些不足之处，作者将在今后重点研究。

# 6 基于持续性失衡国家（地区）的全球经常账户失衡影响因素实证研究

## 6.1 引言

本书的第3章至第5章，基于横截面数据和面板数据研究了政府财政结余率、相对人均收入、人口抚养比、人口性别比、贸易开放度、金融发展程度、人均国土面积、货币国际化、经济自由度、国际竞争力、内陆国家等因素对全球经常账户失衡的影响，在实证检验得出确定性结论后，发现横截面数据和面板数据回归的结果不一致。虽然第5章面板数据的实证检验结果得出了确定性的结论，但是并不能说明实证检验结果对于所有国家都成立，特别是无法确定这些因素对一些持续性失衡国家（地区）的影响。本章将基于时间序列数据，从国别视角出发，结合国家（地区）特点，对一些持续性失衡国家（地区）分别进行理论或实证研究，这些研究可以使我们更加深入地理解全球经常账户失衡。

## 6.2 美国经常账户持续性逆差的影响因素

### 6.2.1 储蓄投资缺口

美国经常账户失衡与全球经常账户失衡这一概念如影相随，一些文献将全球经常账户失衡等同于美国与东亚各国之间的经常账户失衡。本书的第3章国别视角下的经常账户失衡描述了美国经常账户持续性逆差，并且说明美国是全球经常账户失衡之重。鉴于此，学术界、机构和政策研究者对美国经常账户失衡的研究层出不穷。一些研究发现，政府财政赤字是美国经常账户赤字的重要原因（Cooper，2006；Kawait et al.，1995；Rajan，2005；Chinn，1995）。一些研究将美国经常账户赤字归咎于世界上的其他国家储蓄过剩

（Bernanke，2005；Kohn，2005），还有一些观点从货币霸权、汇率失衡、收入不对称效应等方面解释美国经常账户赤字。

本书统计1980—2015年美国的储蓄率和投资率后发现，美国的储蓄投资缺口与经常账户失衡的走势高度吻合（见图6-1）。这说明，基于储蓄投资缺口的内部视角是理解美国经常账户持续性逆差的较好出发点。接下来，本书侧重于从内部视角出发，对美国经常账户失衡进行实证检验，希望能为解释美国经常账户持续性逆差做出一些贡献。

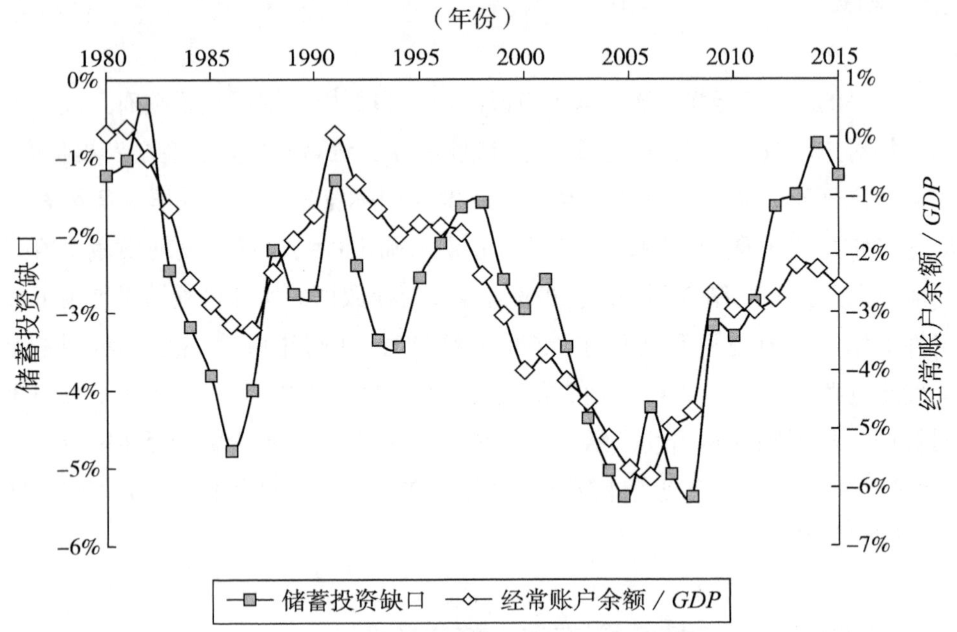


**图6-1 1980—2015年美国储蓄投资缺口与经常账户余额 / *GDP***

注：储蓄投资缺口是国内储蓄 / *GDP*与国内总投资 / *GDP*的差值。

数据来源：国际货币基金组织（IMF）WEO数据库。

## 6.2.2 实证检验

### 6.2.2.1 模型设定与数据选取

想要穷尽一国经常账户失衡的影响因素是不现实的，并且在时间序列数据分析中，过多的解释变量可能会引起共线性，从而影响回归结果的准确性。根据文献综述2.4，政府财政结余率、人均收入、人口抚养比、人口性别比、金融发展程度、经济增长率是影响一国政府、居民和企业储蓄投资缺口的内在因素。联系现实，美国是一个移民国家，与中国、日本等其他经济体相比，美国的人口抚养比变化非常缓慢，1980—2015年，其人口抚养比从34.06%下降至33.73%，仅下降了0.33%。美国男性人口比例从0.490%上升至0.495%，仅上升了0.005%。鉴于此，为了避免过多的解释变量带来的共线性问题，本书剔除了人口抚养比和人口性别比。并且，本书通过检查政府财政结余率、人均收入、人口抚养比、人口性别比、金融发展程度、经济增长率的相关系数矩阵①，发现人口性别比、贸易开放度、金融发展程度3个变量之间互相存在共线性，相关系数均大于0.9，并且贸易开放度和人口性别比的回归结果非常不显著。鉴于此，本书建立以下模型。根据图6-1，1991年后，美国经常账户逆差持续扩大，鉴于此，本书将时间长度设置为1991—2015年。计量检验模型为

$$CAB_t=\beta_0+\beta_1 FISCAL_t+\beta_2 RPERGDP_t+\beta_3 FINANCE_t+\beta_4 GROWTH_t+\beta_5 REER_t+u_t \tag{6-1}$$

被解释变量是美国经常账户余额 / *GDP*。

解释变量是政府财政结余率$FISCAL_t$、相对人均收入$RPERGDP_t$②、金融发展程度$FINANCE_t$、经济增长率$GROWTH_t$和实际有效汇率$REER_t$。

需要说明的是，与上一章面板数据不同，美国金融发展程度$FINANCE_t$的指标选取更加完善。在这一节，美国金融发展程度$FINANCE_t$采用私人部门的国内信贷 / *GDP*、股票交易总额 / *GDP*和上市公司市值 / *GDP*三项指标的加总平均来衡量。相对人均收入是美国人均收入与世界人均收入的比值。与上一章面板数据不同，这里的人均收入是人均GDP（2010年不变价美元）。被解释变量和其他解释变量的含义与数据来源同第5章有关内容，这里不再赘述。

#### 6.2.2.2 ADF单位根检验

对各个变量分别做ADF单位根检验，并根据施瓦茨原则确定最佳滞后阶数，选择最小SC值所对应的滞后阶数。检验结果如表6-1所示。

---

① 相关系数矩阵见附录17。

② 这里剔除了相对人均收入的平方项。许多文献指出，国际收支阶段论解释美国、中国等大国的经常账户失衡的能力非常有限。

表6-1 各变量的ADF检验结果

| 变量 | 水平值 | | | 一阶差分 | | |
|---|---|---|---|---|---|---|
| | Intercept | Trend and Intercept | None | Intercept | Trend and Intercept | None |
| *CAB* | −1.869<br>(0.342) | −1.425<br>(0.835) | −0.348<br>(0.552) | −4.202***<br>(0.001) | −4.288***<br>(0.009) | −4.211***<br>(0.000) |
| *FISCAL* | −2.836<br>(0.063) | −2.928<br>(0.168) | −1.661<br>(0.090) | −3.963***<br>(0.004) | −3.919**<br>(0.022) | −4.021***<br>(0.0007) |
| *RPERGDP* | −1.943<br>(0.309) | −1.162<br>(0.902) | 0.398<br>(0.762) | −3.322**<br>(0.021) | −3.901**<br>(0.022) | −3.327***<br>(0.001) |
| *FINANCE* | −0.909<br>(0.773) | −2.712<br>(0.238) | 1.066<br>(0.927) | −4.370***<br>(0.001) | −4.518***<br>(0.005) | −4.168***<br>(0.000) |
| *GROWTH* | −4.028*<br>(0.091) | −4.642*<br>(0.054) | −4.006**<br>(0.049) | −8.747***<br>(0.000) | −8.584**<br>(0.000) | −8.890***<br>(0.000) |
| *REER* | −3.203**<br>(0.029) | −5.959*<br>(0.053) | 0.187<br>(0.736) | −3.505**<br>(0.013) | −3.353**<br>(0.049) | −3.560***<br>(0.000) |

注：所有变量均为对数形式；括号内为$P$值，*、**和 ***分别表示在10%、5%和1%的水平上拒绝原假设，原假设是$H_0$=单位根（序列不平稳），备择假设是$H_1>0$（序列平稳）。

从表6-1中可以看出，美国的经常账户余额／*GDP*、政府财政结余率、相对人均收入、金融发展程度、经济增长率、实际有效汇率均属于非平稳时间序列，报告中Dickey-Fuller的ADF统计量均大于5%、10%显著性水平下的临界值，因此不能拒绝序列存在单位根的原假设。将原时间序列做一阶差分处理后，进行ADF单位根检验，报告结果显示，Dickey-Fuller的ADF统计量均小于1%、5%、10%显著性水平下的临界值，因此拒绝序列存在单位根的假设。即美国的经常账户余额／*GDP*、政府财政结余率、相对人均收入、金融发展程度、经济增长率、实际有效汇率的一阶差分序列平稳，属于一阶单整序列，可以进行协整检验。

#### 6.2.2.3 EG两步法

接下来利用Engle和Granger（1987）提出的协整检验方法，即EG两步法检验因变量（被解释变量）和自变量（解释变量）之间的长期关系。

第一步，对6-1式回归方程进行OLS估计后得到

$$CAB_t=0.208+0.084FISCAL_t-0.065RPERGDP_t-0.017FINANCE_t+0.003GROWTH_t+0.028REER_t+u_t \quad (6-2)$$

$$t=(1.588)\ (-5.116)\ (-4.074)\ (2.010)\ (0.924)$$

$$R^2=0.846 \quad DW=1.023$$

第二步，对残差$\hat{u}_t$进行单位根检验，即检验回归方程的残差是不是一个平稳序列。结果如表6–2所示。

**表6–2 残差单位根检验结果**

| 变量 | 水平值 | | |
|---|---|---|---|
| | Intercept | Trend and Intercept | None |
| 回归残差 | $-3.222^{**}$<br>（0.0305） | $-3.318^{*}$<br>（0.0871） | $-3.292^{***}$<br>（0.000） |

注：括号内为$P$值，*、** 和 *** 分别表示在10%、5% 和1% 的水平上拒绝原假设，原假设是$H_0$= 单位根（序列不平稳），备择假设是$H_1>0$（序列平稳）。

检验结果显示，$\hat{u}$序列在1%的显著性水平下拒绝原假设，说明残差为平稳序列，即$\hat{u}\sim I(0)$，因此，接受因变量与自变量是协整关系的假设，因变量与自变量之间存在稳定的均衡关系，模型的设定是正确的。由上面的估计结果看出，美国政府财政结余率对经常账户失衡具有显著（10%）的正向影响，估计系数为0.084。美国金融发展程度对经常账户失衡具有显著（1%）的负向影响，估计系数为–0.015。美国的经济增长率对经常账户失衡具有显著（5%）的正向影响，估计系数为0.003。美元实际有效汇率与经常账户正相关，但并不显著，估计系数为0.028。

### 6.2.3 实证检验结果讨论

上述实证检验结果说明，政府财政赤字是美国经常账户持续性逆差的重要因素。著名的经济学家Mckinnon和Schnabl（2003a，2003b）指出，由于税收收入削减导致的财政赤字是美国经常账户赤字的根源，美国当前的双重赤字是不可持续的，并且是导致全球经常账户不平衡的根源。本书第5章的面板数据和本章美国的时间序列数据检验都表明，政府财政结余率对美国经常账户具有显著的正向作用，美国自身巨额的财政赤字是经常账户持续性逆差的重要原因。

相对人均收入显著恶化了美国的经常账户。与第4章单变量回归的结果和面板数据回归倒U形的结果有所不同，相对人均收入的上升对美国经常账户具有负向作用。理论上，按照凯恩斯绝对收入理论，储蓄是收入的稳定函数，人均收入的提高会增加居民储蓄率，进而对一国经常账户具有正向作用。但是，消费也是收入的函数，人均收入的提高也可能会扩大一国居民的消费支出，按照吸收法，会恶化一国经常账户。本书的实证检验结果显示，对美国而言，后者起到了主要作用。根据边际消费倾向递减理论，美国的人均收入较高，边际消费倾向应较低。但是高晶晶（2008）研究发现，美国居民的边际消费倾向大于中国。郭立珍（2010）认为，经济发展、消费方式的转变以及新中产阶级的崛起共同促使了美国的超前消费文化。鉴于此，随着美国相对人均收入的提高，居民更容易扩大消费支出，进一步恶化经常账户。

金融发展程度对美国经常账户的作用显著为负，说明美国经常账户赤字与发达的金融业密不可分。与面板数据的回归结果相同，美国发达的金融市场是保持低储蓄率和经常账户逆差的重要原因。

美国经济增长率的提高对经常账户具有显著的正向作用。

实际有效汇率对美国经常账户的作用并不显著。近年来，许多学者发表的论文都认为，美元汇率对美国经常账户的调节作用变小了（贺力平等，2006；Obstfeld et al.，1995），本书的研究支持这一观点。

综合上述分析，可以发现，政府财政赤字率、相对人均收入以及金融发展程度的上升是美国经常账户赤字的重要因素。这些也是影响一国政府、居民和企业部门储蓄投资缺口的重要因素。尽管美国经济增长率的上升具有改善其经常账户的作用，但是依然不能改变其经常账户持续性逆差的状况。鉴于此，美国经常账户持续性逆差是结构性失衡，内在因素是美国经常账户持续性逆差的重要原因。从长期来看，保持合理的政府财政赤字率，转变居民超前消费的生活方式是缓解美国经常账户逆差的重要思路。

### 6.2.4　进一步思考：克林顿执政第二届时期美国财政盈余与经常账户赤字

尽管上文的面板数据和时间序列数据支持双赤字理论，但是一个随之而来的问题是，在克林顿执政第二届时期（1996—1999年），美国的政府财政收支由赤字转为盈余，但是美国的经常账户／*GDP*却由-1.54%恶化至-3.06%。从表面上看，这一现象与双赤字理论相悖，似乎意味着即使美国的财政收支出现盈余，美国的经常账户却依然保持逆差，所以财政收支与经常账户并无直接关系。但是经常账户失衡是多种因素共同作用的结果，我们还要考察1996—1999年其他因素对美国经常账户失衡的影响。

图6-2显示了1980—2015年美国经常账户余额／*GDP*、金融发展程度、相对人均收入三者的变化。可以发现，三者的走势与实证检验结果基本吻合。在大多数年份里，相对人均收入和金融发展程度与经常账户余额／*GDP*反向而行。特别是1996—1999年，美国的相对人均收入平稳上升，金融发展程度从1.09%上升至1.73%，经常账户余额／*GDP*从-1.54%扩大至-3.06%。根据

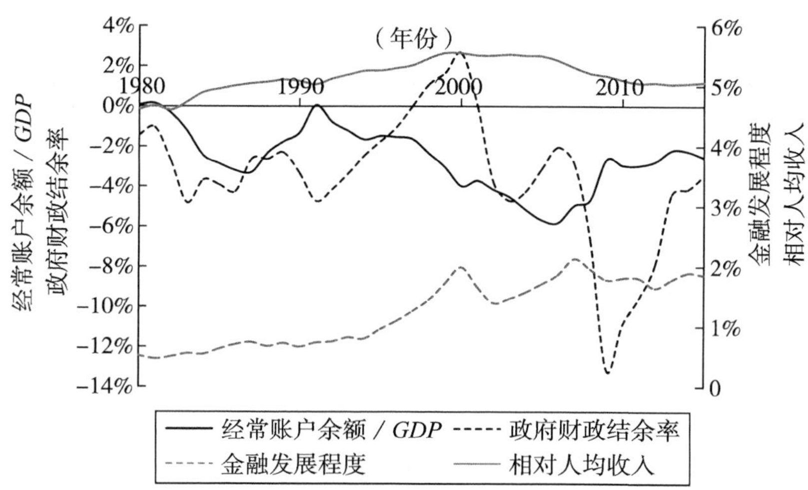


**图6-2　1980—2015年美国经常账户余额／*GDP*、政府财政结余率、相对人均收入与金融发展程度**

注：美国金融发展程度采用私人部门的国内信贷／*GDP*、股票交易总额／*GDP*和上市公司市值／*GDP*三项指标的加总平均来衡量。

数据来源：国际货币基金组织WEO数据库。

实证检验结果推测，相对人均收入和金融发展程度的上升对美国经常账户都具有显著的负向作用，两者在很大程度上抵消了财政盈余对经常账户的正向作用，这也是这一时期美国财政盈余与经常账户赤字并存的重要原因。鉴于此，不能仅仅以1996—1999年美国政府财政盈余与经常账户赤字并存的现象为依据，否认政府财政赤字对美国经常账户逆差的重要作用。

## 6.3 欧元区成员国之间经常账户失衡的影响因素

### 6.3.1 理论分析

关于欧元区成员国之间经常账户失衡的研究文献并不多见。比较有代表性的观点有：Arif Orcun（2013）认为，欧元区成员国之间的经常账户失衡是由于逆差国生产率落后于其他国家；Jaumotte和Sodsriwiboon（2010）认为，欧元区南部（SEA）国家发生巨额贸易赤字的原因是私人储蓄率的下降；Ahearne、Schmitz和Hagen（2007）认为，欧洲货币联盟的建立加剧了欧元区内部资本从高收入国家向低收入国家的流动，欧元区成员国之间的外部失衡是欧元本身属性的体现，并非不恰当宏观经济政策的结果。国内方面，孙杰（2011）指出，欧元区贸易结构存在不对称性，基于欧元区整体国际收支和经济增长状况决定的欧元汇率会继续维持德国和其他欧元区成员国之间的不对称性。廖泽芳（2014）认为，欧洲货币联盟的建立推动了区内外经济的虚拟化发展，并导致边缘国家国内信贷扩张和外资流入增加，从而为经常账户逆差提供了融资来源。本书认为，由于统一货币联盟的特殊性，考察欧元区内部的经常账户失衡必须充分考虑两个因素：一是各国政府财政结余率的差异；二是名义汇率和本国通货膨胀对欧元区内部经常账户失衡的两种不对称效应。

#### 6.3.1.1 政府财政结余率差异

考察各国政府财政结余率。欧元区成员国拥有统一的货币政策，但各国保持着独立的财政政策，应用财政政策调控经济增长，是欧元区成员国的一项重要宏观经济调控手段。尽管欧盟的《稳定与增长公约》对成员国财政赤字的流量水平和存量水平给予了明确的限制，但是不少成员国的财政赤字水平依然明显超标。表6-3显示了欧元区持续性失衡国家政府财政赤字率平均值。可以发现，希腊、葡萄牙、西班牙的财政赤字率水平明显高于德国、荷兰。2009年，这些财政赤字率较高的国家最先发生了主权债务危机，并且比别的国家拥有更加严重的经常账户赤字。在研究欧元区内部经常账户失衡的过程中，必须充分考虑各国政府财政赤字率的差异。

**表6–3 1999—2015年欧元区持续性失衡国家政府财政赤字率平均值**

| 国家 | 德国 | 荷兰 | 希腊 | 西班牙 | 葡萄牙 |
|---|---|---|---|---|---|
| 平均值 | 1.68% | 1.74% | 7.13% | 3.60% | 5.46% |

数据来源：国际货币基金组织WEO数据库。

#### 6.3.1.2 两种不对称效应

罗伯特·蒙代尔在汇率与国际收支理论中论述了固定汇率之下的不对称效应。他的主要观点是：假定相对于B国（或地区）而言，对A国（或地区）的产品需求突然下降，如果这两个国家（或地区）是基于固定汇率制度的，那么一个自然的反应是，A国货币当局收紧货币信贷以减少货币存量，从而引起利率上升并改善国际收支，这些措施必然会降低对B 国产品的需求，从而导致多重通货紧缩。

戴尔·科普兰强调：上述问题是由固定汇率制度的基本不对称性所引发的。这里的不对称性可以理解为A国货币政策调整虽然改善了本国国际收支，却恶化了B国国际收支，并导致多重通货紧缩。

蒙代尔还认为：如果A国和B国组成一个共同货币区，货币当局的重点会在于防止A国的失业。因此，当初始条件发生同样的变化时，货币条件会相应放松，这一过程会促进A国和B国的通货膨胀。蒙代尔总结：虽然固定汇率制受到内在的通货紧缩倾向的影响，但共同货币区具有一种内在的通货膨胀倾向。

那么，在共同货币区制度下，是否依然存在着不对称效应？本部分将固定汇率制下的不对称效应延展至欧元区内共同货币区的不对称效应。

根据经济学的解释，实际汇率是两国剔除通胀因素后的相对价格水平，是本国商品与外国商品的相对价格指标，可以表示为名义汇率和相对价格水平的乘积，即：$R=S\times\frac{P^*}{P}$。其中，$R$为实际汇率，$S$为名义汇率，$P^*$为国外价格水平，$P$为国内价格水平。实际汇率贬值，本国商品在国际市场上的竞争力提高，可能会促进本国商品的出口，发生经常账户顺差；反之亦然。假设在考察期间内，国外价格水平不变，重点探讨名义汇率和本国价格水平变化引起的不对称效应。

考察名义汇率：由于欧元走势不仅反映强经济体（如德国、荷兰）的状况，也反映弱经济体（如希腊、西班牙、葡萄牙等国）的状况，统一货币弱化了名义汇率对单个国家贸易失衡的调节作用，从而对其经常账户平衡具有一定程度的阻碍效应。试想，如果德国继续沿用马克作为本国货币，依照经常项目顺差国家具有汇率升值压力的理论，马克可能会面临大幅升值，进而缩小其巨额的经常账户顺差。但是，欧元区整体上经常项目接近平衡，欧元无升值压力，这种相对稳定的汇率环境成为德国保持经常账户顺差的有利条件。1999年欧元区建立后，虽然欧元有一定程度的升值，但由于升值的幅度远未达到可以扭转其汇率低估的临界点，德国依然可以规避汇率小幅升值带来的不利影响。同样，如果希腊继续沿用德拉克马作为本国货币，德拉克马的贬值或许能够在一定程度上改善其经常账户逆差。但是欧元相对稳定的汇率环境没有为希腊等国家提供这样的可能。反而，欧元在一定范围内的升值使得希腊、西班牙、葡萄牙等国家的经常账户逆差雪上加霜。鉴于此，单一欧元货币制度下，名义汇率对各国经常账户具有不同的作用，这种不对称性是欧元区内部国家之间经常账户失衡的一项重要原因。

考察本国价格水平：从1999—2015年欧元区持续性失衡国家的GDP平减指数年度数据（见图6–3）可以发现，德国的GDP平减指数始终在欧元区GDP平减指数下方，荷兰略高于欧元区水平，希腊、葡萄牙、西班牙远高于欧元区水平。基于这一事实，本书认为第二种不对称效应源于欧元区内各国的通货膨胀差异：推行统一的货币政策，取代单一独立的货币政策，并不排除德国、荷兰等经济体的紧缩程度大于希腊、西班牙、葡萄牙等国家。在名义汇率相同的情况下，实际汇率的不同主要取决于各国通货膨胀的差异。德国、荷兰的较低的通货膨胀率使得其实际汇率偏低，进而促进其经常账户顺差。希腊、西班牙、葡萄牙等国家较高的通货膨胀率引起实际汇率升值，从而加剧了经常账户赤字。具体地，德国、荷兰长期温和的通货膨胀不仅能够降低外国进口商的进口成本，也促使进口商对本国通货膨胀的反应不明显，从而规避了本国通货膨胀对经常账户带来的不利作用。相反，逆差国家的高通货膨胀不仅提高了外国进口商的进口成本，还可能会激发进口商对进口价格的敏感性，当外国进口商对本国具有较高的通货膨胀率预期时，容易将其进口贸易对象转移至其他可以替代的国家或地区。鉴于此，本国通货膨胀对各国经常账户的不对称性是欧元区成员国之间经常账户失衡的另一重要原因。

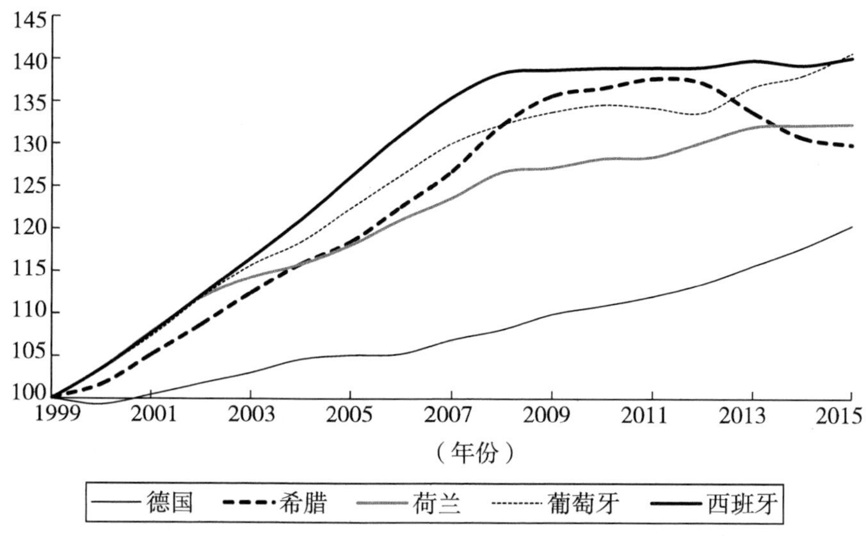


**图6-3　1999—2015年欧元区持续性失衡国家的GDP平减指数**

注：为了便于观察，本书以1999年为基期，基期为100。

数据来源：国际货币基金组织WEO数据库。

需要说明的是，由于欧元区大多数国家的区内贸易占比较高，在欧元区内部互免关税以及区内贸易一体化背景下，价格的高低成为决定区内贸易往来的关键因素。德国、荷兰相对较低的通货膨胀率在促进与区外贸易的同时，也有利于其积累区内贸易顺差。无论是区外贸易还是区内贸易，本国通货膨胀对欧元区成员国的经常账户都具有重要影响。当然，上述理论分析是否成立，还需要进行严格的实证检验。

## 6.3.2　实证检验

### 6.3.2.1　模型与变量

基于上述分析，结合现有文献研究成果，建立一个考察欧元区成员国之间经常账户失衡的综合模型：

$$CA_t=\beta_0+\beta_1 FISCAL_t+\beta_2 NEER_t+\beta_3 GDPdeflator_t^{home}+\beta_4 GROWTH_t+\beta_5 PRODUCTIVITY_t+\beta_6 GDPdeflator_t^{foreign}+u_t \quad (6\text{–}3)$$

被解释变量为$CA_t$，表示一国经常账户余额 / $GDP$。

解释变量包括政府财政结余率，等于一国财政余额 / $GDP$，用$FISCAL_t$表示。欧元的名义有效汇率指数，用$NEER_t$表示。本国的GDP平减指数衡量本国通货膨胀状况，用$GDPdeflator_t^{home}$表示。一国经济增长率用$GROWTH_t$表示。一国人均劳动生产率用$PRODUCTIVITY_t$表示。$GDPdeflator_t^{foreign}$表示一国贸易伙伴的通货膨胀指数。$u_t$是扰动项。需要说明的是，基于数据的可得性，人均劳动生产率$PRODUCTIVITY_t$是一国的单位劳动生产率。

#### 6.3.2.2 样本及数据来源

本章选择德国、荷兰为一组顺差国家，希腊、葡萄牙、西班牙为一组逆差国家，对5个国家逐个进行计量检验。逐个检验的优势在于能够清晰地衡量各国自变量因素对其贸易收支的不同作用，便于国家之间相互比较。其中，各指标对应的时间区间为2001年第一季度至2015年第三季度。经常账户余额/*GDP*、名义汇率、国内GDP平减指数（经季节调整）、经济增长率等数据均来源于国际货币基金组织的IFS数据库。政府财政结余率数据来源于国际货币基金组织WEO数据库。单位劳动生产率数据来源于欧盟统计局Eurostat的Database数据库。国外GDP平减指数选取G7[①]国家和中国、印度共9个国家的GDP平减指数加总后的平均值。

#### 6.3.2.3 EG两步法

各变量的原始数据都是不平稳的，但是经过一阶差分后的数据平稳，因此可以确定这些变量均为一阶单整平稳序列。接下来，本书利用Engle和Granger（1987）提出的协整检验方法，即EG两步法检验因变量和自变量之间是否存在协整关系。

第一步，对回归方程进行OLS估计，估计结果如表6–4所示。

① G7即七国集团，成员国包括美国、英国、法国、德国、日本、意大利和加拿大七个发达国家。

**表6–4 回归估计结果**

| 国家 | 德国 | 荷兰 | 希腊 | 葡萄牙 | 西班牙 |
|---|---|---|---|---|---|
| $C$ | –36.196253*** <br>（11.52106） | –37.10190*** <br>（7.764663） | –38.38560 <br>（26.7154） | –43.55027** <br>（18.73780） | –24.16884 <br>（16.01099） |
| *FISCAL* | 0.234058*** <br>（0.072485） | 0.034488 <br>（0.047203） | 0.129846 <br>（0.155019） | 0.209010* <br>（0.109392） | 0.105320. <br>（0.079893） |
| *NEER* | 0.196602*** <br>（0.047474） | 0.284562*** <br>（0.075169） | –0.936381** <br>（0.362047） | –0.015777 <br>（0.205222） | –0.096058 <br>（0.157014） |
| $GDPdeflator^{home}$ | 0.426632*** <br>（0.122262） | 0.047180 <br>（0.162425） | –1.634453*** <br>（0.703861） | –1.084948*** <br>（0.287019） | –0.609820*** <br>（0.113935） |
| *GROWTH* | 0.151487** <br>（0.074016） | 0.177765** <br>（0. 089945） | –0.708303** <br>（0.347737） | –0.199222 <br>（0.196501） | –0.538198*** <br>（0.137566） |
| *PRODUCTIVITY* | –0.031366 <br>（0.090150） | 0.146428** <br>（0.067606） | 0.464200*** <br>（0.172271） | 0.519722** <br>（0.245083） | 0.380186 <br>（0.122546） |
| $GDPdeflator^{foreign}$ | –0.174587** <br>（0.068667） | –0.026438 <br>（0.103415） | 2.013929** <br>（0.796906） | 0.967943*** <br>（0.209424） | 0.532452*** <br>（0.109721） |
| 观测数 | 59 | 59 | 59 | 59 | 59 |
| *DW* | 1.252184 | 2.067952 | 1.492374 | 1.037448 | 1.308891 |
| $R^2$ | 0.639080 | 0.814618 | 0.598038 | 0.682264 | 0.855154 |

注：括号中为标准差；*** 表示 $P<0.01$，** 表示 $P<0.05$，* 表示 $P<0.1$。

第二步，对残差 $\hat{u}_t$ 进行单位根检验，即检验回归方程的残差是不是一个平稳序列。检验结果如表6–5所示。

$$\hat{u}_t=CA_t-C-\beta_1 NEER_t-\beta_2 GDPdeflator_t^{home}-\beta_3 GROWTH_t-\beta_4 FB-\beta_5 PRODUCTIVITY_t-\beta_6 GDPdeflator_t^{foreign} \quad (6\text{–}4)$$

**表6–5 残差单位根检验结果**

| 国家 | 德国 | 荷兰 | 希腊 | 葡萄牙 | 西班牙 |
|---|---|---|---|---|---|
| Intercept | –5.992968*** <br>（0.0000） | –2.733226* <br>（0.0751） | –2.614518* <br>（0.0979） | –2.2440837 <br>（0.1357） | –4.022473*** <br>（0.0027） |
| Trend and Intercept | –5.975612*** <br>（0.0000） | –2.720199 <br>（0.2330） | –2.5196037 <br>（0.3178） | –2.404901 <br>（0.3730） | –3.981152** <br>（0.0151） |
| None | –6.044335*** <br>（0.0000） | –2.766959*** <br>（0.0065） | –2.567742** <br>（0.0113） | –2.461701*** <br>（0.0107） | –4.063996*** <br>（0.0001） |

注：括号中为 $P$ 值；*** 表示 $P<0.01$，** 表示 $P<0.05$，* 表示 $P<0.1$；原假设是 $H_0$= 单位根（序列不平稳），备择假设是 $H_1>0$（序列平稳）。

表6-5检验结果显示，除了葡萄牙的趋势项和截距项不显著以外，其他国家的稳健性基本较好。如果以第三项为例，德国、荷兰、葡萄牙、西班牙样本的$\hat{u}_t$序列在1%的显著性水平下拒绝原假设；希腊样本的$\hat{u}_t$序列在5%的显著性水平下拒绝原假设。说明各样本的残差为平稳序列，即$\hat{u}_t \sim I(0)$，接受因变量与自变量是协整关系的假设，因变量与自变量之间存在稳定的均衡关系，模型的设定是正确的。

### 6.3.3 实证检验结果讨论

考察政府财政赤字率对欧元区成员国经常账户失衡的作用，发现政府财政结余率对德国和葡萄牙的经常账户余额 / *GDP*的作用显著为正，与其他国家的经常账户余额 / *GDP*正相关，但不显著。这说明对于欧元区持续性失衡国家（地区）来说，政府财政结余率是影响经常账户失衡的显著性因素。德国长期相对较低的财政赤字率是保持经常账户盈余的重要因素，政府财政赤字率的上升会加剧葡萄牙的经常账户逆差。这与本书前面章节的结论是一致的。

考察名义汇率对欧元区成员国经常账户失衡的作用发现，首先，德国、荷兰的名义汇率对本国经常账户具有稳定而显著的正向作用（1%）。理论上，一国名义汇率升值应不利于本国的出口贸易。这一结果似乎有违经济学理论，但也恰恰说明了在欧元区形成之后，欧元名义汇率升值不仅未曾给德国、荷兰带来不利影响，反而在很大程度上促进了其贸易顺差。一个合理的解释是，在考察期间，欧元区在整体上经常项目接近平衡：国际货币基金组织的WEO数据库显示，除了2000年和2004年，欧元区*CA* / *GDP*为负值（–2.6%，–2.3%），其他各年份的数值均保持在2%以下。但是德国、荷兰一直是经常项目巨额顺差国家，大多数年份的*CA* / *GDP*均保持在5%以上，德国最高值达到8.45%（2015年），荷兰最高值达到10.70%（2012年）。虽然欧元在总体上无升值压力，呈现相对稳定的汇率环境，但对于德国、荷兰而言，如果仍然采用本国的货币，巨额的经常项目顺差会在很大程度上促使本国货币升值。鉴于此，单一的欧元货币制度削弱了本国经常项目与汇率之间的联系，并削弱了它们之间的自动调节作用，欧元名义汇率对德国、荷兰等国家持续低估。在这种状态下，即使欧元出现小幅升值，由于没有达到扭转其汇率低估的临界点，汇率升值依然不会对德国、荷兰的经常账户产生负向作用。欧元区经常账户接近平衡的状态和欧元相对稳定的汇率环境是德国、荷兰等国家保持巨额顺差的重要因素。其次，欧元名义汇率升值对希腊经常账户赤字具有显著的负向作用（5%），这说明汇率因素是这些国家逆差的重要原因，特别地，在2004—2008年欧元持续升值期间，希腊的经常账户逆差也迅速扩大。这也在客观上印证了汇率因素对逆差国家经常账户失衡的重大影响。另外，欧元名义汇率与葡萄牙、西班牙经常账户余额呈现负相关，但不显著。这可能是由于2012年后，葡萄牙和西班牙贸易赤字不断改善至接近平衡，并逐渐转为顺差，削弱了汇率高估对经常账户的不利影响。事实上，如果将考察区间截至2012年，可以发现名义汇率对西班牙经常账户存在显著的负向作用（在5%以上的水平显著），系数是–0.355252。总体上，欧元名义汇率升值对顺差国家和逆差国家经常账户的作用符号相反，具有明显的不对称效应。

考察本国通货膨胀对欧元区成员国经常账户失衡的作用发现，首先，德国的通货膨胀上升对其经常账户具有正向作用，但效果并不显著。虽然根据经济学理论，本国通货膨胀上升对贸易收支具有逆向作用，但德国不仅规避了这种不利影响，还对经常账户呈现正相关。这可能是因为一方面，在考察期间，德国温和的通货膨胀促使其实际汇率较其他国家偏低，推动了本国经常账户顺差。另一方面，在欧元区国家之间互免关税，劳动力自由流动以及经济一体化等背景下，德国的低通货膨胀率使得其在欧元区的贸易迅猛发展。中华人民共和国商务部2014年国别报告显示，德国的主要贸易伙伴中排名首位的是法国，前10名中有5位是欧元区国家。德国温和的通货膨胀更加突出了它在区内贸易活动中的价格优势地位。其次，希腊、西班牙、葡萄牙等国家的通货膨胀对其经常账户余额均具有非常显著的负向作用（1%）。这不仅是由于高通货膨胀率提高了其实际汇率，加剧了它们的经常账户逆差，也因为逆差国家的高通货膨胀率使得其在区内贸易活动中处于价格劣势低位。鉴于此，本国通货膨胀率上升对顺差国家和逆差国家经常账户余额的作用符号相反，也具有明显的不对称效应。

另外，表6–4还显示了其他变量对经常账户的影响。经济增长率对顺差国家的经常账户具有显著的正向作用，对3个逆差国家的经常账户都具有显著的负向作用。这可能是由于在经济增长率越快的情况下，储蓄率也会提高（Fry et al., 1982)。德国、荷兰较高的经济增长率提升了本国的储蓄率，促进了经常账户顺差；而对于希腊、西班牙、葡萄牙等国，经济增长率的提高增加了本国居民的消费支出，加剧了经常账户逆差。人均劳动生产率对荷兰、希腊、葡萄牙的经常账户具有正向显著作用，说明人均劳动生产率的提高能够改善这些国家的经常账户。人均劳动生产率与西班牙的经常账户正相关，与德国的经常账户负相关，但不显著。这些差异可能是由于考察期间内，荷兰、希腊和葡萄牙的人均劳动生产率增长来源于贸易部门，人均劳动生产率提高扩大了贸易部门的产出，进而对贸易收支存在有利影响。而其他国家的人均劳动生产率的增长偏重于本国服务业、金融业等非贸易部门，所以人均劳动生产率与本国经常账户呈反向或无显著关系。国外GDP平减指数与逆差国家的经常账户均呈现显著正向关系，这说明国外价格水平上升在一定程度上缓解了逆差国家的经常账户赤字，但这种正面影响无法抵消其他负面作用之和。

本书以上讨论说明，政府财政结余率是影响欧元区成员国经常账户失衡的显著性因素，表明在统一货币联盟下，各自的财政政策是欧元区内部经常账户失衡的重要原因。名义汇率和本国通货膨胀对欧元区顺差国家和逆差国家的经常账户具有明显的不对称效应。顺差国家能够规避欧元名义汇率升值以及本国通货膨胀上升对经常账户带来的不利影响，而逆差国家的经常账户赤字可以由欧元名义汇率升值以及本国的高通货膨胀率解释。这种不对称性表明，采用汇率政策调整成员国之间的经常账户失衡往往是失效的，甚至会引起更大的差距。对于区内成员国来说，在无法改变欧元名义汇率的情况下，充分重视本国通货膨胀对经常账户的传导作用或许是缓解其经常账户失衡的有效出路。顺差国可以适当地提高薪资，增加劳动力成本，调整价格水平，从而削减经常账户顺差；逆差国可以通过削减薪资，降低价格，从而增加出口行业的竞争力，改善经常账户逆差。事实上，尽管最近几年时间里，希腊、西班牙、葡萄牙等国家的经常账户逆差已有所改善，但究其原因，大多是因为欧债危机之后，逆差国家失业率下降，需求面的整体疲软缓解了其经常账户逆差（贺力平，2015）。一旦失业率等基本面因素发生好转，如果不对本国通货膨胀予以特别关注和控制，随之而来的很可能是再次迅速扩大的逆差。

对于欧元区成员国而言，欧元的名义汇率是相同的，调整价格便成为缓解经常账户失衡的重要方式。但是，单纯通过调整价格改善经常账户失衡具有一定的挑战性，这种方式较难得到顺差国家的认可，也不易令逆差国家的民众信服。所以，在重视本国通货膨胀对经常账户收支作用的同时，成员国政府还可以对本国贸易部门和非贸易部门进行资源的再分配，顺差国家可以提高非贸易部门相对于贸易部门的相对价格，引导国内资源转向医疗、服务、公共事业等非贸易部门。这不仅能够缩小贸易部门占比，降低贸易顺差，也有利于提高本国居民的生活水平。逆差国家则需要提高贸易部门相对于非贸易部门的价格水平，引导国内资源向贸易部门转移，推动对外贸易的不断发展。对于欧元区统一货币联盟而言，改善成员国之间的经常账户失衡不仅需要重视名义汇率和价格因素的作用，还需要关心财政政策、经济增长率、劳动生产率等因素的影响。此外，缓解欧元区成员国之间的经常账户失衡还需要增强国家之间的相互协调能力，共同面对可能出现的新问题、新考验。

## 6.4　中国经常账户失衡持续性顺差影响因素

### 6.4.1　中国经常账户及子账户变化（1982—2015）

1982—2015年中国经常账户及子账户变化如图6-4所示。

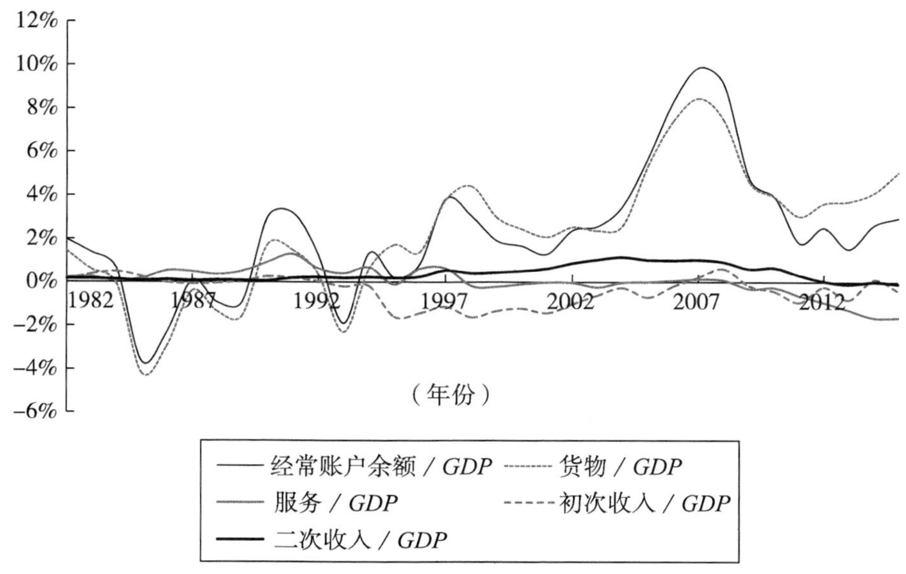


**图6-4　1982—2015年中国经常账户及子账户变化**

数据来源：国家外汇管理局。

从直观的统计数据来看，1982—2015年中国经常账户的演变呈现以下三个特点：第一，自1982年以来，中国经常账户余额 / *GDP*仅在个别年份为负值，并且自1994年以来，经常账户始终保持顺差。第二，2001—2007年，中国经常账户余额 / *GDP*迅速扩大，达到波峰；2007—2011年，又逐年递减。第三，作为构成经常账户的子账户，货物、服务、初次收入及二次收入分别具有不同的变动趋势。其中，贸易项目是决定经常账户收支平衡的最主要账户，与经常账户的变化趋势高度一致。初次收入时而为正，时而为负，但是负值年份（23）远远多于正值年份（11）。在大多数年份里，仅有个别年份（2013年，2015年）的二次收入为负值。

### 6.4.2 储蓄投资缺口

统计1982—2015年中国的储蓄率和投资率后发现，中国的储蓄投资缺口与经常账户失衡的走势高度吻合（见图6-5）。这说明，基于储蓄投资缺口的内部视角是理解中国经常账户持续性顺差比较好的出发点。

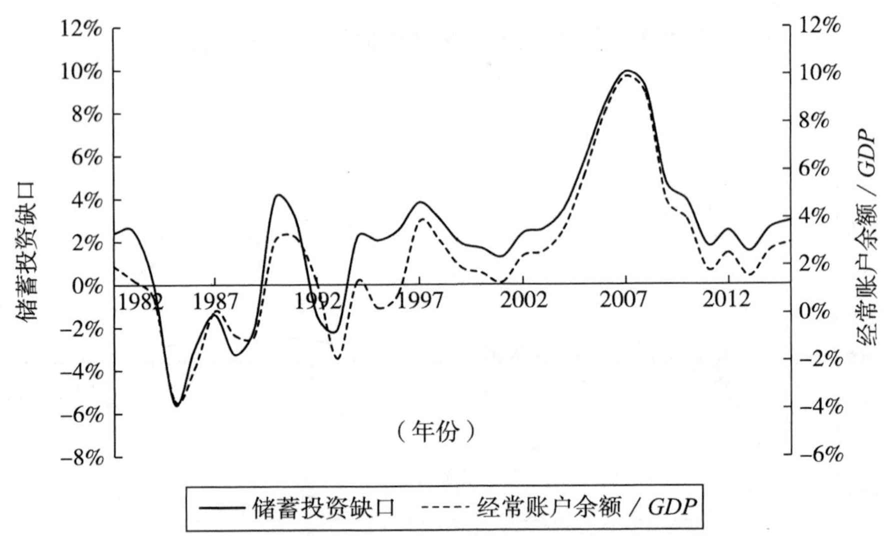


**图6-5 1982—2015年中国储蓄投资缺口与经常账户余额 / *GDP***

注：储蓄投资缺口是国内储蓄 / *GDP*与总投资 / *GDP*的差值。

数据来源：国际货币基金组织（IMF）WEO数据库。

### 6.4.3 实证检验

#### 6.4.3.1 模型、变量和数据

想要穷尽中国经常账户失衡的影响因素是不现实的，并且在时间序列数据分析中，过多的解释变量可能会引起共线性，从而影响回归结果的准确性。本书考察相关系数矩阵，包括政府财政结余率、相对人均收入、人口抚养比、人口性别比、金融发展程度、贸易开放度、经济增长率、实际有效汇率。通过相关系数矩阵，本书发现人口抚养比和人口性别比的相关系数绝对值达到0.96，金融发展程度和贸易开放度的相关系数绝对值达到0.73[①]。初步回归结果表明，人口抚养比和金融发展程度的回归结果并不显著。鉴于此，这里剔除了人口抚养比和金融发展程度，各变量的时间长度为1982年至2015年。计量检验模型如下：

$$CAB_t=\beta_0+\beta_1 FISCAL_t+\beta_2 RPERGDP_t+\beta_3 MALE_t+\beta_4 OPENNESS_t+\beta_5 GROWTH_t+\beta_6 REER_t+u_t \quad (6-5)$$

被解释变量是中国经常账户余额／*GDP*。

解释变量是政府财政结余率$FISCAL_t$、相对人均收入$RPERGDP_t$、人口性别比$MALE_t$、贸易开放度$OPENNESS_t$、经济增长率$GROWTH_t$和实际有效汇率$REER_t$。

相对人均收入是中国人均收入与世界人均收入的比值。与上一章面板数据不同，这里人均收入是人均GDP（2010年不变价美元）。被解释变量和解释变量的含义与数据来源同5.3.1节的相关内容，这里不再赘述。

表6–6是本章所用数据的描述性统计。

**表6–6 数据的描述性统计**

| 变量名称 | 含义 | 观测数量 | 均值 | 标准差 | 最小值 | 最大值 |
|---|---|---|---|---|---|---|
| *CAB* | 经常账户余额占*GDP*的比重 | 34 | 0.023 | 0.029 | –0.036 | 0.098 |
| *FISCAL* | 政府财政结余率 | 34 | –0.010 | 0.010 | –0.028 | 0.009 |
| *RPERGDP* | 相对人均收入 | 34 | 0.2548 | 0.1725 | 0.0624 | 0.6309 |

① 相关系数矩阵见附录17。

续表

| 变量名称 | 含义 | 观测数量 | 均值 | 标准差 | 最小值 | 最大值 |
|---|---|---|---|---|---|---|
| *MALE* | 人口性别比 | 34 | 0.514 | 0.000 | 0.512 | 0.515 |
| *OPENNESS* | 贸易开放度 | 34 | 0.386 | 0.137 | 0.143 | 0.647 |
| *GROWTH* | 经济增长率 | 34 | 9.927 | 2.666 | 3.993 | 15.207 |
| *REER* | 实际有效汇率 | 34 | 4.660 | 0.287 | 4.243 | 5.431 |

### 6.4.3.2 ADF单位根检验

对各个变量分别做ADF单位根检验，并根据施瓦茨原则确定最佳滞后阶数，选择最小SC值所对应的滞后阶数。检验结果如表6-7所示。

**表6-7 各变量的ADF检验结果**

| 变量 | 水平值 | | | 一阶差分 | | |
|---|---|---|---|---|---|---|
| | Intercept | Trend and Intercept | None | Intercept | Trend and Intercept | None |
| *CAB* | 1.961 (0.301) | −2.514 (0.319) | −1.482 (0.127) | −5.168*** (0.000) | −5.081*** (0.001) | −5.251*** (0.000) |
| *FISCAL* | −2.467 (0.132) | −2.564 (0.297) | −1.166 (0.217) | −6.670*** (0.000) | −6.522*** (0.000) | −6.709*** (0.000) |
| *RPERGDP* | 1.543 (0.999) | −0.436 (0.981) | 1.905 (0.984) | −0.754 (0.0818) | −2.693 (0.246) | 0.525 (0.823) |
| *MALE* | −0.002 (0.949) | −1.678 (0.730) | 1.352 (0.951) | −1.186 (0.663) | −2.234 (0.450) | 0.521 (0.821) |
| *GROWTH* | −4.050*** (0.003) | −4.211** (0.011) | −1.125 (0.230) | −6.793*** (0.000) | −6.639*** (0.000) | −6.828*** (0.000) |
| ln*REER* | −1.404 (0.566) | −1.732 (0.714) | 0.993 (0.280) | −4.192*** (0.002) | −5.302*** (0.001) | −4.204*** (0.000) |

注：所有变量均为对数形式；括号内为$P$值，*、** 和 *** 分别表示在10%、5%和1%的水平上拒绝原假设，原假设是$H_0$=单位根（序列不平稳），备择假设是$H_1>0$（序列平稳）。

从表6-7中可以看出，中国的经常账户余额／*GDP*、政府财政结余率、经济增长率、实际有效汇率均属于非平稳时间序列，报告中Dickey-Fuller的

ADF统计量大于10%显著性水平下的临界值，因此不能拒绝存在单位根的原假设。将原时间序列做一阶差分处理后，进行ADF单位根检验，报告结果显示Dickey–Fuller的ADF统计量均小于1%、5%、10%显著性水平下的临界值，因此拒绝序列存在单位根的假设。即中国的经常账户余额 / *GDP*、政府财政结余率、经济增长率、实际有效汇率的一阶差分序列平稳，属于一阶单整序列，可以进行协整检验。但是不可忽视的是，相对人均收入和人口性别比的一阶差分序列依然不平稳。

通常情况下，处理不平稳数据的方法是取对数或者差分。但是取对数和差分会损失样本信息。本书的人口性别比数据取对数后为负值，仍然不是一阶单整序列。并且相对人均收入、人口性别比差分后的经济意义为相对人均收入增量的增量、性别比增量的增量，在很大程度上削弱了回归系数的意义。鉴于此，本书依然希望采用人口性别比和相对人均收入作为自变量。关于多变量协整检验，有宽限的条件是，当解释变量的个数大于2时，如果有2个或者2个以上的解释变量的单整阶数高于被解释变量的单整阶数，那么，也可以进行协整检验。尽管此方法有不完善性，但是如果协整检验后，残差序列$\hat{u}_t$是平稳序列，说明这些变量组合之后可以降为I（0）序列。鉴于此，这里对上述变量进行多变量回归检验。

#### 6.4.3.3　EG两步法

本书利用Engle和Granger（1987）提出的协整检验方法，即EG两步法检验因变量和自变量之间是否存在协整关系。

第一步，对回归方程进行OLS估计后得到

$$CAB_t=-67.876+0.396FISCAL_t-0.545RPERGDP+131.847MALE_t-0.001GROWTH_t+0.117OPENNESS_t+0.043REER_t \quad (6\text{-}6)$$

$$t=(0.946)\ (-2.820)\ (2.639)\ (-0.531)\ (1.767)\ (1.325)$$

$$R^2=0.658 \quad DW=1.382$$

第二步，对残差$\hat{u}_t$进行单位根检验，即检验回归方程的残差是不是一个平稳序列。检验结果如表6–8所示。

表6-8 残差单位根检验结果

| 变量 | 水平值 | | |
|---|---|---|---|
| | Intercept | Trend and Intercept | None |
| 回归残差 | −4.687948*** (0.0008) | −5.058699*** (0.0018) | −4.798253*** (0.0000) |

注：括号内为$P$值，*** 表示在1%的水平上拒绝原假设，原假设是$H_0$=单位根（序列不平稳），备择假设是$H_1>0$（序列平稳）。

检验结果显示，$\hat{u}$序列在1%的显著性水平下拒绝原假设，说明残差为平稳序列，即$\hat{u}_t \sim \mathrm{I}(0)$，因此，接受因变量与自变量是协整关系的假设，因变量与自变量之间存在稳定的均衡关系，这些变量的组合可以降阶为I（0）序列，模型的设定是正确的。可以发现，政府财政结余率与中国经常账户正相关。相对人均收入的上升对中国经常账户具有显著（1%）的负向作用。人口性别比对中国经常账户具有显著（1%）的正向影响，其估计系数为131.847。贸易开放度对中国经常账户具有显著（10%）的正向影响，其估计系数为0.117。经济增长率对中国经常账户的作用不显著。

### 6.4.4 实证检验结果讨论

式6–6的回归结果发现：中国的财政结余率与经常账户正相关。在横截面数据、面板数据以及本章前面的时间序列数据中，政府财政结余率的上升显著改善了一国经常账户。但是本书发现，财政结余率对中国经常账户的作用并不显著。刘奕佚（2014）研究发现，中国的财政赤字率与经常账户余额存在着长期稳定的正向协整关系，中国财政赤字率提高1%，经常账户余额/*GDP*上升2.24%，即中国财政赤字对私人部门的投资具有负向作用，从而间接地改善了中国经常账户。鉴于此，政府财政赤字不仅是经常账户的组成部分，直接影响一国经常账户，也可以通过对私人部门投资的作用，间接影响一国经常账户。本章的研究发现，长期来看，中国财政结余率与经常账户正相关，但并不是解释经常账户的显著性因素。这可能是由于财政赤字对私人投资部门的负向作用抵消了对经常账户的直接影响。此外，在中文文献中，关于财政收支与经常账户之间关系的研究较少，其中一个重要的原因是中国虽然是财政收支赤字，但是经常账户长期保持着顺差状况。这一现象似乎告诉人们，不用过多关注政府财政收支对经常账户的影响。但是，自2008年后，中国的经常账户顺差额 / *GDP*逐渐缩小，如果顺差并非一种常态，一旦出现逆差，财政政策对经常账户将产生怎样的影响？这是十分关键和值得我们思考的问题。

相对人均收入的上升恶化了中国的经常账户。近年来，随着中国经济的迅速发展，居民人均收入水平大幅提高，中国相对世界人均收入水平的上升对经常账户具有显著的负向作用。尽管许多研究发现，中国和东亚地区崇尚节俭的文化，促使了高储蓄率和高增长相伴而生。但是这并不否认随着中国人均收入的提高，居民为了改善和提高生活质量，扩大消费支出，进而对经常账户产生负向影响的现实。2007年后，中国经常账户顺差逐年缩小，2011—2015年的5年时间里，中国经常账户顺差额 / *GDP*保持在3%以下。从本书的回归结果来看，相对人均收入的上升是近年来中国经常账户顺差额缩小的内在原因。

在面板数据回归中，人口性别比对一国经常账户具有微弱的正向作用。但是本章发现，人口性别比对中国经常账户具有非常显著的正向作用，并且系数非常大。魏尚进和张晓波（2011）利用竞争性储蓄动机理论对中国高储蓄率进行解释，他们认为不断提高的人口性别比（男性适婚人口与女性适婚人口的比重）是造成中国储蓄率不断提高的主要原因。本章的研究将这一理论拓展至中国经常账户失衡问题中，说明人口性别比的提高是中国经常账户持续性顺差的显著因素。

贸易开放度对中国经常账户的作用显著为正，这说明长期来看，贸易开放度的上升改善了中国的经常账户，这也与中国、东南亚近年来的经验事实相符。

中国经济增长率与经常账户负相关，但并不显著。一个可能的解释是，发展中国家的人力资本、政治风险以及资本市场的不完全性促使经济增长率不能作为国内外投资者判断资本回报率的有效信号，从而在一定程度上削弱了本国经济增长率上升对国内外投资者的吸引力，削弱了经济增长率对一国经常账户的负向作用。本章的检验结果表明，经济增长率的上升不是中国经常账户顺差的显著性因素。

实际有效汇率对经常账户的作用并不显著。理论上，汇率贬值可以促进一国贸易净出口，对经常账户具有正向作用。但是学者们研究发现，汇率贬值并不一定会促进中国经常账户顺差扩大。目前的观点大致有三种：一些观点认为，人民币汇率的升值有利于缓解中国经常账户巨额顺差，促进中国经常项目收支平衡（Das，2009；Xu，2009；余淼杰，2009；汤铃，2011；等等）；一些观点认为，人民币升值对中国经常项目失衡的作用不明显（Groenewold et al.，2007；Willem et al.，2011；李沂等，2012；等等）；还有一些观点则认为，相较于人民币汇率因素，非汇率因素对中国经常项目顺差的作用更加显著（贺力平，2008；Johansson，2009；肖玉明，2011；等等）。本书的研究支持第三种观点，即相对于汇率因素，非汇率因素对中国经常账户的作用更加显著。

综合上述分析，本章发现，人口性别比、贸易开放度的上升等非汇率因素显著改善了中国的经常账户。相对人均收入的提高缩小了中国经常账户顺差额。实际有效汇率对中国经常账户的作用并不显著。这也说明非汇率因素是中国经常账户持续性顺差的重要原因，汇率并不是调节中国经常账户失衡的有效方式。

## 6.5 其他持续性失衡国家的讨论：日本、俄罗斯、英国、澳大利亚

美国、欧元区内部、中国是经常账户持续性失衡严重的国家（地区）。此外，还有一些国家的经常账户发生了持续性顺差，例如日本、俄罗斯；一些国家的经常账户发生了持续性逆差，例如英国、澳大利亚。在这一节，将讨论这些国家经常账户的持续性失衡，尽可能为理解全球经常账户失衡提供一些思考和贡献。

### 6.5.1 人口老龄化与日本的持续性顺差

自20世纪80年代以来，日本始终保持着巨额的经常账户顺差，引起了国内外学者们的广泛关注。在政治和社会领域，一些言论将日本的持续性顺差归咎于不公平的贸易政策，一些研究主要关注贸易壁垒、汇率及产业结构等局部原因；在学术界，一些争论主要围绕日元升值与经常账户盈余是否可以并存展开分析。这些研究为理解日本经常账户的持续性顺差提供了必要和有意义的参考。

影响日本经常账户持续性顺差的因素有很多，结合国情，发现在现有因素中，人口老龄化是一个较为突出和值得关注的因素。日本面临着严重的人口老

龄化，截至2015年10月1日，日本65岁及以上的人口占总人口比例达到26.7%，位居世界首位。图6-6显示了日本老年抚养比与经常账户的走势。可以发现，在人口老龄化程度加剧的同时，日本始终保持着经常账户顺差。按照生命周期理论对经常账户的解释，一国老年抚养比的提高会降低储蓄率，对经常账户产生负向作用；按照预防性储蓄理论和谨慎性投资理论对经常账户的解释，一国老年抚养比的提高会提高储蓄率，对经常账户产生正向作用。从日本人口老龄化与经常账户顺差并存的现象来看，预防性储蓄理论的解释可能更准确。本书认为，老年人的高就业率是引起日本人口老龄化和经常账户顺差并存的重要原因。在人口老龄化加剧的同时，日本老年人口占总劳动力人口的比例也不断攀升，从1980年的4.9%上升至2014年的10.3%。到60岁退休年龄，有76.5%继续被企业延聘，22.3%没有提出延聘要求，只有1.2%因为没有满足企业延聘要求而离职。在2007—2010年国际金融危机前后，即使日本的失业率上升，日本的老年人就业率也一直保持稳定。较高的老年人就业比例增加了老年人的收入，削弱了生命周期理论存在的前提，从而不会凸显出人口老龄化对储蓄率和经常账户的负向作用。随着老年抚养比的上升，预防性储蓄动机增强，这也是日本经常账户持续性顺差的一个重要原因。

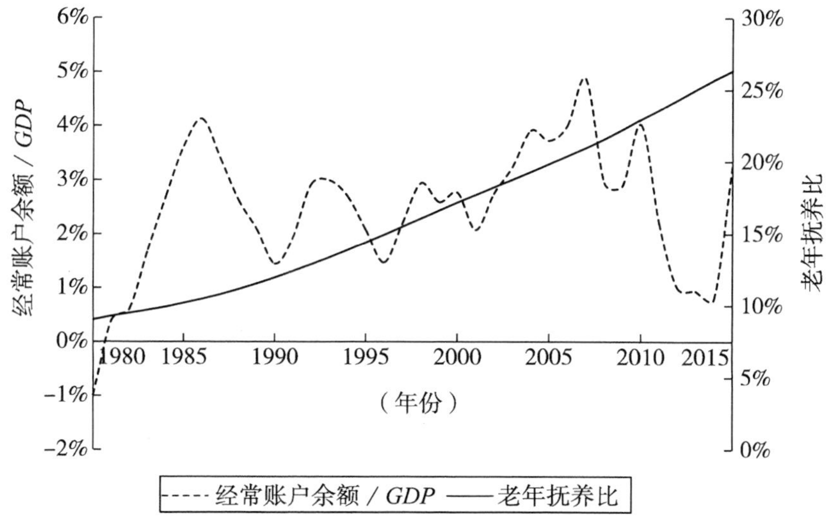


**图6-6　1980—2015年日本老年抚养比与经常账户余额 / *GDP***

数据来源：国际货币基金组织（IMF）WEO数据库，世界银行WDI数据库。

综合上述分析，本书认为日本经常账户持续性顺差的背后有着长期的、结构性的因素。其中，老年人的高就业率是日本经常账户持续性顺差的内在因素。鉴于此，我们不仅要关注贸易政策、汇率等因素对日本经常账户的影响，更应该重视其内部结构性因素，从而更加深入地理解一国的经常账户失衡。

### 6.5.2 自然资源出口与俄罗斯的持续性顺差

近二十余年来，俄罗斯的经常账户始终保持着顺差，但是学术界对俄罗斯经常账户失衡的研究较少，一个可能的原因是，与美国巨额的经常账户赤字以及中国、日本的经常账户盈余相比较，俄罗斯经常账户顺差额较小。但是不容忽视的是，2000年，俄罗斯的经常账户顺差额占比达到16.79%，即使在2008年国际金融危机期间，俄罗斯的经常账户顺差额 / *GDP* 也为5.82%。鉴于此，有必要对俄罗斯的经常账户失衡展开分析。

图6–7显示了1992—2015年俄罗斯的经常账户余额 / *GDP* 与贸易余额 / *GDP*。可以发现，两者的变化高度一致，并且贸易余额 / *GDP* 的曲线始终在经常账户余额 / *GDP* 的上方，贸易顺差是构成俄罗斯经常账户顺差的主要来源。本书搜集了俄罗斯出口商品构成数据，表6–9和表6–10分别显示了2015

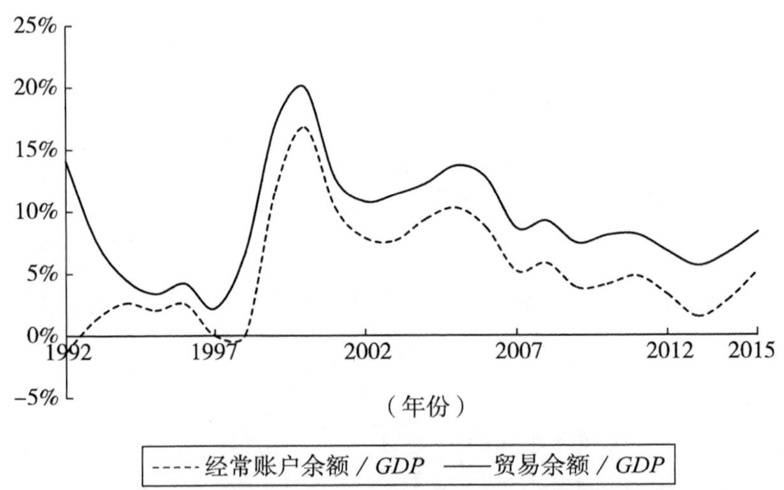


**图6–7 1992—2015年俄罗斯的经常账户余额 / *GDP* 和贸易余额 / *GDP***

数据来源：国际货币基金组织WEO数据库，世界银行WDI数据库。

年俄罗斯主要出口商品构成和2005年1—9月俄罗斯十大出口商品类别。研究发现，2015年矿产品的出口金额占俄罗斯出口总额的61.7%，贱金属及制品的出口金额占俄罗斯出口总额的11.5%。2015年，石油类产品（前两项）的出口金额占俄罗斯出口总额的58.0%。这表明原料型产品出口是构成俄罗斯经常账户顺差的主要来源。

**表6–9　2015年俄罗斯主要出口商品构成**[①]　　单位：百万美元

| 海关分类 | HS编码 | 商品类别 | 2015年 | 上年同期 | 同比（%） | 占比（%） |
|---|---|---|---|---|---|---|
| 类 | 章 | 总值 | 343427 | 497834 | –33.1 | 100.0 |
| 第5类 | 25 ~ 27 | 矿产品 | 177318 | 295576 | –40.0 | 61.7 |
| 第15类 | 72 ~ 83 | 贱金属及制品 | 33014 | 40429 | –18.3 | 11.5 |
| 第6类 | 28 ~ 38 | 化工产品 | 17959 | 21256 | –15.5 | 6.3 |
| 第16类 | 84 ~ 85 | 机电产品 | 12136 | 14186 | –14.5 | 4.2 |
| 第14类 | 71 | 贵金属及制品 | 7875 | 11845 | –33.5 | 2.7 |
| 第2类 | 06 ~ 14 | 植物产品 | 6941 | 8138 | –14.7 | 2.4 |
| 第9类 | 44 ~ 46 | 木及制品 | 6315 | 7765 | –18.7 | 2.2 |
| 第7类 | 39 ~ 40 | 塑料、橡胶 | 4802 | 5700 | –15.8 | 1.7 |
| 第4类 | 16 ~ 24 | 食品、饮料、烟草 | 4152 | 5186 | –19.9 | 1.5 |
| 第17类 | 86 ~ 89 | 运输设备 | 3912 | 4742 | –17.5 | 1.4 |
| 第10类 | 47 ~ 49 | 纤维素浆；纸张 | 3517 | 3887 | –9.5 | 1.2 |
| 第1类 | 01 ~ 05 | 活动物；动物产品 | 3215 | 3391 | –5.2 | 1.1 |
| 第3类 | 15 | 动植物油脂 | 1874 | 2266 | –17.3 | 0.7 |
| 第18类 | 90 ~ 92 | 光学、钟表、医疗设备 | 1249 | 1449 | –13.8 | 0.4 |
| 第13类 | 68 ~ 70 | 陶瓷；玻璃 | 1020 | 1291 | –21.0 | 0.4 |
|  |  | 其他 | 58129 | 70727 | –17.8 | 16.9 |

① 表6–9来源于中华人民共和国商务部《国别贸易报告》，2016年第1期。

表6-10 2015年1—9月俄罗斯十大出口商品类别①

| HS编码 | 商品类别 | 数量（公斤） | 金额（百万美元） | 占比（%） | 同比（%） |
|---|---|---|---|---|---|
| 2709 | 石油原油及从沥青矿物提取的原油 | 165976244291 | 53760.5 | 40.5 | 63.2 |
| 2710 | 石油及从沥青矿物提取的油类及其制品；废油 | 70454340256 | 23215.9 | 17.5 | 99.0 |
| 7601 | 未锻轧铝 | 3149227766 | 4108.6 | 3.1 | 16.6 |
| 7207 | 普通钢铁的半制成品 | 10499388074 | 3765.7 | 2.8 | 24.2 |
| 7502 | 未锻轧镍 | 182463816 | 2772.0 | 2.1 | 13.6 |
| 2701 | 煤；煤砖、煤球及用煤制成的类似固体燃料 | 56753113996 | 2703.2 | 2.0 | 46.3 |
| 7208 | 仅热轧，宽度在600毫米及以上的普通钢铁板材 | 5481025091 | 2518.4 | 1.9 | 20.1 |
| 4403 | 原木，不论是否去皮、去边材或粗锯成方 | — | 2176.9 | 1.6 | 24.7 |
| 7204 | 钢铁废碎料；供再熔的碎料钢铁锭 | 9455023849 | 1700.1 | 1.3 | 23.4 |
| 4407 | 经纵锯、纵切、刨或旋切的木材，厚>6毫米 | — | 1427.7 | 1.1 | 27.4 |

## 6.5.3 服务项目顺差与英国经常账户的持续性逆差

近二十余年来，英国的经常账户始终是逆差，但是学术界对英国经常账户失衡的研究较少。这可能是由于在大多数年份里，英国的经常账户余额／*GDP*在2%内。本书尝试对英国经常账户及子账户进行分析，发现自1985年以来，虽然货物项目是英国经常账户逆差的主要来源，但是，英国的服务项目一直是顺差，并且2005—2015年一直保持在高位水平（见图6-8）。此外，初次收入项目时而为正，时而为负。二次收入项目在大多数年份里为负值。

① 表6-10来源于中华人民共和国商务部《国别贸易报告》，2005年第4期。

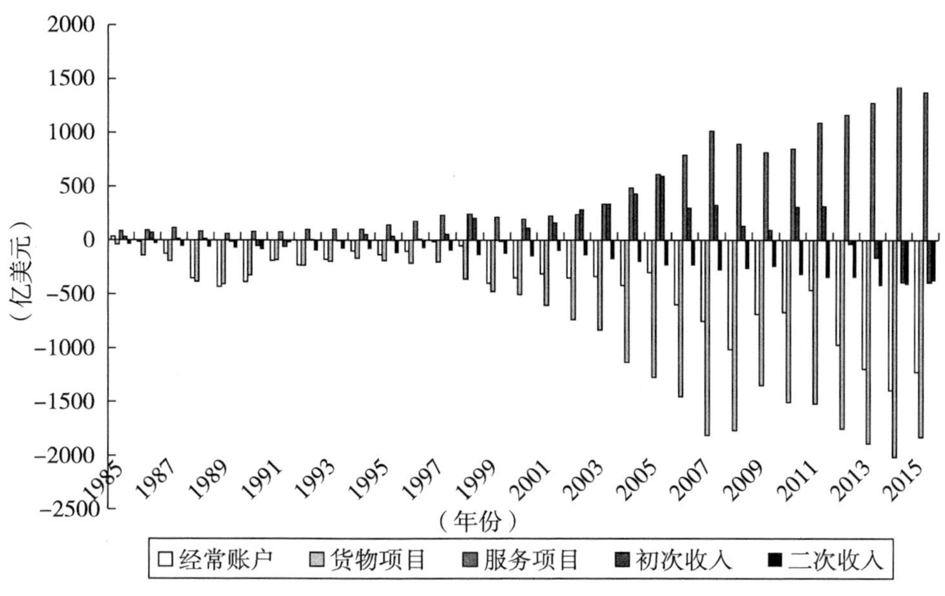


**图6-8 1985—2015年英国经常账户及子账户**

数据来源：国际货币基金组织WEO数据库，世界银行WDI数据库。

服务业是英国的主要产业，英国服务贸易覆盖的范围非常广泛，包括金融服务、商业服务、专业咨询、零售业、旅游业等多项内容。根据英国国家统计局公布的数据，2014年，英国服务业产值 / *GDP*为78.4%。所以，服务项目的持续性顺差在很大程度上抵消了贸易项目的逆差，为英国经常账户的持续性逆差提供了支持。

### 6.5.4 初次收入逆差与澳大利亚经常账户失衡

图6-9显示了1989—2015年澳大利亚的经常账户及子账户，可以发现，初次收入是澳大利亚经常账户逆差的主要来源，服务项目也是构成澳大利亚经常账户逆差的来源。虽然在大多数年份里，货物项目保持着逆差，但是也有一些年份里，货物项目出现了顺差。鉴于此，在考察澳大利亚经常账户持续性逆差时，需要特别关注其初次收入账户。此外，一个可能的解释是，澳大利亚国土辽阔，丰裕多样的自然资源促使居民对个人财富和永久收入的预期较高，促使人们认为依靠较高的禀赋收入可以维持当前和未来的借贷消费，因此其经常账户长期表现为逆差。但是，一个随之而来的问题是，俄罗斯和

澳大利亚都是自然资源丰富的国家，为什么俄罗斯可以保持经常账户顺差，澳大利亚却发生了持续性经常账户逆差呢？这可能与居民的消费、投资偏好以及其他因素密切相关。

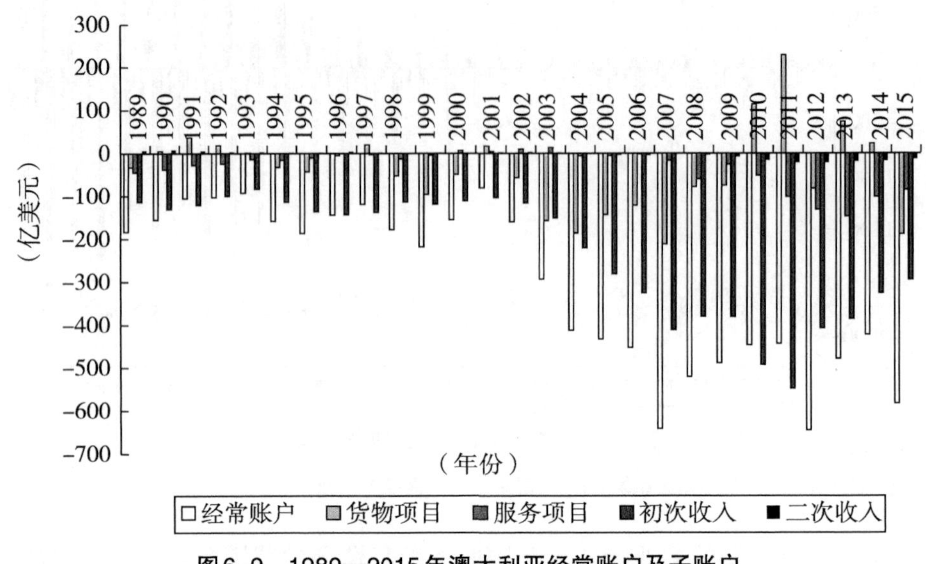


**图6-9 1989—2015年澳大利亚经常账户及子账户**

数据来源：国际货币基金组织WEO数据库，世界银行WDI数据库。

## 6.6 面板数据与时间序列数据不一致

通过对一些持续性失衡国家（地区）的经常账户失衡分析，我们发现第5章面板数据得出的许多确定性结论并不适用于这些国家（地区），并且不同的国家（地区）失衡的原因也各不相同。

在面板数据分析里，政府财政结余率对一国经常账户具有显著的正向影响，在时间序列分析中，财政赤字并不是影响中国经常账户失衡的显著性因素。这可能是由于政府财政赤字率的上升对私人投资具有挤出效应，在一定程度上改善了经常账户，从而抵消了对经常账户的直接负向影响。财政赤字率的上升对荷兰、希腊、西班牙的经常账户的作用也均不显著。但是，财政赤字率的上升显著地恶化了德国、葡萄牙、美国的经常账户。这说明对于不同的国家（地区），财政赤字率的影响可能是有所差异的。长期来看，由于各国的利率、就业率水平、投资偏好等因素并不相同，所以一些国家扩张性的财政政策会恶化其经常账户，另一些国家扩张性的财政政策对其经常账户的作用有限。

在面板数据GMM回归结果中，人口性别比与经常账户正相关，稳健性检验表明人口性别比的显著性明显上升，但是系数也较小。在时间序列分析中，人口性别比的上升显著改善了中国经常账户，估计系数达到131.847。这说明不断提高的男性人口比例是中国高储蓄率和经常账户顺差的重要原因。受到婚姻市场上风俗习惯的影响，结婚时男方买房是中国婚姻市场普遍存在的现象。中国的高房价促使养儿子的家庭有着强烈的动机进行储蓄，为儿子在未来婚姻市场上的竞争提供优势资源。鉴于此，男性比例的提高是中国经常账户顺差的重要因素。但是，由于不同国家婚姻市场的风俗习惯不同，养儿子和养女儿的家庭资产配置不同，男性人口比例的上升可能并不是影响其他国家储蓄率和经常账户的重要因素。鉴于此，在面板数据分析中，人口性别比的作用效果并不显著。

在面板数据回归结果里，相对人均收入与经常账户之间存在着倒U形关系。在第5章，本书已经说明社会保障体系完善程度、剩余劳动力充裕状况可能是解释倒U形曲线的重要因素。在时间序列数据分析中，本书发现，相对人均收入的提高对中国、美国经常账户的作用都具有显著的负向影响。相对人均收入的平方项并不显著。这说明如果考察持续性失衡国家，随着一国人均收入水平的提高，居民更容易扩大消费支出，从而对一国经常账户产生负向影响。

在面板数据回归中，经济增长率对一国经常账户具有显著的正向作用；但是在时间序列分析中，经济增长率对中国经常账户的作用并不显著。在面板数据分析中，实际有效汇率对一国经常账户具有显著的负向作用；但在时间序列分析中，实际有效汇率对中国和美国经常账户的作用均不显著。此外，名义汇率和本国通货膨胀的不对称效应是欧元区成员国之间经常账户失衡的重要因素。上述研究说明，由于各国国情不同，不能将影响因素对经常账户失衡的作用认为是确定的，治理全球经常账户失衡，需要基于国情进行。

## 6.7 本章小结

本章对美国、欧元区成员国（德国、荷兰、葡萄牙、西班牙、希腊）、中国3个持续性失衡国家（地区）的经常账户进行了时间序列实证检验，对其他一些持续性失衡国家，包括日本、英国、俄罗斯、澳大利亚进行了分析和讨论。研究发现，面板数据的确定性结论并不完全适用于持续性失衡国家的分析。在面板数据分析里，人口性别比与经常账户正相关，但是对中国经常账户有着显著的正向影响，系数达到131.847。在面板数据分析中，经济增长率对一国经常账户具有显著的正向作用；但是在时间序列分析中，经济增长率的上升显著恶化了欧元区希腊、西班牙等国家的经常账户，对中国经常账户的影响并不显著。在面板数据分析中，实际有效汇率对一国经常账户具有显著的负向作用；但在时间序列分析中，实际有效汇率对中国和美国经常账户的作用均不显著。此外，名义汇率和本国通货膨胀的不对称效应是欧元区成员国之间经常账户失衡的重要因素。本书还发现，日本老年抚养比上升与经常账户盈余并存，这可能与日本老年人的高就业率密切相关。自然资源，尤其是矿产品的出口是俄罗斯经常账户顺差的主要来源。对英国而言，服务业的高度发达和服务项目的高额顺差可以抵消大部分货物项目的逆差。初次收入项目的巨额逆差是澳大利亚经常账户持续性逆差的主要来源。这些研究说明，由于各国经济、文化、社会风俗、区域环境的不同，引起一国经常账户持续性失衡的原因各不相同。治理全球经常账户失衡，需要基于国情进行。

本章的不足之处在于，仅选择了美国、欧元区成员国、中国3个国家（地区）展开时间序列数据实证检验，对其余一些持续性失衡国家仅做出描述性分析和讨论。虽然本书并未对日本、俄罗斯、英国、澳大利亚的持续性失衡进行实证检验，但是也基于历史数据进行了失衡原因的初步探讨，作者希望这些研究为理解全球经常账户失衡提供一些贡献，并且会在今后做进一步研究。

# 7 基于内部视角的全球经常账户失衡影响因素实证研究

## 7.1 引言

理解全球经常账户失衡，可以从内部和外部两个视角出发。从内部视角出发，在开放经济条件下，一国的经常账户是国内储蓄和投资的差额，当储蓄不能完全被投资吸收时，多余的储蓄便流出国，形成经常账户顺差；反之则发生经常账户逆差，即负储蓄（Obstfeld et al.，1995）。这一说法常被称为“经常账户跨期均衡分析法”。从外部视角出发，学者们主要从国际货币体系与汇率制度、全球分工体系、经济增加值、跨国资金流动、出口导向战略等方面分析全球经常账户失衡（李扬等，2010；余永定，2007；等等）。从内部视角和外部视角的内外关联性来看，这两种视角的分析应该是等价的。因为本部分关注的重点是全球经常账户失衡长期变化的内在原因，从内部视角的分析更容易发现引起一国经常账户失衡的内在因素，所以从储蓄投资缺口角度解释一国经常账户失衡是本部分所秉持的思路。进一步，究竟有哪些因素可以影响一国储蓄投资缺口，进而影响全球经常账户失衡呢？在开放经济条件下，以政府、居民和企业三方为主体，如果它们可以在世界范围内跨期平滑储蓄和投资，各个部门的储蓄投资缺口之和便构成了一国的经常账户余额，影响这些部门储蓄投资缺口的因素，也就成为影响经常账户失衡的关键因素。本章从内部视角出发，在储蓄投资缺口框架下，首先，利用初步回归模型考察政府财政结余率、人口抚养比、本国经济增长率等内部因素可以在多大程度上解释全球经常账户失衡。其次，利用改进后的回归模型，考察政府财政结余率、少儿抚养比、老年抚养比、本国与世界经济增长率对发达国家和新兴经济体的影响。最后，基于实证检验结果，对全球经常账户失衡的未来发展做出进一步思考，并对美国经常账户失衡发展趋势进行了探索；针对结构转型背景下中国经济增速放缓、开放三孩政策等情况，对中国经常账户失衡的未来发展趋势进行展望。

## 7.2 关于内部视角的文献综述

### 7.2.1 政府视角：财政赤字与经常账户

双赤字理论认为，提高预算赤字的财政政策也会提高经常账户赤字。一国经常账户余额等于私人部门储蓄–投资差额与政府部门税收–购买差额之和。当私人部门储蓄–投资差额保持不变时，经常账户余额与政府部门税收–购买差额呈现等额同方向变化；当私人部门储蓄–投资差额与政府部门税收–购买差额同方向变化时，经常账户余额变化方向与政府部门税收–购买差额变化方向相同；当私人部门储蓄–投资差额与政府部门税收–购买差额反方向变化时，经常账户余额变化方向取决于两者变化绝对值大的一方。自20世纪80年代，里根政府推行减税的财政政策后，美国财政赤字与贸易赤字都有所上升。21世纪初期，美国长期或结构性预算恶化与经常项目赤字伴生，这种现象使人们重新关注双赤字假说。

尽管上述理论证明了财政赤字与经常账户赤字具有相关性，但是学术界对双赤字假说的理论研究结果依然存在着较大争论。一些观点认为两者存在相关性，并且财政赤字可以引发经常项目赤字。Chinn和Prasad（2003）的实证研究发现，1971—1995年，在控制其他因素的前提下，无论是发达国家还是发展中国家，政府财政盈余与经常账户结余／*GDP*均呈现正相关。Erceg（2006）建立了开放经济DSGE模型，发现美国的财政赤字可以显著地解释经常账户赤字，财政赤字每增加1%，经常账户赤字增加2%。Cline（2005）从财政扩张对汇率的传导机制角度，再次论证了双赤字理论。文章指出，根据蒙代尔–弗莱明模型，在浮动汇率制下，扩张性的财政政策会刺激本国总需求和利率水平的上升，利率水平的上升吸引资金流入，引起本币升值和出口量减少，从而恶化了经常项目。另一些观点则认为两者的变动并无必然关联，财政赤字不一定会引起经常账户赤字。Oudiz和Sachs（1984）、Wolf（1994）区分了暂时性政府支出和永久性政府支出，认为暂时性政府支出的增加会恶化经常账户，永久性政府支出的增加不会对经常账户产生影响。Baxter（1995）和Kollmann（1998）通过在两种商品模型中引入投资行为，发现扩张性的财政政策对储蓄产生负向影响，但是对投资的影响不确定，所以对经常账户的影响也不确定。Obstfeld和Rogoff（1995）发现，暂时性的财政扩张政策对经常账户具有恶化作用，永久性的财政扩张政策对经常账户的作用不确定。因为根据李嘉图等价定理，政府发债等同于推迟了税收，所以理性的消费者会增加和预算赤字数额相等的储蓄，经常账户保持不变。Haliassos 和Tobin（1990）指出，李嘉图等价定理成立的条件过于苛刻。而且，理性消费者储蓄的增加量很难等于预算赤字的增加额。按照这种思路，在很多情况下，预算赤字可能依然会影响经常账户。Corsetti和Muller（2006）指出，财政赤字会提高利率，挤出私人投资，这样储蓄大于投资，从而冲销了财政赤字对经常账户的影响。Kim和Roubini（2007）指出，财政扩张可以通过发行货币、增加潜在债务风险等渠道引起货币贬值，对经常账户产生正向作用。

还有一些学者发现，财政赤字的结构可能影响经常账户。田丰、徐建炜、杨盼盼等（2012）指出，中国的公共支出多用于支持基础建设，很少用于完善社会保障体系，这可能会促使中国居民为了应对未来的不确定性增加预防性储蓄，加剧经常账户顺差。

### 7.2.2　居民视角：人口结构与经常账户

世代交替模型将人口分布引入宏观经济学框架，成为分析经常账户均衡决定的一个有效工具。近年来，学者们重点关注人口年龄结构和人口性别比对经常账户的作用。根据生命周期理论，人们在年轻和年老时没有收入或者收入减少，为了一生的消费平滑，人们会在中年时进行储蓄，以满足年老时相对稳定的消费。这样，人口年龄（横轴）和储蓄率（纵轴）会呈现倒U形曲线，即劳动年龄人口的储蓄率较高，非劳动年龄人口的储蓄率较低甚至为负。在开放经济条件下，劳动年龄人口占比较高的国家容易形成高储蓄率，多余的储蓄流出国内，便形成了经常账户顺差；而非劳动年龄人口占比较高的国家则容易形成经常账户逆差。学者们在生命周期理论假设下，研究人口结构对经常账户的作用，一些研究支持生命周期理论对经常账户失衡的解释，得出抚养比（0~15岁人口与65岁以上人口之和占总人口的比例）与经常账户余额之间存在负相关的结论（Chinn et al.，2008；Higgers，1998；朱超等，2012；谢建国等，2013）；另一些学者的研究不支持这一结论（Chinn et al.，2003；Du et al.，2010），得出抚养比与经常账户之间并不存在显著性的关系，这也被称为生命周期假说之谜。

一些研究从预防性储蓄角度解释了生命周期假说之谜。预防性储蓄理论认为未来收入不确定性和消费不确定性会增强人们的预防性储蓄动机，提高居民储蓄率（Leland，1968）。陈彦斌（2014）指出，如果家庭的老年抚养比较高，会促使子女增加储蓄，以面对未来在老年人医疗、养老等方面可能发生的巨额支出；如果家庭的少儿抚养比较低，父母认为子女的健康状况和寿命面临着较大的不确定性，增加当前储蓄是应对未来子女患病、遭遇意外而不能为自己养老的有效方式。Cooper（2006）认为，居民平均寿命的提高会增加社会老年人口抚养比，促使居民提高预防性储蓄，从而对一国经常账户具有正向作用。

人口年龄结构还可以通过影响投资率进而影响经常账户平衡。Higgins和Williamson（1996）认为，老年抚养比的提高会加剧社会对风险的厌恶程度，使得人们进行投资的欲望下降，从而降低一国的投资率。Coopper（2006）认为，抚养比的上升会引起社会劳动年龄人口的减少，在劳动生产率一定的条件下，企业的资本边际产出和回报率下降，从而降低企业的投资率。这些文献的结论基本一致，即抚养比的提高会降低居民和企业的投资率，对经常账户余额具有正面影响。李兵、任远（2015）利用两次世界大战作为人口结构的工具变量，发现人口抚养比上升对投资率的负面影响大于对储蓄率的正面影响，总体上对一国经常账户余额具有正面作用。

一些学者还关注人口性别比与经常账户之间的关系。Du和Wei（2010）认为，男性人口比例的提高促使他们在婚姻市场上面临更激烈的竞争，需要增加储蓄以增强其在婚姻市场的竞争力，从而提高一国储蓄率，对经常账户发挥正向作用。魏尚进和张晓波（2011）认为，竞争性储蓄动机理论是解释近年来中国储蓄率上升的重要因素，即人们储蓄的目的是谋求个人或者子女在婚姻市场上更有利的地位，男性在婚姻市场上不断增大的竞争压力促使养男孩的家庭提高储蓄率。江涛（2013）认为，婚姻推迟和男性人口比例的上升是对中国储蓄率上升的解释。这些研究的一致结论是男性人口比例的上升可以提高一国储蓄率，进而改善一国经常账户余额。

### 7.2.3 企业视角：经济增长与经常账户

从企业视角出发，经济增长率是影响企业储蓄投资缺口，进而影响一国经常账户的主要因素。理论上，经济增长率的提高往往是一国资本回报率上升的信号，从而会吸引国内外企业对一国的投资，使得一国投资率上升，对一国经常账户具有恶化作用。Glick 和 Rogoff（1995）研究发现，美国的经济增长率相对于世界其他国家每增长 1%，美国的经常账户赤字 / *GDP* 就会下降 0.15%。Engel 和 Rogers（2006）指出，一国均衡的经常账户赤字率，可以用该国预期未来在世界 GDP 中的份额与当下在世界 GDP 中的份额之差来衡量，该差值越大，经常账户赤字越严重。

也有一些观点对上述理论提出了质疑，比较有代表性的是“卢卡斯之谜”。Lucas 通过总结历史经验，发现资本总是从贫困的国家流向富裕的国家，而后者的资本增长率往往低于前者。这一现象被称为“卢卡斯之谜”。Lucas（1990）本人对此现象的解释是，资本回报率应是剔除风险后的真实回报率，由于人力资本、国别风险以及资本市场发展程度等因素的影响，资本回报率和经济增长率往往不同。与发达国家相比，发展中国家较低的人力资本、政治风险以及资本市场发展不完善等因素都会影响资本回报率的最终计算。

需要说明的是，经济增长既可能带来资本回报率的提高，也可能带来劳动回报率的提高。一些学者认为工会有助于提高劳动收入份额（Kalleberg et al.，1984；Droucopoulos et al.，2015），皮凯蒂指出工会力量较强的发达国家，经济增长的果实会更多地体现在工资的提高上。按照这种思路，当劳动收入份额占比较高时，经济增长与资本回报率之间的同向关系可能会有所削弱。

## 7.3 初步回归模型与检验

### 7.3.1 模型设定、变量与数据

根据理论研究框架，本章希望研究政府财政结余率、人口抚养比和本国经济增长率对一国经常账户的影响。在这一节，本章暂时不考虑其他控制变

量，建立一个包括政府财政结余率、人口抚养比、本国经济增长率的初步回归模型（式7–1）。初步回归模型的优点有两个方面：第一，通过初步回归模型的计量检验结果，我们可以利用可决系数$R^2$（或调整的$R^2$）判断上述内部因素可以在多大程度上解释一国经常账户变化；第二，基于数据可得性，在加入实际有效汇率、贸易开放度等控制变量后，样本的个数会有所下降。初步回归模型可以包含尽可能多的样本个数，从而得出较有意义的计量结果。初步回归模型的缺点在于忽略了影响一国经常账户失衡的其他因素。对于这一缺点，本章将在下一节建立关于经常账户失衡的改进后的模型，做出进一步分析。

$$CAB_{it}=\beta_0+\beta_1 FISCAL_{it}+\beta_2 DEPENDENT_{it}+\beta_3 GROWTH_{it}+u_i+v_{it} \qquad (7\text{–}1)$$

被解释变量：经常账户余额／*GDP*（$CAB_{it}$）。$CAB_{it}$代表第$i$个国家在第$t$期的经常账户余额／*GDP*。其中，经常账户余额是货物和服务净出口、净初次收入和净二次收入之和。经常账户余额／*GDP*的数据来源是世界银行的WDI数据库。

解释变量：政府财政结余／*GDP*（$FISCAL_{it}$），$FISCAL_{it}$代表第$i$个国家在第$t$期的政府财政结余／*GDP*。在这里，本部分采用一般政府净借贷作为财政结余／*GDP*的指标，数据来源是国际货币基金组织的WEO数据库。个别缺失数据由世界银行的WDI数据库补充。补充数据由政府收入／*GDP*与政府支出／*GDP*之差值计算而得。补充数据的国家和时间范围分别是：塞浦路斯1990—1994年，德国1990年，爱尔兰1990—1994年，以色列1990—1999年，韩国1990—1994年，美国1990—1999年，俄罗斯1990—1997年，阿联酋1990年。

人口抚养比：$DEPENDENT_{it}$，代表第$i$个国家在第$t$期的人口抚养比，由0~15岁及65岁以上人口之和占总人口的比重来表示。数据来源是世界银行的WDI数据库。

本国经济增长率：$GROWTH_{it}$代表本国经济增长率。数据来源是世界银行的WDI数据库。

表7–1是本章所用数据的描述性统计总结。

表7–1 数据的描述性统计总结

| 变量名称 | 含义 | 观测数量 | 均值 | 标准差 | 最小值 | 最大值 |
|---|---|---|---|---|---|---|
| *CAB* | 经常账户余额 / *GDP* | 2184 | –0.022 | 0.110 | –1.130 | 0.603 |
| *FISCAL* | 政府财政结余 / *GDP* | 2184 | –0.030 | 0.171 | –5.054 | 0.490 |
| *DEPENDENT* | 人口抚养比 | 2184 | 0.382 | 0.068 | 0.140 | 0.543 |
| *GROWTH* | 本国经济增长率 | 2184 | 3.606 | 5.571 | –37.011 | 149.973 |

### 7.3.2 实证检验结果

本章采用普通的面板OLS回归方法，对上述初步回归模型进行计量检验。表7–2中的前4列（Reg.1、Reg.2、Reg.3、Reg.4）给出了混合效应（Mix Effect）的实证检验结果。根据不同的设定，对7–1式进行了不同的回归。其中，Reg.1只控制政府财政结余率对经常账户的作用。Reg.2只控制人口抚养比对经常账户的作用。Reg.3只控制本国经济增长率对经常账户的作用。Reg.4控制政府财政结余率、人口抚养比、本国经济增长率对经常账户的作用。类似地，Reg.5、Reg.6、Reg.7、Reg.8是随机效应（Random Effect）的实证检验结果，Reg.9、Reg.10、Reg.11、Reg.12是固定效应（Fix Effect）的实证检验结果。

表7–2 回归估计结果

| 变量 | Reg.1（ME） | Reg.2（ME） | Reg.3（ME） | Reg.4（ME） |
|---|---|---|---|---|
| *FISCAL* | 0.11135***<br>（0.014） | | | 0.09517***<br>（0.013） |
| *DEPENDENT* | | –0.43583***<br>（0.033） | | –0.40447***<br>（0.033） |
| *GROWTH* | | | –0.003***<br>（0.000） | –0.00215***<br>（0.000） |
| 常数项 | –0.01877***<br>（0.002） | 0.144***<br>（0.013） | 0.012***<br>（0.003） | 0.143***<br>（0.013） |
| 样本量 | 2184 | 2184 | 2184 | 2184 |
| *Adjusted*–$R^2$ | 0.0401 | 0.0737 | 0.0200 | 0.1100 |
| *Prob*（*F-statistic*） | 0.00000 | 0.00000 | 0.00000 | 0.00000 |

续表

| 变量 | Reg.5（RE） | Reg.6（RE） | Reg.7（RE） | Reg.8（RE） |
|---|---|---|---|---|
| *FISCAL* | 0.039781***<br>（0.010） | | | 0.043352***<br>（0.010） |
| *DEPENDENT* | | 0.035766<br>（0.061） | | 0.05810<br>（0.06079） |
| *GROWTH* | | | −0.00157***<br>（0.000） | −0.00168***<br>（0.000） |
| 常数项 | −0.020845***<br>（0.002） | −0.035650***<br>（0.023） | −0.016322***<br>（0.002） | −0.036860***<br>（0.023） |
| 样本量 | 2184 | 2184 | 2184 | 2184 |
| *Adjusted–$R^2$* | 0.078 | 0.003 | 0.5273 | 0.031 |
| *Prob*（*F-statistic*） | 0.00000 | 0.00000 | 0.00000 | 0.00000 |
| 豪斯曼检验（*Prob*） | 0.0003 | 0.0001 | 0.0000 | 0.0000 |
| 变量 | Reg.9（FE） | Reg.10（FE） | Reg.11（FE） | Reg.12（FE） |
| *FISCAL* | 0.043150***<br>（0.010） | | | 0.04650***<br>（0.010） |
| *DEPENDENT* | | −0.066032***<br>（0.055） | | −0.05282***<br>（0.05440） |
| *GROWTH* | | | −0.00162***<br>（0.000） | −0.0070***<br>（0.000） |
| 常数项 | −0.020845***<br>（0.002） | −0.003204***<br>（0.023） | −0.016411***<br>（0.008） | 0.00565***<br>（0.022） |
| 样本量 | 2184 | 2184 | 2184 | 2184 |
| *Adjusted-$R^2$* | 0.5435 | 0.5404 | 0.5273 | 0.5495 |
| *Prob*（*F-statistic*） | 0.00000 | 0.00000 | 0.00000 | 0.00000 |

### 7.3.3 实证检验结果讨论

本章以Reg.4的结果作为混合效应的基准结果，以Reg.8的结果作为随机效应的基准结果，以Reg.12的结果作为固定效应的基准结果。根据豪斯曼检验，拒绝原假设，因此采用固定效应是最优选择。分析固定效应的实证检验结果，得到以下几点结论。

其一，政府财政结余率对经常账户的作用始终显著为正，从Reg.12的结果来看，政府财政结余率对经常账户的影响是十分显著的。政府财政结余率对经常账户有显著（1%）的正向影响，政府财政结余率增加1%，经常账户增加0.047%。扩大财政赤字对一国经常账户具有显著的恶化作用。

其二，人口抚养比对一国经常账户的作用始终显著为负。从Reg.12的结果来看，人口抚养比的上升具有恶化一国经常账户的作用。人口抚养比对经常账户有显著（1%）的负向影响，人口抚养比增加1%，经常账户恶化0.053%。这说明人口抚养比的上升可以显著加剧一国经常账户逆差或者缓解经常账户顺差，支持生命周期理论。这一结论与IMF（2005）的研究结果一致，说明人口红利会引起一国的产出显著大于当期的消费，产生经常账户顺差；当人口红利逐渐消失时，尤其是人口老龄化来临时，人口抚养比的增加会降低一国储蓄率，从而对一国经常账户发生负向作用。

其三，本国经济增长率对一国经常账户的作用显著为负。从Reg.12的结果来看，本国经济增长率对经常账户有显著（1%）的负向影响，经济增长率提高1%，经常账户恶化0.007%。

其四，考察调整后的$R^2$，从Reg.12的结果来看，政府财政结余率、人口抚养比、本国经济增长率对一国经常账户变化的解释比例达到54.95%。这说明，即使不考虑其他控制变量，在储蓄－投资缺口框架下，这些内部因素对一国经常账户变化具有至关重要的作用。

其五，本章考察混合效应、随机效应的估计结果。从Reg.4和Reg.8的结果可以发现，政府财政结余率对一国经常账户的作用始终显著为正，经济增长率对一国经常账户的作用始终显著为负。在混合效应中，人口抚养比对一国经常账户的作用显著为负；在随机效应中，人口抚养比对一国经常账户的作用显著为正。

综上所述，从初步回归模型结果来看，政府财政收支与一国经常账户正相关，人口抚养比和经济增长率对一国经常账户具有显著的负向作用。但是对于抚养比变量，随机效应的检验结果与固定效应、混合效应的不同。为了更加深入和全面地反映政府财政结余率、人口抚养比、本国经济增长率对一国经常账户的影响，本章将在下一节建立一个改进后的回归模型，做出进一步探讨。

## 7.4 改进后的回归模型与检验

### 7.4.1 模型、变量和数据

在初步回归模型中，本章研究了政府财政结余率、人口抚养比和本国经济增长率对一国经常账户的影响。已有的文献告诉我们，在人口年龄结构方面，少儿抚养比和老年抚养比对一国储蓄率的影响可能是不同的。此外，仅采用经济增长率这一指标作为影响企业投资率与经常账户的因素并不精确。这是因为世界经济很可能发生同时期的繁荣与衰退，在世界其他国家的经济增长率高于本国的情况下，即使本国经济增长率提高，也难以吸引国内外投资者增加对本国的投资；在世界其他国家的经济增长率低于本国的情况下，即使本国经济增长率下降，也难以削弱国内外投资者增加对本国投资的热情。因此，在这一节对初步回归模型做出改进。首先，将人口抚养比区分为少儿抚养比和老年抚养比，其次采用本国经济增长率和世界经济增长率的差值代替本国经济增长率，构建了一个以政府财政结余率、少儿抚养比、老年抚养比、本国与世界经济增长率差值为解释变量，以人均收入与人均收入的平方项、贸易开放度、人口性别比、实际有效汇率等因素为控制变量的计量模型。同时，为了克服可能的遗漏变量以及变量内生性对模型估计结果的影响，在等式右端加入了被解释变量的一阶滞后项。改进后的基本计量模型为

$$CAB_{it}=\beta_0 CAB_{it-1}+\beta_1 FISCAL_{it}+\beta_2 YDR_{it}+\beta_3 ODR_{it}+\beta_4（GROWTH_{it}-GROWTH_{it}^{world}）+\beta_5 \ln PERGDP_{it}+\beta_6 \ln PERGDP_{it}\hat{}2+\beta_7 MALE_{it}+\beta_8 OPENNESS_{it}+\beta_9 REER_{it}+u_i+v_{it} \quad (7\text{–}2)$$

其中，被解释变量为经常账户余额 / GDP（$CAB_{it}$）。

解释变量：政府财政结余 / GDP（$FISCAL_{it}$）的含义和数据来源与初步回归模型相同，这里不再赘述。

少儿抚养比（$YDR_{it}$）：少儿抚养比是一国0～15岁人口占总人口的比例。老年抚养比（$ODR_{it}$）：老年抚养比是一国65岁以上人口占总人口的比例。$YDR_{it}$代表第$i$个国家在第$t$期的少儿抚养比；$ODR_{it}$代表第$i$个国家在第$t$期的老年抚养比。少儿抚养比和老年抚养比的数据来源是世界银行的WDI数据库。

本国经济增长率与世界经济增长率的差值（$GROWTH_{it}-GROWTH_{it}^{world}$）:

代表本国经济增长率和世界经济增长率的差值。$GROWTH_{it}$代表本国经济增长率，$GROWTH_{it}^{world}$代表世界经济增长率。为方便起见，二者的差值用$DGROWTH_{it}$表示。本国经济增长率、世界经济增长率的数据来源是世界银行的WDI数据库。

除了政府财政结余率、少儿抚养比、老年抚养比、本国经济增长率与世界经济增长率的差值，本部分通过对国内外现有文献的深入分析，结合数据的可得性，引入了其他控制变量，控制变量包括以下几项。

人均收入和人均收入的平方项：国际收支阶段论认为，当一国从低收入国家向高收入国家迈进时，往往需要进口资本以满足当前的发展需要，从而发生经常账户逆差；当一国发展到高收入水平阶段时，需要偿还发展进程中积累下来的外债，开始向低收入国家输出资本，从而表现为经常账户顺差。$PERGDP_{it}$代表第$i$个国家在第$t$期的人均收入。这里采用对数形式的人均收入（按照购买力平价$PPP$衡量，现价国际元）来衡量。人均收入的数据来源于世界银行的WDI数据库。

人口性别比$MALE_{it}$：代表第$i$个国家在第$t$期男性人口占总人口的比例。人口性别比数据来源于世界银行的WDI数据库。

贸易开放度$OPENNESS_{it}$：代表第$i$个国家在第$t$期的贸易开放度。贸易开放度的高低会直接影响一国对国外资本的吸引程度以及一国的偿债能力。贸易开放度指数采用一国商品和服务的进出口总值与同期一国国内生产总值的比值。贸易开放度数据来源于世界银行的WDI数据库及作者自行计算。

实际有效汇率$REER_{it}$：代表第$i$个国家在第$t$期的实际有效汇率。汇率水平变动会通过相对价格效应影响经常账户。考虑到影响经常账户的更多的是实际汇率，同时受到更多影响的是贸易项目，这里采用经贸易加权的实际有效汇率。实际有效汇率的基期为2010年。本部分以实际有效汇率的对数值（$\ln REER_{it}$）作为衡量标准。实际有效汇率的数据来源于世界银行WDI数据库。

表7–3是数据的描述性统计。

表7-3 数据的描述性统计

| 变量名称 | 含义 | 观测数量 | 均值 | 标准差 | 最小值 | 最大值 |
|---|---|---|---|---|---|---|
| *CAB* | 经常账户余额占*GDP*的比例 | 2184 | −0.022 | 0.110 | −1.130 | 0.603 |
| *FISCAL* | 政府财政结余占*GDP*的比例 | 2184 | −0.030 | 0.171 | −5.054 | 0.490 |
| *YDR* | 少儿抚养比 | 2184 | 0.333 | 0.106 | 0.128 | 0.518 |
| *ODR* | 老年抚养比 | 2184 | 0.078 | 0.052 | 0.006 | 0.263 |
| *DGROWTH* | 本国与世界经济增长率差值 | 2184 | 0.816 | 5.481 | −39.409 | 146.217 |
| *PERGDP* | 人均收入 | 2184 | 9.042 | 1.309 | 5.479 | 11.383 |
| *PERGDP*^2 | 人均收入的平方项 | 2184 | 83.479 | 22.982 | 30.025 | 129.579 |
| *MALE* | 人口性别比 | 2184 | 0.501 | 0.028 | 0.463 | 0.748 |
| *OPENNESS* | 贸易开放度 | 1950 | 0.834 | 0.538 | 0.110 | 5.317 |
| *REER* | 实际有效汇率 | 1134 | 4.601 | 0.201 | 3.541 | 5.767 |

### 7.4.2 实证检验方法

对于此类动态面板模型，差分广义矩估计（DIF-GMM）或者系统广义矩估计（System-GMM）是两种合适的处理方法。DIF-GMM的基本思路是首先对计量方程进行差分，以去掉固定效应的影响，然后用一组滞后的解释变量作为差分方程中相应变量的工具变量。为了克服DIF-GMM估计方法会损失一部分样本的缺点，Arellano 和Bond（1991）、Blundell和Bond（1998）提出了System-GMM估计方法。System-GMM结合了差分方程和水平方程，此外还增加了一组滞后的差分变量作为水平方程相应变量的工具变量。Attanasio等（2010）研究表明，对于较长时间的宏观面板数据，随着时间的延长，OLS估计方法可以得到一个无偏估计，并且OLS估计方法优于GMM估计方法。因此，在后文的估计与分析中，采用DIF-GMM估计得到的系数对回归结果做解释。在稳健性检验部分，首先报告System-GMM的估计结果。其次利用OLS方法进行估计，进一步采用豪斯曼检验判断选用固定效应模型还是随机效应模型，报告混合效应、固定效应和随机效应的估计结果。再次采用5年平均值估计，剔除OPEC成员国样本变量，并报告相应结果。

为了研究政府财政结余率、人口年龄结构、本国相对于世界的经济增长率对不同组别国家的影响是否存在差异，本章进一步将84个全球样本按照国际货币基金组织WEO数据库的分类标准分为26个发达国家（地区）和58个新兴经济体（地区），分别使用这两个子样本集对模型进行计量检验。

### 7.4.3 实证检验结果

实证检验根据不同的设定，对7–2式进行了不同的回归。对全球样本的回归估计结果见表7–4。因为本章重点研究政府财政结余率、少儿抚养比、老年抚养比以及本国经济增长率与世界经济增长率差值对经常账户的影响，所以在实证检验过程中，只控制政府财政结余率对经常账户的作用，形成Reg.1。在Reg.1的基础上，控制少儿抚养比对经常账户的作用，形成Reg.2。在Reg.2的基础上，控制老年抚养比对经常账户的作用，形成Reg.3。在Reg.3的基础上，控制本国相对于世界经济增长率的差值对经常账户的作用，形成Reg.4。Reg.5在Reg.4的基础上，加入了人均收入和人均收入的平方项。Reg.6在Reg.5的基础上，增加了人口性别比。Reg.7在Reg.6的基础上，增加了贸易开放度。Reg.8在Reg.7的基础上，增加了实际有效汇率。

其中，Reg.1 ~ Reg.6覆盖的时间长度是1990—2015年，覆盖样本是全球84个国家（地区），其中包括26个发达国家（地区）和58个新兴经济体。基于贸易开放度数据的可得性，Reg.7覆盖的时间长度缩短为1990—2014年，覆盖样本个数减少为78个国家（地区）（剔除了6个缺失3年以上数据的样本，分别是斯威士兰、埃塞俄比亚、牙买加、巴布亚新几内亚、阿联酋、也门）。基于实际有效汇率数据的可得性，Reg.8覆盖的时间长度缩短为1994—2013年，覆盖样本减少为全球54个国家（地区）（在Reg.7的基础上，剔除了24个缺失数据的样本，分别是韩国、孟加拉国、贝宁、不丹、文莱达鲁萨兰国、布基纳法索、科摩罗、刚果共和国、萨尔瓦多、几内亚、洪都拉斯、约旦、印度、肯尼亚、基里巴斯、黎巴嫩、马达加斯加、莫桑比克、阿曼、纳米比亚、塞舌尔、斯里兰卡、苏丹、苏里南）。

**表7–4 全球样本的回归估计结果**

| 变量 | Reg.1 | Reg.2 | Reg.3 | Reg.4 | Reg.5 | Reg.6 | Reg.7 | Reg.8 |
|---|---|---|---|---|---|---|---|---|
| *CAB*（–1） | 0.743***<br>（0.039） | 0.738***<br>（0.040） | 0.739**<br>（0.041） | 0.736***<br>（0.049） | 0.721***<br>（0.052） | 0.711***<br>（0.051） | 0.721***<br>（0.051） | 0.714***<br>（0.049） |
| *FISCAL* | 0.204***<br>（0.062） | 0.208***<br>（0.062） | 0.220***<br>（0.056） | 0.262**<br>（0.089） | 0.244***<br>（0.086） | 0.243***<br>（0.086） | 0.243***<br>（0.085） | 0.233***<br>（0.081） |
| *YDR* | | 0.004<br>（0.007） | 0.004<br>（0.009） | –0.003<br>（0.012） | –0.007***<br>（0.044） | –0.0 ***<br>（0.045） | –0.008*<br>（0.047） | –0.039<br>（0.051） |
| *ODR* | | | –0.030*<br>（0.019） | –0.018***<br>（0.021） | –0.112*<br>（0.071） | –0.112***<br>（0.076） | –0.097***<br>（0.073） | –0.040***<br>（0.074） |
| *DGROWTH* | | | | –0.001***<br>（0.000） | –0.001***<br>（0.000） | –0.001***<br>（0.000） | –0.001***<br>（0.000） | –0.002***<br>（0.001） |
| *PERGDP* | | | | | –0.004<br>（0.005） | –0.005<br>（0.008） | –0.004***<br>（0.009） | 0.031<br>（0.012） |
| *PERGDP^2* | | | | | 0.000<br>（0.000） | 0.000***<br>（0.000） | 0.005*<br>（0.000） | –0.001*<br>（0.000） |
| *MALE* | | | | | | 0.001<br>（0.073） | –0.000<br>（0.077） | 0.179<br>（0.088） |
| *OPENNESS* | | | | | | | 0.003***<br>（0.003） | 0.004*<br>（0.003） |
| *REER* | | | | | | | | –0.041**<br>（0.011） |
| 样本量 | 2184 | 2184 | 2184 | 2184 | 2184 | 2184 | 1950 | 1134 |
| *Sargan test* | 0.192 | 0.151 | 0.305 | | 0.759 | 0.837 | 0.563 | 0.629 |

对26个发达国家（地区）的回归估计结果见表7–5。实证检验过程与表7–4相同。Reg.1 ~ Reg.8覆盖的时间长度是1990—2015年。基于实际有效汇率数据的可得性，Reg.8覆盖的样本减少为25个发达国家（地区），剔除了缺失实际有效汇率数据的韩国。

**表7–5　发达国家（地区）的回归估计结果**

| 变量 | Reg.1 | Reg.2 | Reg.3 | Reg.4 | Reg.5 | Reg.6 | Reg.7 | Reg.8 |
|---|---|---|---|---|---|---|---|---|
| *CAB*（–1） | 0.856$^{***}$ | 0.846$^{**}$ | 0.848$^{***}$ | 0.848$^{***}$ | 0.850$^{***}$ | 0.811$^{***}$ | 0.861$^{***}$ | 0.811$^{***}$ |
| | （0.017） | （0.016） | （0.002） | （0.002） | （0.019） | （0.031） | （0.030） | （0.029） |
| *FISCAL* | –0.012$^{***}$ | 0.04$^{***}$ | 0.008$^{**}$ | 0.018$^{**}$ | 0.010$^{***}$ | 0.243$^{***}$ | 0.243$^{***}$ | 0.121$^{***}$ |
| | （0.026） | （0.033） | （0.035） | （0.032） | （0.032） | （0.086） | （0.085） | （0.039） |
| *YDR* | | 0.009 | 0.003 | 0.020 | 0.007$^{***}$ | –0.0$^{***}$ | –0.008$^{*}$ | 0.709 |
| | | （0.006） | （0.012） | （0.012） | （0.056） | （0.045） | （0.047） | （1.019） |
| *ODR* | | | 0.008$^{***}$ | –0.015$^{***}$ | –0.036$^{*}$ | –0.821$^{***}$ | –0.077$^{***}$ | –0.078$^{***}$ |
| | | | （0.015） | （0.014） | （0.065） | （0.076） | （0.073） | （0.060） |
| *DGROWTH* | | | | 0.008$^{***}$ | –0.015$^{***}$ | –0.001$^{***}$ | –0.001$^{***}$ | –0.004$^{***}$ |
| | | | | （0.015） | （0.014） | （0.000） | （0.000） | （0.000 |
| *PERGDP* | | | | | –0.004 | –0.005 | –0.919$^{***}$ | 0.003 |
| | | | | | （0.005） | （0.008） | （4.053） | （0.017） |
| *PERGDP^2* | | | | | 0.000 | 0.000$^{***}$ | 0.040$^{*}$ | 0.001$^{***}$ |
| | | | | | （0.000） | （0.000） | （0.015） | （0.000） |
| *MALE* | | | | | | 0.001 | –3.588** | –2.229 |
| | | | | | | （0.073） | （16.987） | （0.186） |
| *OPENNESS* | | | | | | | –0.006$^{*}$ | 0.008 |
| | | | | | | | （0.089） | （0.002） |
| *REER* | | | | | | | | –0.043$^{**}$ |
| | | | | | | | | （0.092） |
| 样本量 | 676 | 676 | 676 | 676 | 676 | 676 | 676 | 650 |
| *Sargan test* | 0.102 | 0.161 | 0.205 | 0.223 | 0.439 | 0.527 | 0.532 | 0.569 |

对58个新兴经济体的回归估计结果如表7–6所示，实证检验过程与表7–4相同。Reg.1 ~ Reg.6覆盖的时间长度是1990—2015年，覆盖样本是58个新兴经济体。基于贸易开放度数据的可得性，Reg.7覆盖的时间长度缩短为1990—2014年，覆盖样本个数减少为52个新兴经济体（剔除了6个缺失3年以上数据的样本，分别是斯威士兰、埃塞俄比亚、牙买加、巴布亚新几内亚、阿联酋、也门）。基于实际有效汇率数据的可得性，Reg.8覆盖的时间长度缩短为1994—2013年，覆盖样本减少为29个新兴经济体（在Reg.7的基础上，剔除了23个缺失数据的样本，分别是孟加拉国、贝宁、不丹、文莱达鲁萨兰国、

布基纳法索、科摩罗、刚果共和国、萨尔瓦多、几内亚、洪都拉斯、约旦、印度、肯尼亚、基里巴斯、黎巴嫩、马达加斯加、莫桑比克、阿曼、纳米比亚、塞舌尔、斯里兰卡、苏丹、苏里南)。

**表7–6 新兴经济体的回归估计结果**

| 变量 | Reg.1 | Reg.2 | Reg.3 | Reg.4 | Reg.5 | Reg.6 | Reg.7 | Reg.8 |
|---|---|---|---|---|---|---|---|---|
| *CAB*(–1) | 0.482***<br>(0.000) | 0.488***<br>(0.001) | 0.468***<br>(0.041) | 0.439***<br>(0.002) | 0.319***<br>(0.021) | 0.322***<br>(0.015) | 0. 279***<br>(0.018) | 0.305***<br>(0.044) |
| *FISCAL* | 0.710***<br>(0.003) | 0.706***<br>(0.007) | 0.714***<br>(0.056) | 0.867***<br>(0.014) | 0.842***<br>(0.021) | 0.845***<br>(0.021) | 0.697***<br>(0.088) | 0.655***<br>(0.082) |
| *YDR* | | –0.136***<br>(0.044) | –0.452***<br>(0.066) | –0.152***<br>(0.071) | 0.734*<br>(0.364) | 0.608*<br>(0.398) | –0.517***<br>(0.747) | –0.672***<br>(0.543) |
| *ODR* | | | –2.734***<br>(1.056) | –0.532***<br>(0.762) | –1.437*<br>(1.453) | 2.183*<br>(1.420) | –1.0856***<br>(2.479) | –2.419*<br>(0.086) |
| *DGROWTH* | | | | –0.004***<br>(0.000) | –0.003***<br>(0.000) | –0.003***<br>(0.000) | –0.001***<br>(0.000) | –0.001<br>(0.001) |
| *PERGDP* | | | | | –0.770**<br>(0.351) | –0.820<br>(0.362) | –0.158***<br>(0.652) | 0.526<br>(0.508) |
| *PERGDP*^2 | | | | | 0.046**<br>(0.019) | 0.049***<br>(0.020) | 0.003*<br>(0.037) | –0.034*<br>(0.006) |
| *MALE* | | | | | | –0.085<br>(2.565) | –1.321<br>(2.642) | 0.725<br>(3.091) |
| *OPENNESS* | | | | | | | 0.000***<br>(0.001) | 0.005*<br>(0.003) |
| *REER* | | | | | | | | –0.092**<br>(0.042) |
| 样本量 | 1508 | 1508 | 1508 | 1508 | 1508 | 1508 | 1300 | 580 |
| *Sargan test* | 0.143 | 0.167 | 0.402 | 0.464 | 0.529 | 0.554 | 0.536 | 0.609 |

### 7.4.4 稳健性检验结果

稳健性检验结果如表7–7所示。Reg.1报告全球样本System–GMM的估计结果。Reg.2、Reg.3、Reg.4分别报告全球样本固定效应、随机效应、混合效应的估计结果。Reg.5报告全球样本采用5年平均值估计后的结果，Reg.6报告全球样本剔除OPEC成员国样本变量的估计结果。Reg.7和Reg.8分别是发达国家（地区）和新兴经济体（地区）的混合估计结果。

表7-7 稳健性检验结果

| 变量 | Reg.1 | Reg.2 | Reg.3 | Reg.4 | Reg.5 | Reg.6 | Reg.7 | Reg.8 |
|---|---|---|---|---|---|---|---|---|
| *CAB*（-1） | 0.716***<br>（0.037） | | | | 0.727***<br>（0.029） | 0.699***<br>（0.021） | 0.722***<br>（0.039） | 0.278***<br>（0.044） |
| *FISCAL* | 0.202***<br>（0.091） | 0.092***<br>（0.062） | 0.056***<br>（0.070） | 0.077**<br>（0.089） | 0.203**<br>（0.099） | 0.136***<br>（0.086） | 0.252***<br>（0.032） | 0.557***<br>（0.072） |
| *YDR* | -0.023<br>（0.061） | -0.069<br>（0.007） | -0.037<br>（0.006） | -0.024<br>（0.052） | -0.013<br>（0.072） | -0.097***<br>（0.045） | 0.561<br>（1.040） | -0.783***<br>（0.483） |
| *ODR* | -0.027***<br>（0.074） | -0.038**<br>（0.062） | -0.067**<br>（0.061） | -0.020***<br>（0.061） | -0.020***<br>（0.071） | -0.104***<br>（0.076） | -0.012**<br>（0.060） | -1.995*<br>（0.092） |
| *DGROWTH* | -0.050**<br>（0.001） | -0.061<br>（0.007） | -0.058<br>（0.008） | -0.061***<br>（0.007） | -0.011***<br>（0.000） | -0.003***<br>（0.000） | -0.006**<br>（0.000） | -0.001<br>（0.001） |
| *PERGDP* | 0.082<br>（0.012） | 0.089<br>（0.012） | 0.094<br>（0.011） | 0.032<br>（0.011） | 0.072<br>（0.012） | -0.002<br>（0.008） | 0.002<br>（0.019） | 0.462<br>（0.398） |
| *PERGDP*^2 | -0.005*<br>（0.000） | -0.002*<br>（0.000） | -0.003*<br>（0.000） | -0.002*<br>（0.000） | -0.004*<br>（0.000） | 0.003***<br>（0.000） | 0.001***<br>（0.000） | -0.029*<br>（0.007） |
| *MALE* | 0.101<br>（0.088） | 0.116<br>（0.073） | 0.101<br>（0.073） | 0.107<br>（0.007） | 0.108<br>（0.006） | 0.002<br>（0.073） | -3.004<br>（0.149） | 0.637<br>（2.992） |
| *OPENNESS* | 0.009*<br>（0.003） | 0.003*<br>（0.004） | 0.001*<br>（0.004） | 0.009*<br>（0.003） | 0.007*<br>（0.002） | 0.006<br>（0.0082） | 0.009<br>（0.002） | 0.004*<br>（0.003） |
| *REER* | -0.028**<br>（0.011） | -0.091**<br>（0.012） | -0.040**<br>（0.011） | -0.056**<br>（0.021） | -0.034**<br>（0.021） | 0.003<br>（0.033） | -0.059**<br>（0.047） | -0.081**<br>（0.073） |
| 样本量 | 1134 | 2184 | 2184 | 2184 | 2184 | 2184 | 1950 | 1134 |
| *Sargan test* | 0.579 | | | | 0.638 | 0.503 | 0.589 | 0.601 |
| 豪斯曼检验（*Prob*） | | | 0.8931 | | | | | |
| *Adjusted*-$R^2$ | | 0.768 | 0.721 | 0.809 | | | 0.704 | 0.699 |

### 7.4.5 实证检验结果分析

以表7-4中的Reg.8的结果作为全球样本的基准结果，以表7-5中的Reg.8的结果作为发达国家（地区）的基准结果，以表7-6中的Reg.8的结果作为新兴经济体（地区）的基准结果。根据实证检验结果，本部分得到以下几点结论。

其一，政府财政结余率对一国经常账户的作用始终显著为正，并且，当把样本划分为发达国家（地区）和新兴经济体时，这种正向显著影响依然没有发生改变。从表7-4中的Reg.8的结果来看，政府财政结余率对经常账户的影响是十分显著的。政府财政结余率对全球经常账户有显著（1%）的正向影响，政府财政结余率增加1%，全球经常账户／*GDP*增加0.233%。从表7-5中的Reg.8的结果来看，政府财政结余率对发达国家（地区）的经常账户的影响非常显著。政府财政结余率对发达国家（地区）的经常账户有显著（1%）的正向影响，政府财政结余率增加1%，经常账户／*GDP*增加0.121%。从表7-6中的Reg.8的结果来看，政府财政结余率对新兴经济体经常账户的作用同样显著。政府财政结余率对新兴经济体经常账户有显著（1%）的正向影响，财政结余率增加1%，经常账户／*GDP*增加0.655%。所以，无论是对于全球样本、发达国家（地区），还是新兴经济体，政府财政收支与经常账户余额紧密相关，扩大财政赤字对一国经常账户具有显著的恶化作用。

其二，少儿抚养比对全球经常账户有显著（1%）的负向影响，少儿抚养比增加1%，全球经常账户／*GDP*下降0.039%。但是在分组检验中，少儿抚养比对发达国家（地区）和新兴经济体的实证检验结果存在差异。从表7-5中的Reg.8的回归结果来看，少儿抚养比对发达国家（地区）的经常账户具有正向影响，但这种正向影响并不显著；从表7-6中的Reg.8的回归结果来看，少儿抚养比对新兴经济体的经常账户具有显著（1%）的负向作用，少儿抚养比增加1%，经常账户余额／*GDP*下降0.672%。这一结论与Chinn和Prasad（2003）的研究结果相同，他们利用71个国家1971—1995年的历史数据对全球经常账户失衡进行了实证研究，发现少儿抚养比仅对发展中国家经常账户具有显著的负向作用。这说明对于新兴经济体来说，少儿抚养比的大幅下降显著改善了它们的经常账户逆差或加剧了经常账户顺差；而对于发达国家来说，少儿抚养比并非影响经常账户失衡的主要原因。

老年抚养比对全球经常账户有显著（1%）的负向影响，老年抚养比的上升具有恶化一国经常账户的作用。并且，当区分发达国家（地区）和新兴经济体时，这种负向的显著作用依然没有改变。从表7–4中的Reg.8的结果来看，老年抚养比对全球经常账户的影响是十分显著的。老年抚养比增加1%，全球经常账户余额 / *GDP*下降0.04%。从表7–5中的Reg.8的回归结果来看，老年抚养比对发达国家（地区）的经常账户具有负向影响，老年抚养比增加1%，经常账户余额 / *GDP*下降0.08%；从表7–6的Reg.8的回归结果来看，老年抚养比对新兴经济体经常账户具有显著（1%）的负向作用，老年抚养比增加1%，经常账户余额 / *GDP*下降2.419%。这说明人口老龄化可以显著加剧一国经常账户逆差或者缓解经常账户顺差，支持生命周期理论。这一结论与IMF（2005）的研究结果一致，说明人口红利会引起一国的产出显著大于当期的消费，产生经常账户顺差；当人口老龄化来临时，老年人消费年轻时期的正储蓄，进行负储蓄，从而对一国经常账户产生负向作用。同时，本部分还发现，老年抚养比的上升对发达国家经常账户的负向影响更加显著。这一结论与谢建国、张炳男（2013）的研究结论相同。

其三，本国经济增长率和世界经济增长率的差值对全球经常账户的作用显著为负，本国相对于世界经济增长率的提高恶化了一国经常账户。但是，当区分发达国家（地区）和新兴经济体样本时，相对经济增长率对发达国家（地区）和新兴经济体经常账户的作用效果呈现不同的结果。本国经济增长率和世界经济增长率的差值对发达国家（地区）经常账户的作用显著为负，对新兴经济体经常账户的作用并不显著。从表7–5中的Reg.8的回归结果来看，相对经济增长率对发达国家（地区）经常账户具有显著（1%）的负向作用，相对经济增长率提高1%，经常账户余额 / *GDP*下降0.004%；从表7–6中的Reg.8的回归结果来看，相对经济增长率对新兴经济体经常账户的作用并不显著。这说明本国经济增长率和世界经济增长率的差值对不同组别国家经常账户的作用效果具有差异性，而这种差异性需要引起我们的关注。一个可能的解释是：Lucas（1990）指出，资本回报率应该是剔除人力资本、国别风险以及资本市场发展程度等因素后的真实回报率。由于发展中国家的人力资本低于发达国家（人力资本具有很强的生产外溢性，会影响资本回报率）、发展中国家存在政治风险、资本市场不完全等因素，促使发展中国家的经济增长率并不能成为国内外投资者们判断一国资本回报率高低的有效信号。因此对于发展中国家，本国经济增长率相对值的提高并不会迅速地恶化一国经常账户。

对于发达国家（地区）来说，本国经济增长率的上升更能体现其生产能力和资本回报率的上升，国内外投资者们为了得到该国生产率和资本回报率提高的优势，增加对本国的投资，促使本国投资率上升，从而恶化其经常账户收支。如果这种差异性的结论成立的话，随着本国经济增长率的提高，与新兴经济体相比较，发达国家更加容易发生经常账户赤字。

其四，关于控制变量，本章有一些较为有意思的发现：在全球样本实证检验结果中，人均收入的系数为0.031，人均收入平方项的系数为-0.001。正的人均收入系数和负的人均收入平方项系数表明，人均收入和经常账户之间存在着倒U形的关系，并不支持国际收支阶段论。这一研究结果与Chinn 和 Prasad（2003）的研究结果类似，即从全球视角出发，并没有充足的证据支持国际收支阶段论。在全球样本实证检验结果中，人口性别比的系数为0.179，但并不显著。发达国家（地区）和新兴经济体的回归检验结果证明，人口性别比并不是影响一国经常账户的显著性因素。贸易开放度与一国经常账户正相关。与许多文献的研究结果相同，实际有效汇率的升值恶化了一国的经常账户。

## 7.5 本章小结

综上所述，从内部视角出发，政府财政结余率、人口年龄结构、本国相对于世界的经济增长率分别影响政府、居民和企业的储蓄-投资缺口，进而影响一国经常账户失衡。这些内部因素对经常账户失衡的解释能力超过50%。本章发现，从政府视角出发，无论是全球样本、发达国家（地区）还是新兴经济体，政府财政结余率对一国经常账户都具有十分显著的正向作用。尽管在以往的理论和经验研究中，有一些观点认为政府财政收支与经常账户呈负相关关系或者无显著性关系。但是，本章在严格控制了其他相关因素后，发现政府财政收支与经常账户正相关。这说明政府财政赤字是解释经常账户不可忽视的关键因素，扩张性的财政政策会恶化一国经常账户。联系现实，美国的财政赤字和经常账户赤字并存现象持续了十余年，支持双赤字理论。作为经常账户赤字大国，在呼吁世界各国或地区共同解决全球经常账户失衡问题的同时，美国自身巨额的财政赤字也是需要重点关注和着力解决的。

从居民视角出发，人口年龄结构可以显著影响一国经常账户：少儿抚养比的大幅下降显著改善了新兴经济体经常账户，从而可以抵消老年抚养比上升对新兴经济体经常账户的恶化作用；老年抚养比的大幅提高显著恶化了发达国家的经常账户。本章的研究结论支持生命周期理论。事实上，随着经济发展和相关政策的影响，与发达国家相比较，新兴经济体少儿抚养比的下降更加迅速。少儿抚养比的下降减轻了居民抚养儿童的负担，提高了一国的储蓄率，从而对一国经常账户具有正向作用，并且这种正向作用在新兴经济体样本中更为显著，是解释近年来中国、东南亚国家经常账户盈余的重要因素。与新兴经济体相比较，发达国家普遍面临着严峻的人口老龄化问题。老年抚养比的上升将加速这些国家储蓄率的下降，具有恶化经常账户的作用。在这样的背景下，关注人口年龄结构对经常账户失衡的作用具有重要的现实意义：首先，如果将经常账户顺差作为国内储蓄存放在国际的缓存池、周转池，相对年轻的亚洲，目前只是将资本存放在国外以应付未来的消费；相对年老的一些欧美国家正在消费这些储蓄。随着时间的推移，当亚洲也变得“相对年老”时，现在存放在国际缓存池和周转池的资本可能会发生回流。其次，近年来，亚洲国家的人口年龄结构发生了较大的变化，不同国家之间的人口年龄结构有较大的差异性。2015年，中国65岁及65岁以上人口占总人口的比例为9.56%，印度为5.61%，印度尼西亚为5.17%。随着中国人口老龄化的不断加剧，中国经常账户顺差额可能下降，印度、印度尼西亚等更加“年轻”的国家可能会成为今后亚洲经常账户顺差的主要来源。再次，如果将经常账户理解为居民的跨期储蓄投资缺口，那么世界经济体应该避免同周期的老年化。最后，对于中国而言，如果生育政策可以在一定程度上提高居民的少儿抚养比，那么在生命周期理论前提下，未来中国少儿抚养比和老年抚养比的上升将降低国内储蓄率，从而对经常账户具有负向作用。但是由于人口年龄结构是一个缓慢变化的过程，对经常账户失衡的作用也将是缓慢的。

本国经济增长率和世界经济增长率的差值具有恶化一国经常账户的作用。但是，这种恶化作用在发达国家（地区）和新兴经济体之间存在差异。本国经济增长率相对值的提高显著恶化了发达国家的经常账户，但是对新兴经济体经常账户的作用并不显著。如果这种差异性结论成立的话，随着本国经济增长率的提高，发达国家更加容易发生经常账户赤字。遭受主权债务危机的欧元区成员国的历史经验证实了这一点。在危机爆发前，希腊、西班牙等国家有着较高的经济增长率。例如，2006年希腊、西班牙的经济增长率分别为5.65%和4.18%，同时这些国家伴随着突出的经常账户逆差。欧债危机和经济危机爆发以来，这些国家的经济增长率下降，经常账户逆差也开始减少。2014年，希腊、西班牙的经常账户由逆差转为顺差。这些现象告诉我们，对于发达国家来说，在经济上行时期，必须充分重视经济增长对经常账户的负向作用。另外如果在未来，当新兴经济体的人力资本、国别风险以及资本市场发展程度趋同于发达国家时，随着本国相对于世界经济增长率的提高，新兴经济体的经常账户也可能会发生恶化。对于中国而言，随着经济增速放缓，国内投资率下降，在可见的未来，经常账户顺差状况依然不会发生本质改变。需要说明的是，从内部视角出发，全球经常账户失衡是财政赤字、人口结构、经济增长共同作用的结果，治理全球经常账户失衡，需要各国或地区多从国内经济因素着手，避免“头痛医头，脚痛医脚”的片面治理方式，综合考虑国际经济政策的协调性，从而形成广泛为国际所接受的有效途径。

# 8 人口结构与全球经常账户失衡

## 8.1 引言

在以往的研究中，有关人口结构这个著名和重要的结构性因素却没有得到足够的重视。事实上，在开放经济条件下，一国经常账户余额是该国国内储蓄和投资的差额，而根据安兰·阿沃班克的代际账户理论，人口年龄结构和人口性别比是影响一国居民消费率，进而影响储蓄率的重要因素，所以人口年龄结构和人口性别比会对经常账户余额产生重要影响。此外，根据现有研究，城市人口比例的变化能够影响一国储蓄消费状况，在经常账户决定的储蓄投资框架下，可以对经常账户平衡产生作用。这样，人口结构便至少可以从年龄结构、性别比、城市人口比例等三个维度影响一国经常账户平衡。

图 8-1 显示了 1985—2020 年中国和美国人口抚养比和经常账户之间的关系。可以发现，美国的老年抚养比始终保持在 12.5% 以上，远高于中国的老年抚养比水平。中国的少儿抚养比从 1990 年的 28.9 大幅下降至 2014 年的 17%，美国的少儿抚养比则下降得相对缓慢。在大多数年份里，中国始终保持着巨额的经常账户顺差，美国则发生了持续性逆差。

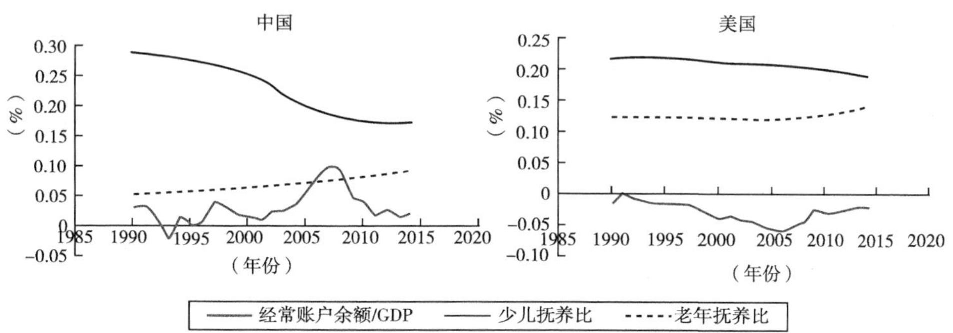


**图 8-1 1985—2020 年中国和美国人口抚养比与经常账户平衡**

数据来源：世界银行 WDI 数据库。

由于篇幅限制，仅列举了中国和美国的情况，事实上，大部分发达国家的人口老龄化程度都比中国严重。此外，为了清晰地展示人口年龄结构与经常账户的关系，这里省略了人口性别比和城市人口比例两项因素。但是后面的内容会对两者与经常账户的关系详细分析。

那么，人口结构究竟是怎样影响经常账户平衡的？少儿抚养比和老年抚养比对经常账户余额的作用相同吗？人口性别比和城市化人口比例可以解释经常账户平衡吗？这些人口结构因素对发达国家（地区）和新兴经济体经常账户会有不同的作用效果吗？还有哪些控制变量可以显著影响经常账户平衡？人口结构对全球经常账户的影响能够给我们带来哪些新的启示和思考？本部分试图以世界整体和分组的跨国面板数据回答这些问题。

## 8.2 文献综述

关于人口年龄结构、人口性别比与经常账户关系的文献已在第2章讲述，在此不再赘述。本章开创性地引入了城市人口比例因素，梳理城市人口比例对一国储蓄投资的影响，进而探讨其对经常账户平衡可能的作用机制。

关于城市人口比例与一国消费率的研究，不同的学者有着不同的结论。一些学者认为，城市化会提高农村居民的消费水平（孙虹乔等，2012；胡日东，2007；杨帆，2009），蔡昉（1999）指出，在城市化水平不高的情况下，城市化对提高社会有效需求具有积极的效果；另一些学者却得出了相反的结论，他们认为，城市化对提高居民消费率的贡献几乎为零（范剑平，1999；刘志飞，2004），王飞（2003）和刘艺荣（2007）通过研究我国的城镇化率和消费率的关系，得出城镇化率和消费率负相关的结论。如果将城市人口比例作为衡量城市化指标的话，根据上述研究，城市人口比例可以影响一国居民消费率，进而对一国的储蓄率和经常账户余额发生作用。

前述研究从人口年龄结构、人口性别比和城市化人口比例等方面研究了人口结构对一国经常账户失衡的影响。但是这些研究还存在着一些不完善之处：首先，这些研究侧重于人口结构对经常账户收支的影响，较少关注这种影响的国别差异。由于各国的收入水平和文化风俗的不同，人口结构可能对各国经常账户失衡发生不同的作用。重视人口结构对各国作用的现实差异，对政策制定者具有非常重要的意义。其次，现有的研究更多地关注年龄结构对经常账户失衡的作用，有所忽略人口性别比和城市化人口比例这两项因素。从人口年龄结构、性别比和城市化人口比例三个维度系统全面地分析人口结构对经常账户失衡作用的文章比较鲜见。本部分建立了一个人口年龄结构、性别比以及城市化人口比例对经常账户余额作用的模型，研究并比较这些因素对全球经常账户失衡的影响，并比较这种影响在发达国家（地区）和新兴经济体之间的差异。

## 8.3　实证模型、变量和数据

### 8.3.1　实证模型和变量

在现实经济中，大多数经济变量之间的关系是动态的，需要引入滞后项来解释这些关系。由于消费习惯、资源禀赋、技术进步等因素，一国的经常账户可能存在惯性，将经常账户结余 / *GDP* 的滞后项纳入模型，一方面可以很好地反映被解释变量的调整速度，另一方面在排除惯性后，也能够更加准确地估计解释变量和其他变量的作用。动态面板差分或者系统广义矩估计是此类模型的适用方法，但是Attanasio等（2000）指出，在较长时间的宏观面板数据分析中，应用OLS方法可以得到一个无偏的估计值，OLS方法要优于GMM方法。所以本部分首先以人口少儿（老年）抚养比、性别比、城市人口比例作为解释变量，参考现有经常账户决定理论和实证文献，确定其他可能影响一国经常账户的控制变量，设定模型（式8-1）。其次采用豪斯曼检验判断是采用固定效应还是随机效应。

$$CAB_{it}=\beta_0+\beta_1 YDR_{it}+\beta_2 ODR_{it}+\beta_3 MALE_{it}+\beta_4 URBAN_{it}+\beta_5 PERGDP_{it}+\beta_6 PERGDP_{it}\hat{}2+\beta_7 GOVERMENT_{it}+\beta_8 GROWTH_{it}+\beta_9 REER_{it}+u_i+v_{it} \quad (8\text{-}1)$$

被解释变量：经常账户余额 / *GDP*（$CAB_{it}$）。$CAB_{it}$代表第$i$个国家在第$t$期的经常账户结余 / *GDP*。

解释变量：人口结构变量，包括人口年龄结构、性别比、城市人口比例三项。人口年龄结构包括少儿抚养比（$YDR_{it}$）和老年抚养比（$ODR_{it}$）。其中，少儿抚养比是0～15岁人口占总人口的比例，老年抚养比是65岁以上人口占总人口的比例。性别比（$MALE_{it}$）代表一国男性人口占总人口的比例。城市人口比例（$URBAN_{it}$）代表一国城市人口占总人口的比例。

控制变量：①人均收入水平（$PERGDP_{it}$）和人均收入水平的平方项（$PERGDP_{it}$^2）。加入平方项是为了反映可能存在的非线性关系。这里的人均收入水平（$PERGDP_{it}$）采用对数形式的人均GDP来衡量。②财政结余占GDP的比例（$GOVERMENT_{it}$）。根据双赤字观点，提高预算赤字的财政政策也会提高经常账户赤字，因而财政结余占GDP的比例与经常账户结余正相关。③经济增长率（$GROWTH_{it}$）。根据经济增长率效应，一国经济增长越快，消费占GDP的比例越可能下降，储蓄率上升，对经常账户具有正向作用。④实际有效汇率（$REER_{it}$）。实际有效汇率可能通过影响国内外市场的价格水平影响一国经常账户余额。这里采用实际有效汇率的对数值进行计量检验。

### 8.3.2 数据说明及描述性统计

本部分采用1990—2014年80个国家（地区）的面板数据研究人口结构是怎样影响经常账户平衡的。通过剔除数据不可获得的国家，本部分确定的80个国家（地区），包括30个发达国家（地区）和50个新兴经济体①。本部分对发达国家（地区）和新兴经济体的划分标准是国际货币基金组织WEO世界经济展望的分类标准。数据主要来源于世界发展指标（WDI）数据库，个别年份的缺失数据由IMF的国际金融统计（IFS）数据库补充。各变量的描述性统计如表8-1。

① 这80个国家（地区）包括30个发达国家（地区）和50个新兴经济体。其中，30个发达国家（地区）包括：澳大利亚、奥地利、比利时、加拿大、塞浦路斯、捷克、丹麦、芬兰、法国、德国、希腊、冰岛、爱尔兰、以色列、意大利、日本、拉脱维亚、卢森堡、马耳他、荷兰、新西兰、挪威、葡萄牙、新加坡、斯洛伐克、西班牙、瑞典、瑞士、英国、美国。50个新兴经济体包括：阿尔及利亚、安提瓜和巴布达岛、亚美尼亚、巴哈马、巴林、伯利兹、玻利维亚、巴西、保加利亚、布隆迪、喀麦隆、中非共和国、智利、中国、哥伦比亚、刚果民主共和国、哥斯达黎加、象牙海岸、克罗地亚、多米尼加共和国、厄瓜多尔、赤道几内亚、斐济、加蓬、冈比亚、格鲁吉亚、加纳、匈牙利、伊朗、莱索托、北马其顿、马拉维、马来西亚、墨西哥、尼加拉瓜、尼日利亚、巴基斯坦、巴布亚新几内亚、巴拉圭、菲律宾、波兰、罗马尼亚、俄罗斯、沙特阿拉伯、所罗门群岛、南非、圣卢西亚、多哥、乌克兰、委内瑞拉。

表8–1　各变量的描述性统计

| 变量 | 样本数 | 平均值 | 中位数 | 最大值 | 最小值 | 标准差 |
|---|---|---|---|---|---|---|
| *CAB* | 1520 | −0.18571 | −0.018550 | 0.395830 | −1.129260 | 0.097652 |
| *YDR* | 1520 | 0.256779 | 0.231754 | 0.493487 | 0.129392 | 0.094278 |
| *ODR* | 1520 | 0.098989 | 0.088316 | 0.257054 | 0.020456 | 0.054467 |
| *MALE* | 1520 | 0.495827 | 0.494255 | 0.624402 | 0.456888 | 0.017525 |
| *URBAN* | 1520 | 0.640603 | 0.676935 | 1.000000 | 0.074120 | 0.216634 |
| *PERGDP* | 1520 | 9.398836 | 9.611478 | 11.49740 | 5.991115 | 1.113428 |
| *PERGDP^2* | 1520 | 89.57703 | 92.38051 | 132.1902 | 35.89436 | 19.88963 |
| *GOVER-MENT* | 1520 | −0.018192 | −0.022805 | 0.298020 | −0.321170 | 0.046725 |
| *GROWTH* | 1520 | 3.383742 | 3.400000 | 149.9730 | −37.01196 | 5.936529 |
| *REER* | 1520 | 4.577005 | 4.595235 | 6.718062 | 3.695655 | 0.186009 |

## 8.4　实证检验结果和分析

### 8.4.1　实证检验结果

根据不同的设定，本部分利用全球80个国家（地区）的面板数据，对8–1式进行了不同的回归。最终结果见表8–2。其中Reg.1只控制了解释变量人口年龄结构的少儿抚养比（*YDR*）和老年抚养比（*ODR*）。Reg.2在Reg.1的基础上，增加了性别比（*MALE*）。Reg.3在Reg.2的基础上，增加了城市人口比例（*URBAN*）。Reg.4在Reg.3的基础上加入了人均收入水平（*PERGDP*）和人均收入水平的平方项（*PERGDP^2*）。Reg.5在Reg.4的基础上加入了财政结余／*GDP*（*GOVERMENT*）。Reg.6在Reg.5的基础上加入了经济增长率（*GROWTH*）和实际有效汇率（*REER*）。

为了研究人口结构对不同组别国家的经常账户是否会产生不同的作用。本部分按照对整体样本回归的方法，对30个发达国家（地区）和50个新兴经济体分别回归，结果见表8–3和表8–4。

表8-2　人口结构和经常账户模型面板数据回归结果

| 变量 | Reg.1 | Reg.2 | Reg.3 | Reg.4 | Reg.5 | Reg.6 | Reg.7 | Reg.8 |
|---|---|---|---|---|---|---|---|---|
| *CAB* | 0.104*** | -0.688***<br>(0.010) | 0.550***<br>(0.010) | 0.876***<br>(0.020) | 0.672***<br>(0.018) | 0.832***<br>(0.020) | 0.911**<br>(0.020) | 0.909***<br>(0.021) |
| *YDR* | -0.341**<br>(0.006) | -0.212***<br>(0.006) | -0.074***<br>(0.006) | -0.172***<br>(0.007) | -0.191***<br>(0.006) | -0.131***<br>(0.006) | -0.121**<br>(0.006) | -0.129***<br>(0.006) |
| *ODR* | -0.355***<br>(0.011) | 0.071***<br>(0.012) | -0.068***<br>(0.011) | -0.501**<br>(0.012) | -0.359***<br>(0.012) | -0.326***<br>(0.011) | -0.305**<br>(0.011) | -0.341***<br>(0.011) |
| *MALE* | | 1.447***<br>(0.018) | 0.943*<br>(0.018) | 0.281***<br>(0.199) | 0.258***<br>(0.018) | 0.393*<br>(0.017) | 0.406***<br>(0.017) | 0.383***<br>(0.018) |
| *URBAN* | | | 0.140***<br>(0.002) | 0.121***<br>(0.002) | 0.105**<br>(0.002) | 0.094***<br>(0.001) | 0.097***<br>(0.001) | 0.096***<br>(0.001) |
| *PERGDP* | | | | 0.014***<br>(0.000) | 0.011<br>(0.000) | 0.010***<br>(0.000) | 0.011**<br>(0.000) | 0.012**<br>(0.001) |
| *PERGDP^2* | | | | -0.249***<br>(0.003) | -0.190*<br>(0.003) | -0.182***<br>(0.003) | -0.002*<br>(0.000) | -0.195***<br>(0.003) |
| *GOVERMENT* | | | | | 0.710***<br>(0.005) | 0.791**<br>(0.005) | 0.766***<br>(0.005) | 0.797***<br>(0.005) |
| *GROWTH* | | | | | | -0.003***<br>(0.000) | -0.002***<br>(0.000) | -0.003***<br>(0.000) |
| *REER* | | | | | | -0.060***<br>(0.001) | -0.061<br>(0.001) | -0.061*<br>(0.001) |
| 观测值 | 2000 | 2000 | 2000 | 2000 | 2000 | 2000 | 1950 | 2000 |
| 国家数 | 80 | 80 | 80 | 80 | 80 | 80 | 78 | 80 |
| *Adjusted-$R^2$* | 0.100 | 0.125 | 0.213 | 0.244 | 0.398 | 0.610 | 0.450 | 0.610 |
| *DW* | 0.536 | 0.642 | 0.736 | 0.253 | 1.930 | 1.235 | 1.296 | 1.235 |

注：*、**、***分别代表在1%、5%、10%的水平上显著。括号中为标准差。经豪斯曼检验，模型适用于随机效应。

**表8–3 发达国家（地区）人口结构和经常账户模型面板数据回归结果**

| 变量 | Reg.9 | Reg.10 | Reg.11 | Reg.12 | Reg.13 | Reg.14 | Reg.15 | Reg.16 |
|---|---|---|---|---|---|---|---|---|
| *CAB* | 0.072*** (0.008) | –0.807*** (0.035) | –0.363*** (0.034) | 2.032*** (0.160) | 1.338*** (0.147) | 0.600*** (0.149) | 0.332** (0.162) | 0.185*** (0.176) |
| *YDR* | –0.191*** (0.026) | –0.268*** (0.026) | –0.617* (0.025) | –0.222*** (0.023) | –0.203*** (0.021) | 0.116 (0.021) | –0.101** (0.021) | –0.107*** (0.022) |
| *ODR* | –0.224*** (0.026) | –0.088** (0.026) | –0.345*** (0.025) | –0.340*** (0.023) | –0.120*** (0.022) | –0.119*** (0.022) | –0.123*** (0.022) | –0.157*** (0.023) |
| *MALE* | | 1.776*** (0.069) | 0.713*** (0.069) | –1.286** (0.076) | –0.953*** (0.070) | –1.313*** (0.070) | –1.538*** (0.071) | –1.744* (0.073) |
| *URBAN* | | | 0.228*** (0.005) | 0.130*** (0.004) | 0.097** (0.004) | 0.104*** (0.004) | 0.110** (0.004) | 0.114** (0.004) |
| *PERGDP* | | | | 0.366*** (0.033) | –0.243*** (0.031) | –0.002*** (0.032) | 0.079 (0.034) | 0.135*** (0.037) |
| *PERGDP^2* | | | | 0.022*** (0.002) | 0.015*** (0.001) | 0.004** (0.001) | 0.000*** (0.001) | –0.001*** (0.001) |
| *GOVER-MENT* | | | | | 0.516*** (0.009) | 0.543*** (0.010) | 0.545** (0.009) | 0.524*** (0.009) |
| *GROWTH* | | | | | | –0.001*** (0.000) | –0.001* (0.000) | –0.002*** (0.000) |
| *REER* | | | | | | –0.083*** (0.004) | –0.110** (0.003) | –0.127* (0.004) |
| 观测值 | 750 | 750 | 750 | 750 | 750 | 750 | 700 | 750 |
| 国家数 | 30 | 30 | 30 | 30 | 30 | 30 | 28 | 30 |
| *Adjusted–$R^2$* | 0.010 | 0.189 | 0.230 | 0.370 | 0.522 | 0.522 | 0.472 | 0.610 |
| *DW* | 0.618 | 0.715 | 0890 | 0.821 | 1.000 | 1.210 | 1.010 | 1.177 |

注：*、**、***分别代表在1%、5%、10%的水平上显著。括号中为标准差。经豪斯曼检验，模型适用于随机效应。

表8-4 新兴经济体人口结构和经常账户模型面板数据回归结果

| 变量 | Reg.17 | Reg.18 | Reg.19 | Reg.20 | Reg.21 | Reg.22 | Reg.23 | Reg.24 |
|---|---|---|---|---|---|---|---|---|
| *CAB* | 0.171***<br>（0.004） | -0.463***<br>（0.018） | -0.412***<br>（0.018） | 0.864***<br>（0.038） | 0.002***<br>（0.000） | 0.000***<br>（0.000） | 0.001**<br>（0.010） | 0.026***<br>（0.030） |
| *YDR* | 0.451***<br>（0.010） | -0.282***<br>（0.011） | -0.136**<br>（0.011） | -0.195***<br>（0.012） | -0.014***<br>（0.082） | -0.012***<br>（0.092） | -0.009***<br>（0.003） | -0.071**<br>（0.002） |
| *ODR* | 0.974***<br>（0.218） | -0.365***<br>（0.027） | -0.364***<br>（0.026） | -0.522***<br>（0.027） | -0.002***<br>（0.000） | -0.001***<br>（0.000） | -0.000**<br>（0.001） | -0.026***<br>（0.001） |
| *MALE* | | 1.087***<br>（0.031） | 0.754***<br>（0.030） | 0.311**<br>（0.033） | -0.000***<br>（0.004） | -0.001***<br>（0.134） | -0.083*<br>（0.007） | -0.393***<br>（0.017） |
| *URBAN* | | | 0.127***<br>（0.002） | 0.133***<br>（0.002） | 0.002*<br>（0.000） | 0.001**<br>（0.002） | 0.024<br>（0.001） | 0.014**<br>（0.002） |
| *PERGDP* | | | | -0.248***<br>（0.006） | -0.004***<br>（0.000） | -0.001***<br>（0.001） | -0.011***<br>（0.000） | -0.010<br>（0.000） |
| *PERGDP^2* | | | | 0.014***<br>（0.000） | 0.000***<br>（0.002） | 0.000*<br>（0.002） | 0.012***<br>（0.001） | 0.009*<br>（0.002） |
| *GOVERMENT* | | | | | 0.820***<br>（0.023） | 0.860***<br>（0.024） | 0.081***<br>（0.005） | 0.101*<br>（0.005） |
| *GROWTH* | | | | | | 0.000***<br>（0.000） | -0.003***<br>（0.000） | -0.005*<br>（0.001） |
| *REER* | | | | | | -0.004***<br>（0.068） | -0.030*<br>（0.005） | -0.020**<br>（0.001） |
| 观测数 | 1250 | 1250 | 1250 | 1250 | 1250 | 1250 | 1200 | 1250 |
| 国家数 | 50 | 50 | 50 | 50 | 50 | 50 | 48 | 80 |
| *Adjusted-$R^2$* | 0.183 | 0.197 | 0.217 | 0.244 | 0.558. | 0.852 | 0.610 | 0.610 |
| *DW* | 0.555 | 0.570 | 0.594 | 1.211 | 1.150 | 1.235 | 1.235 | 1.235 |

注：*、**、***分别代表在1%、5%、10%的水平上显著。括号中为标准差。经豪斯曼检验，模型适用于随机效应。

## 8.4.2 稳健性检验分析

为验证上述面板数据回归结果的稳健性，本部分分别对全球样本、发达国家（地区）和新兴经济体的回归进行稳健性检验。检验分为两个方面：首先，剔除经常账户余额最大值和最小值10%的样本，重新回归；其次，采用5年平均值回归方法，重复回归模型。对全球样本回归结果的稳健性检验结果是Reg.7 ~ Reg.8，对发达国家（地区）回归结果的稳健性检验结果是Reg.15 ~ Reg.16，对新兴经济体回归结果的稳健性检验结果是Reg.23 ~ Reg.24。结果显示，除个别控制变量的显著性水平有所下降，有关人口结构解释变量的符号和显著性依然没有发生改变。

### 8.4.3 实证检验结果分析

根据实证检验和稳健性检验结果，我们可以得到以下结论。

其一，少儿抚养比对全球经常账户具有显著的负向作用。这一结论支持生命周期理论对经常账户的解释：少儿人口的消费往往多于储蓄，随着少儿抚养比的提高，促使家庭增加抚养下一代的消费支出，储蓄减少，从而具有恶化一国经常账户余额的效应。但是分组回归显示，这种效应在发达国家（地区）和新兴经济体之间存在着明显的区别：少儿抚养比对新兴经济体经常账户的作用显著为负，而对发达国家（地区）经常账户的作用为正，但是并不显著。联系发达国家（地区）和新兴经济体少儿抚养比变化数据，可以发现：在考察期间，主要新兴经济体少儿抚养比下降的幅度远远大于主要发达国家少儿抚养比下降的幅度（见表8-5）。因此，新兴经济体少儿抚养比的大幅下降改善了其经常账户余额，是引起新兴经济体近年来经常账户顺差的重要原因。

**表8–5 主要发达国家和新兴经济体少儿抚养比变化**

| 国家 | 中国 | 俄罗斯 | 巴西 | 美国 | 英国 | 澳大利亚 |
|---|---|---|---|---|---|---|
| 1990年 | 28.8% | 23.0% | 35.4% | 21.5% | 18.9% | 22.0% |
| 2014年 | 17.1% | 16.3% | 23.5% | 19.1% | 17.7% | 19.0% |
| 平均值变化 | | 发达国家：–2.7% | | 新兴经济体：–7% | | |

注：这里首先列举了6个国家少儿抚养比的变化数据；其次列举了平均值变化。平均值变化是30个发达国家（地区）与50个新兴经济体少儿抚养比2014年平均值与1990年平均值之差。

其二，老年抚养比对全球经常账户具有显著的负向作用，并且这种作用在发达国家（地区）和新兴经济体的分组检验中依然成立。可见，老年抚养比的提高对发达国家（地区）和新兴经济体经常账户余额都具有恶化作用，同样支持生命周期理论对经常账户传导机制的解释。但是，对于新兴经济体而言，这种负向作用可以被少儿抚养比大幅下降对经常账户的正向影响抵消。这在客观上解释了生命周期之谜，即抚养比和经常账户之间呈正相关现象。而对于发达国家（地区）而言，较小幅度波动的少儿抚养比无法抵消这种负向作用。因此，老年抚养比的大幅提高是解释主要发达经济体经常账户逆差的重要因素。

其三，性别比对一国经常账户具有正向作用，在区分了发达国家（地区）和新兴经济体后，负向作用发生改变。这一研究结果和李兵、任远（2015）的研究结果相同。所以有关竞争性储蓄理论对经常账户的解释，即男性人口比例的上升会增加一国储蓄率，对经常账户具有正向作用的理论可能只在中国或者一些新兴经济体存在（魏尚进、张晓波，2011）。由于文化习惯、居民传统等各方面的差异，男性人口比例的上升可能并不会显著增加一些家庭的储蓄率，从而也不会对经常账户具有显著的正向作用。

其四，城市人口比例对全球经常账户具有显著的正向作用，并且在分组检验中，这种正向作用依然显著。这可能是由于，一方面一国城市人口比例的上升提高了居民人均收入，在假定消费状况不变的前提下，居民储蓄率也有所上升。但是，比较发达国家（地区）和新兴经济体的估计结果可以发现，城市人口比例的上升对发达国家（地区）的正向作用更加显著。这可能是由于新兴经济体城市医疗、养老等社会保障体系比农村完善，较为完善的社会保障制度减少了居民的预防性储蓄，刺激了居民消费，从而抵消了储蓄率上升的部分效果。因此，总体上城市人口比例的提高对经常账户具有正向作用。

其五，上述回归对其他控制变量的解释也是合意的。首先，对于发达国家（地区）和新兴经济体，人均收入水平的平方项（*PERGDP*）符号显著为正，支持国际收支阶段论。但是对于全球样本来说，人均GDP和经常账户之间的关系呈倒U形。这一结论说明国际收支阶段论对于全球样本的解释具有局限性，并且当一国经济发展到一定阶段时，社会保障体系相对完善，居民能够在收入增加时扩大消费支出，从而居民储蓄率下降，经常账户余额恶化。财政结余／*GDP*对一国经常账户具有显著的正向作用。这与双赤字理论相吻合，说明在考察期间，财政结余占比的提高促进了经常账户收支平衡。经济增长率对一国经常账户的作用显著为负，但是这种作用在发达国家（地区）和新兴经济体国家之间有所差异。经济增长率对发达国家（地区）经常账户的作用显著为负，对新兴经济体经常账户的作用显著为正。这可能是由于对于新兴经济体而言，经济增长率的上升说明一国生产能力的提高，从而能够改善一国国际收支。而对于发达国家（地区）而言，经济增长率的提高增加了一国的国民收入和进口需求，恶化一国贸易收支（Edwards，2007；谢建国，2015）。与多数文献结论一样，本部分发现汇率贬值具有改善一国经常账户的作用，汇率升值具有恶化一国经常账户的作用，并且这种作用在发达国家（地区）和新兴经济体之间无差异。

## 8.5　本章小结

在全球经常账户失衡的背景下，本章研究人口结构究竟是怎样影响经常账户平衡的。本章利用世界80个国家（地区）的面板数据，运用面板OLS估计方法进行了实证研究，并调整样本、5年平均值等方法进行了稳健性检验。本章发现，人口年龄结构对全球经常账户失衡具有显著的解释作用，其中，少儿抚养比和老年抚养比的提高具有恶化一国经常账户余额的作用。但是少儿抚养比对新兴经济体经常账户余额的负向作用更加显著，对发达国家（地区）经常账户余额的作用并不显著。老年抚养比对发达国家（地区）和新兴经济体经常账户余额的作用都显著为负。本部分认为，新兴经济体少儿抚养比的大幅下降显著地改善了经常账户余额，从而可以抵消老年抚养比上升对经常账户的恶化作用，因此，新兴经济体人口年龄结构的变化改善了经常账户逆差或加剧了经常账户顺差。发达国家（地区）老年抚养比的大幅提高显著地恶化了经常账户余额，并且由于发达国家（地区）少儿抚养比的缓慢下降无法抵消这种恶化作用，所以，人口年龄结构的变化对发达国家（地区）经常账户具有恶化作用。此外，本章还关注了人口性别比、城市人口比例对经常账户的作用。研究发现，人口性别比对经常账户的作用显著为正，但区分发达国家（地区）和新兴经济体样本后，人口性别比的作用显著为负。而城市人口比例的上升可以显著改善经常账户，这是许多新兴经济体城市化进程加快与经常账户顺差并存的一个体现。上述发现对于解释全球经常账户失衡现象是一个新的思路。

如果上述结论成立，那么可以对一些现象和政策做出新的解释和思考。首先，近年来，全球经常账户失衡大致呈现主要发达国家（地区）经常账户赤字和主要新兴经济体经常账户盈余的两极格局，从人口结构角度可以挖掘这种两极格局背后的更深层次原因。人口老龄化是主要发达国家（地区）经常账户失衡的重要原因，少儿抚养比的大幅下降是解释主要新兴经济体经常账户失衡的重要原因。如果这种年龄结构变化的趋势没有根本性改变的话，这种两极格局短期内不会发生显著的改变。其次，对于持续性失衡国家而言，既要关注影响国际收支的汇率、贸易条件等因素，也要关注人口结构对经常账户发挥的长期作用，重视人口结构对经常账户的作用机制，新兴经济体可以适当地放宽生育政策，提高少儿抚养比以增加居民对抚养孩子的消费支出，从而提高居民消费率，对经常账户产生负向作用；发达经济体可以适当地削减一些居民养老、医疗等财政支出，促使居民在劳动年龄增加储蓄以应对未来年老时可能面对的养老、疾病风险，从而增加居民储蓄率，改善经常账户余额。并且，在关注人口年龄结构的同时，不能忽视人口性别比和城市化进程对一国经常账户的作用。

在可见的未来，如果人口年龄结构的变化趋势没有改变的话，随着主要发达经济体人口老龄化进程的加快和新兴经济体少儿抚养比的继续下降，全球经常账户失衡格局在短期内不会发生根本性改变。重视国内人口结构因素，厘清各国之间的现实差异，是缓解全球经常账户失衡的有效出路。

# 9 人均收入与全球经常账户失衡

## 9.1 引言

经常账户的构成包括贸易、服务、初次收入和二次收入项。经常账户失衡主要源于贸易失衡。本部分聚焦贸易失衡，研究人均收入与贸易失衡的关系。在不考虑服务、初次收入和二次收入项目时，一国贸易余额恒等于该国国内储蓄和投资的差额。多篇国内外学术文献提到了“人均收入与经常项目平衡”，但是大多数是以国际收支阶段论为前提，将人均收入作为一个控制变量纳入考察。从国内储蓄角度，全面、系统地分析和论证人均收入与贸易平衡关系的文章鲜见。

图9-1显示了2012年世界138个国家（地区）的人均GNI（国民总收入，基于购买力平价测算）与贸易账户平衡散点图。可以发现，在收入比较接近的区间范围内，贸易账户平衡数据可能为正，也可能为负。但是总体上，人均收入与贸易账户平衡之间的关系近似于一条开口向下的抛物线[①]。这不仅与传统的国际收支阶段论所坚持的人均收入和经常项目平衡之间呈U形的观点不一致，也不同于“居民收入增加—扩大消费—贸易余额减少”的较流行观点。那么，人均收入究竟是怎样影响一国贸易收支平衡的？倒U形曲线仅仅在特殊年份成立吗？倒U形曲线背后是否隐含着一定的经济意义？还有哪些控制变量可以显著影响贸易收支平衡？倒U形曲线对中国和世界经济发展带来哪些新的思考？这里试图以世界的跨国面板数据来回答这些问题。

① 利用Stata/SE11软件添加趋势线得出。

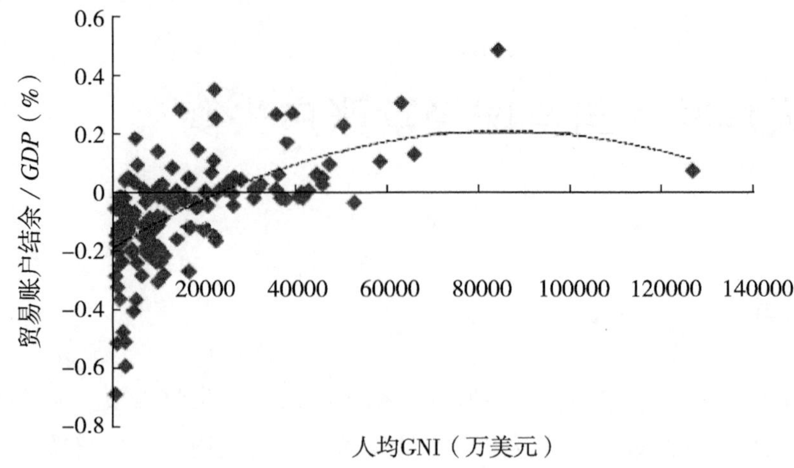


**图9-1 2012年138个国家（地区）的人均GNI与贸易账户平衡**

资料来源：世界银行WDI数据库。

## 9.2 文献综述——人均收入和贸易失衡

现有关于人均收入和贸易平衡的研究主要集中在国际收支阶段论中，恰恰有所忽略人均收入—国内储蓄—贸易平衡路径。本部分首先综述国际收支阶段论，其次综述人均收入和国内储蓄，即居民储蓄、企业储蓄、政府储蓄之间的关系。通过综述，本部分认为国际收支阶段论并不坚实，人均收入（横轴）和贸易平衡（纵轴）之间可能存在倒U形关系。

（1）国际收支阶段论

贸易平衡或失衡是国际经济学研究中的一个重要内容，相关研究也层出不穷。从人均收入角度分析贸易余额，是一个重要的思路。这一思路最初体现在国际收支阶段论，又称“债务周期假说”中。

国际收支阶段论的前提是利用国际投资净头寸的正负性对一国国际收支阶段进行划分。因为当一国的消费超过其收入时，就产生了国际债务，该国必须接受卖方的信贷或者借款来弥补收入的不足，所以当一国发生贸易赤字时，对外负债大于国外资产，国际投资净头寸为负，是债务国（debtor）；当一国发生贸易盈余时，国外资产超过对外负债，国际投资净头寸为正，是债权国（creditor）。国际收支阶段论认为一国在经济发展进程中，国际收支会经过如下几个阶段：不成熟的债务国阶段；成熟的债务国阶段；债务减少国阶段；不成熟的债权国阶段；成熟的债权国阶段。该理论的代表者有Crowther（1958）、Kindleberger（1963）、萨缪尔森（1952）、Razgallah（2004）、Eaton（1989）等。因为人均收入可以较好地反映一国的贫富状况，代表一国的经济发展阶段，所以在后来的研究中，学者们常常以国际收支阶段论为前提，将人均收入与一国国际收支问题紧密联系。Chinn和Prasad（2003）认为如果国际收支阶段论成立，一国相对人均收入和经常项目平衡之间存在U形关系，因为一国在经济起飞时需要举借外债，在经济趋于成熟时开始偿付外债。Roldos（1996）认为一国从低收入水平向中等收入水平迈进时，需要进口资本以满足本国发展需要，所以发生经常项目逆差。Halevi（1971）则从新古典资本流动理论出发，认为资本并不必然从富国流向穷国。诸多国内外经济学者对国际收支阶段论进行了深入研究，并讨论了国际收支阶段论对中国的适用性（王栋贵，2012）。

（2）人均收入和国内储蓄

人均收入与居民储蓄之间的关系最早可以追溯到凯恩斯绝对收入假说。凯恩斯认为消费是当期收入的稳定函数，边际消费倾向是递减的，从而储蓄也是当期收入的稳定函数，且边际储蓄倾向介于0和1之间。弗里德曼的持久收入假说认为消费是持久收入的函数，所以储蓄也是持久收入的函数，并且与持久收入正相关。绝对收入假说和持久收入假说的共同特点是认为储蓄是收入的一条向上倾斜的直线，高收入国家必然对应着高储蓄。所以据此推测，在其他条件不变的情况下，高收入国家不大可能会出现经常项目逆差。这一特征显然与各国现实不相符，例如美国是典型的高收入国家，同时也是最大的贸易赤字国家之一。

2015年诺贝尔奖获得者Deaton（1991）研究发现，当消费者遵循最优消费原则时，储蓄是逆周期的。在经济下行、收入下降时，为了平滑消费，消费者开始累积资产，储蓄率上升；当经济上行、收入上升时，消费者没有动力进行储蓄，储蓄率下降。Deaton指出，消费者是否为平衡消费进行储蓄与收入的不确定性、消费者谨慎态度等因素有关。收入的不确定性越强，消费者越谨慎，预防性储蓄的动机越强。Deaton的研究让我们意识到储蓄和收入之间的关系并非总是正相关的，在一些条件下，也可能负相关。所以，随着收入的增加，储蓄减少，贸易余额可能下降。

还有一些研究探讨社会保障和居民储蓄之间的关系。Feldstein（1974）指出，社会保障对居民储蓄有替代效应和退休效应。替代效应指社会保障降低了人们对养老风险的担忧，从而使当期消费增加，储蓄下降；退休效应指社会保障可能会促使人们提前退休，为了使退休后的消费水平不下降，居民会提前减少消费，增加储蓄。Feldstein（1974）对美国数据进行实证检验，发现替代效应大于养老效应，即社会保障对美国居民的储蓄有负向作用。之后，大部分研究都支持社会保障的引入会降低一国居民储蓄率（Alicia，1976；Barra，1978；Munnell，1976；等等）。按照这种思路，由于多数情况下，低收入国家没有足够的财政收入建立完善的社会保障体系，高收入国家的社会保障体系相对完善，所以当一国的经济发展水平向高收入阶段迈进时，社会保障体系越完善，居民储蓄率越可能下降，从而导致贸易顺差缩小或逆差扩大，为人均收入和贸易平衡的倒U形曲线后半部分提供了理论支持。

经验研究方面，Ostry和Reinhart（1995）的跨国数据研究则表明在一定阶段内，随着人均收入的增加，储蓄率不断增加；当人均收入增加到一定程度后，储蓄率可能不升反降。董丽霞和赵文哲（2013）从一国在不同发展阶段的人口转变效应出发，发现在低收入阶段，少年抚养比上升和老年抚养比的下降导致储蓄率提高；之后随着收入的增加，少年抚养比的下降和老年抚养比的上升导致储蓄率提高；在高收入阶段，少年抚养比的下降和老年抚养比的上升导致储蓄率下降。这些研究意味着人均收入（横轴）和储蓄率（纵轴）之间的关系呈倒U形，因此在其他条件不变的情况下，人均收入（横轴）和贸易平衡（纵轴）的关系也可能呈倒U形。

关于人均收入和企业储蓄，樊纲和吕焱（2013）认为，发展中国家的劳动力资源丰富，资本短缺，发达国家则相反。所以在二元经济结构下，剩余劳动力的存在导致发展中国家的劳动力工资上升缓慢，随着资本的扩张，企业利润迅速积累，企业储蓄增加。李扬等（2009）指出，剩余劳动力的工业化、城市化、市场化促使经济增长率大幅提高，从而引起中国企业储蓄率的上升。这些研究说明，企业储蓄与国家的经济发展水平密切相关，随着收入的增加，低收入国家的企业储蓄率可能比高收入国家的上升迅速。在人均收入和政府储蓄方面的研究比较少，何婷婷（2014）研究发现，中国人均GDP较低的地区，储蓄率增长较快的原因在于政府部门更偏好于经济建设职能而非公共服务职能，所以低收入地区的公共部门储蓄率较高。

（3）其他相关文献

除了上述文献，还一些研究与人均收入视角有一定联系。它们是经济增长效应、豪斯克－麦奇收入不对称效应、哈伯格－劳尔森－梅茨勒效应以及不确定性等。Fry和Mason（1982）指出一国在经济增长率较高的情况下，消费占总产出的比例下降，储蓄率提高。所以，随着经济增长率的提高，经常项目顺差扩大或逆差缩小。Houthakker和Magee（1969）从进出口弹性视角出发，提出豪斯克－麦奇收入不对称效应，即H–M效应，指在美国和其他国家GDP经济增长率相同的情况下，美国的进口增加额超过出口增加额。Harburger（1950）、Laursen和Metzler（1950）的研究表明，贸易条件的恶化减少了实际收入，实际收入的下降会降低任何给定收入水平下的储蓄，进一步恶化经常项目状况，简称为哈伯格－劳尔森－梅茨勒效应（H–L–M效应）。Alberto Ramos、Stephanie Schmitt-Grohé、Martin Uribe合作编写的国际经济学教材中，通过构造产出不确定条件下经常项目决定的理论模型，证明产出不确定性会减少本国居民当期消费，增加当期储蓄，改善当期经常项目余额。这些研究都反映了一国收入与经常项目之间的联系，从而也在一定程度上体现出人均收入对经常项目平衡的作用。

上述研究为我们深入理解人均收入—国内储蓄—贸易平衡提供了必要的思路、背景和一些可能性，但是关于人均收入究竟是如何影响贸易平衡的，还需要做进一步的实证计量研究。

## 9.3　实证模型、变量和数据

### 9.3.1　实证模型和变量

在现实经济中，大多数经济变量之间的关系是动态的，需要引入滞后项来解释这些关系。动态面板模型在解释变量中加入被解释变量的滞后项，以反映动态滞后效应。由于消费习惯、资源禀赋、技术进步等因素，一国的贸易账户可能存在惯性。利用动态面板，将贸易结余的滞后项纳入模型，一方面可以很好地反映被解释变量的调整速度，另一方面在排除惯性后，也能够更加准确地估计解释变量和其他变量的作用。本部分参考现有文献（Loayza，2000；李文星，2008；朱超等，2012），采用动态面板数据模型，利用Arellano和Bond（1991）的差分广义矩估计（DIF-GMM）方法对模型进行估计。本部分以人均收入和人均收入的平方项作为解释变量，参考现有贸易余额决定理论和实证文献（Chinn和Prasad，2003，等等），确定其他可能影响一国贸易收支的控制变量，模型设定为

$$TB_{it}=\beta_0 TB_{it-1}+\beta_1 PGNI_{it}+\beta_2 PGNI_{it}\hat{}2+\beta_3 PLAND_{it}+\beta_4 DEPENDENT_{it}+\beta_5 BUDGET_{it}+\beta_6 GROWTH_{it}+\beta_7 REER_{it}+u_i+v_{it} \tag{9-1}$$

被解释变量：贸易账户平衡（$TB_{it}$）。$TB_{it}$代表第$i$个国家在第$t$期的贸易账户结余（包括货物和服务）/ $GDP$。

解释变量：人均收入（$PGNI_{it}$）和人均收入的平方项（$PGNI_{it}\hat{}2$）。加入平方项是为了反映可能存在的非线性关系。$PGNI_{it}$代表第$i$个国家在第$t$期的人均收入水平。这里的人均收入（$PGNI_{it}$）采用对数形式的人均国民总收入（按照购买力平价$PPP$衡量，现价国际元）来衡量。与以往的研究不同，本部分采用人均国民总收入（GNI）而不是人均国内总收入（GDP）的原因之一在于，分析居民储蓄行为时，人均GNI比人均GDP指标更加贴切；原因之二在于，世界银行是以人均GNI为标准划分世界各国经济发展水平的，以人均GNI为解释变量更加有利于准确地进行分组检验。

控制变量：①人均国土面积相对值（$PLAND_{it}$）：人均国土面积相对值是本国人均国土面积$\left[\frac{\text{本国国土面积（包括陆地和海洋）}}{\text{本国总人口}}\right]_{it}$与世界人均国土面积$\left[\frac{\text{世界国土面积（包括陆地和海洋）}}{\text{世界总人口}}\right]_{it}$的比值。根据赫克歇尔－俄林的资源禀赋理论，国家会倾向于出口本国相对丰盈生产要素的商品。②人口抚养比（$DEPENDENT_{it}$）：0～14岁及65岁以上的人口之和占总人口的比重。③财政结余 / $GDP$（$BUDGET_{it}$）。④经济增长率（$GROWTH_{it}$）。⑤实际有效汇率（$REER_{it}$）：实际有效汇率可能通过影响国内外市场的价格水平影响一国贸易

余额。此外，加入贸易平衡的滞后项 $TB_{it-1}$，反映贸易账户结余 / $GDP$ 可能存在的惯性。

### 9.3.2 数据说明及描述性统计

本部分采用2005—2013年的138个国家（地区）[①]的面板数据研究人均收入是怎样影响贸易收支平衡的。通过剔除数据不可获得的国家，本部分确定的138个国家（地区），包括51个低收入和中低收入国家（地区），87个中高收入和高收入国家（地区）。本部分对低收入、中低收入、中高收入、高收入国家的划分标准是世界银行2013年公布的人均GNI（Atlas Methodology）分类标准。数据主要来源于世界银行WDI数据库，个别年份的缺失数据由IMF的国际金融统计数据库补充。各变量的描述性统计如表9-1所示。

---

① 20个低收入国家（地区）包括：布隆迪、贝宁、孟加拉国、几内亚、海地、柬埔寨、利比里亚、马达加斯加、马里、莫桑比克、马拉维、尼日尔、尼泊尔、卢旺达、塞拉利昂、多哥、塔吉克斯坦、坦桑尼亚、乌干达、刚果共和国。31个中低收入国家（地区）包括：亚美尼亚、玻利维亚、科特迪瓦、喀麦隆、埃及、加纳、危地马拉、圭亚那、洪都拉斯、印度尼西亚、印度、肯尼亚、吉尔吉斯斯坦、老挝、斯里兰卡、莱索托、摩洛哥、摩尔多瓦、尼日利亚、尼加拉瓜、巴基斯坦、菲律宾、苏丹、所罗门群岛、萨尔瓦多、乌克兰、越南、瓦努阿图、萨摩亚、也门、赞比亚。40个中高收入国家（地区）包括：阿尔巴尼亚、阿塞拜疆、保加利亚、波黑、白俄罗斯、伯利兹、巴西、博茨瓦纳、中国、哥伦比亚、哥斯达黎加、多米尼克、阿尔及利亚、厄瓜多尔、斐济、格鲁吉亚、格林纳达、牙买加、约旦、哈萨克斯坦、黎巴嫩、利比亚、圣卢西亚、马尔代夫、墨西哥、北马其顿、蒙古国、毛里求斯、马来西亚、纳米比亚、巴拿马、秘鲁、巴拉圭、罗马尼亚、泰国、汤加、突尼斯、土耳其、圣文森特（岛）、南非。47个高收入国家（地区）包括：安提瓜和巴布达、澳大利亚、奥地利、比利时、巴林、巴哈马、加拿大、瑞士、智利、塞浦路斯、捷克、德国、丹麦、西班牙、爱沙尼亚、芬兰、法国、英国、希腊、克罗地亚、匈牙利、爱尔兰、冰岛、以色列、意大利、日本、韩国、科威特、立陶宛、卢森堡、拉脱维亚、马耳他、荷兰、挪威、新西兰、阿曼、波兰、葡萄牙、俄罗斯、沙特、新加坡、斯洛伐克、斯洛文尼亚、瑞典、塞舌尔、乌拉圭、美国。

表9-1 各变量的描述性统计

| 变量 | 样本数 | 平均值 | 中位数 | 最大值 | 最小值 | 标准差 |
|---|---|---|---|---|---|---|
| *TB* | 1242 | -0.065100 | -0.042828 | 0.484522 | -1.749918 | 0.187633 |
| *PGNI* | 1242 | 9.113453 | 9.225721 | 11.78097 | 5.940171 | 1.203742 |
| *PGNI^2* | 1242 | 84.50285 | 85.11393 | 138.7912 | 35.38563 | 21.44333 |
| *PLAND* | 1242 | 2.120310 | 0.649128 | 30.07204 | 0.007094 | 4.304662 |
| *DEPENDENT* | 1242 | 0.588300 | 0.522131 | 1.123096 | 0.277955 | 0.172997 |
| *BUDGET* | 1242 | -1.530957 | -2.358500 | 43.30300 | -32.17800 | 6.123360 |
| *GROWTH* | 1242 | -3.867007 | 3.947333 | 104.4868 | -62.07592 | 5.495390 |
| *REER* | 738 | 100.5354 | 100.0000 | 827.2536 | 66.79778 | 28.09612 |

## 9.4 实证检验结果与分析

### 9.4.1 实证检验结果

根据不同的设定，本部分对式9-1进行了不同的回归。最终结果见表9-2。其中，Reg.1只控制了解释变量之一人均收入（*PGNI*）。Reg.2在Reg.1的基础上，增加了人均收入的平方项（*PGNI^2*）。Reg.3在Reg.2的基础上，增加了人均国土面积相对值（*PLAND*）、人口抚养比（*DEPENDENT*）、财政结余 / *GDP*（*BUDGET*）以及经济增长率（*GROWTH*）等控制变量。Reg.4在Reg.3的基础上，增加了控制变量实际有效汇率（*REER*），基于实际有效汇率的数据可得性，样本也从138个国家（地区）缩小到82个国家（地区）。

为了研究人均收入对不同组别的国家是否会产生不同的作用，本部分首先对51个低收入和中低收入国家（地区）、87个中高收入和高收入国家（地区）分别进行回归，按照式9-1重复回归，形成Reg.5、Reg.6；其次在增加实际有效汇率后，基于数据的可得性，对23个低收入和中低收入国家（地区）、59个高收入和中高收入国家（地区）分别进行回归，形成Reg.7、Reg.8。回归结果见表9-2。

**表9-2 人均收入和贸易收支平衡回归结果**

| 变量 | Reg.1 | Reg.2 | Reg.3 | Reg.4 | Reg.5 | Reg.6 | Reg.7 | Reg.8 |
|---|---|---|---|---|---|---|---|---|
| *TB* | 0.345*** (0.026) | 0.288*** (0.030) | 0.111** (0.046) | 0.492*** (0.082) | 0.467*** (0.037) | 0.097 (0.088) | 0.005 (0.129) | 0.158** (0.068) |
| *PGNI* | 0.289*** (0.044) | 1.110*** (0.418) | 1.125* (0.656) | 1.571** (0.724) | 3.123*** (0.856) | 2.136*** (0.467) | 1.640 (1.811) | 2.245* (1.421) |
| *PGNI^2* | | −0.051*** (0.025) | −0.061** (0.039) | −0.088** (0.038) | −0.191*** (0.055) | −0.107*** (0.027) | −0.096* (0.092) | −0.110* (0.071) |
| *PLAND* | | | −0.178* (0.107) | 0.049 (0.133) | −0.398* (0.252) | 0.694*** (0.257) | −0.238* (0.162) | 0.317* (0.101) |
| *DEPENDENT* | | | −0.729 (1.156) | −0.114 (0.026) | 1.106*** (0.409) | 2.636*** (0.781) | 6.681*** (2.362) | −1.659* (0.773) |
| *BUDGET* | | | 0.014*** (0.002) | 0.007*** (0.001) | −0.001 (0.000) | 0.000 (0.001) | 0.014*** (0.003) | 0.006*** (0.001) |
| *GROWTH* | | | −0.004** (0.001) | −0.009*** (0.001) | 0.000 (0.001) | −0.002*** (0.000) | −0.002* (0.001) | −0.005*** (0.000) |
| *REER* | | | | 0.000 (0.000) | | −0.000 (0.000) | | −0.003** (0.001) |
| *Oberservations* | 966 | 966 | 966 | 573 | 357 | 161 | 623 | 413 |
| *AR*（1）检验 | 0.033 | 0.027 | 0.000 | 0.000 | 0.000 | 0.000 | 0.000 | 0.000 |
| *AR*（2）检验 | 0.499 | 0.413 | 0.201 | 0.189 | 0.197 | 0.285 | 0.244 | 0.310 |
| *Sargan* | 0.192 | 0.151 | 0.305 | 0.560 | 0.759 | 0.837 | 0.563 | 0.629 |

注：*、**、***分别代表在1%、5%、10%的水平上显著。括号中为标准误。*Sargan*为*J*统计量的*P*值。*P*值大于0.05，代表接受模型过度约束正确。*AR*（1）检验差分方程是否存在一阶序列相关，*AR*（2）检验差分方程是否存在二阶序列相关，表中*AR*（1）、*AR*（2）是统计量的*P*值。

### 9.4.2 实证检验结果分析

首先考察整体检验情况下，Reg.1 ~ Reg.4的计量结果。其次考察分组检验情况下，Reg.5 ~ Reg.8的计量结果。可以发现，Reg.2 ~ Reg.4中，人均国民收入的平方项（*PGNI^2*）的符号显著为负。这说明对于整体样本而言，人均国民收入（横轴）与贸易收支平衡（纵轴）的关系是倒U形。即随着人均收入的增加，贸易账户结余 / *GDP*不断扩大，但当人均收入增加到一定程度时，贸易账户结余/*GDP*不升反降。这既不符合国际收支阶段论的U形曲线，也不同于人们认为的“收入增加—扩大消费—贸易余额缩小”的较流行观点。但是，从收入、储蓄、贸易收支平衡角度出发，可以很好地理解倒U形曲线的经济意义：一国国内储蓄主要包括居民储蓄、企业储蓄和政府储蓄，居民储蓄和企业储蓄是国内储蓄的最重要的两个方面。从居民储蓄视角出发，一国在经济发展初期，财政收入往往不足以建立比较完善的社会保障体系，居民可能随时面临患病、失业等特殊状况，不能得到有效的救济。如果居民面临的风险、不确定性较强，当收入增加时，居民的预防性储蓄动机占优，难以扩大消费支出，从而居民储蓄率上升，对贸易收支产生正向作用。当一国经济发展到一定阶段时，国家的社会保障体系相对完善，例如一些欧洲发达国家实施“从摇篮到坟墓”的全民福利制度，此时，随着收入的增加，为了提高生活质量，甚至攀比性消费，居民可能会扩大当前消费，从而储蓄下降，对贸易收支产生负向作用。这既可能是近年来中国经济持续高增长时期，收入不断增加，居民储蓄倾向增加，经常项目迅速扩大的原因，也能够在一定程度上解释美国的高消费率、低储蓄率（雷达等，2009）和经常项目赤字现象，对于解释欧洲一些国家，例如希腊、西班牙的长期贸易赤字也具有一定的参考性。当然，居民的储蓄行为还受到习惯、文化教育等多种因素的影响。从企业储蓄视角出发，发展中国家存在大量剩余劳动力（Lewis，1954），工资上升缓慢，随着生产效益的提高和资本规模的扩大，企业利润迅速积累，从而容易形成较高的企业储蓄率。而发达国家偏高的劳动力成本挤压了企业的一部分利润，从而不利于形成大规模的企业储蓄率。所以，相对于发达国家（地区），发展中国家（地区）的企业储蓄率可能上升得更快。当经济发展到一定阶段时，剩余劳动力人数下降甚至消失可能会引起企业储蓄率的下降。所以，随着一国经济的发展、人均收入的提高，无论是居民储蓄率，还是企业储蓄率，和贸易账户结余占比的关系都可能是先升后降。计量结果也印证了这一观点。

在Reg.5 ~ Reg.8的分组计量结果中可以发现，人均收入的平方项对较低收入国家（地区）与较高收入国家（地区）贸易余额的作用均显著为负，对较低收入国家（地区）的作用更加显著。这进一步支持了倒U形曲线在不同组别国家之间的存在性。以Reg.6和Reg.8的结果为准，计算得出两条抛物线的顶点所对应的横轴，即人均收入水平值分别为9和10。这说明在本部分的模型中，大约在收入接近10个单位水平时，人均收入对经常项目的作用发生改变。而本部分模型中，中国2013年的数据为9.4个单位，所以据此推测，目前，中国可能处于倒U形曲线的拐点附近。

关于其他控制变量的解释，以Reg.4的结果进行分析。人均国土面积与一国的贸易收支正相关，但并不显著，说明在考察期间，自然资源的充裕程度对一国贸易收支并无显著的影响。这可能是由于技术进步、人力资源因素能够在很大程度上冲淡或抵消自然资源对贸易收支的作用。人口抚养比对贸易收支平衡具有显著的负影响。根据人口结构对经常项目平衡的作用研究，由于少年和老年人口的储蓄偏低，所以相对年少和相对年老的国家可能会发生经常项目逆差。本部分的研究支持这一结论。财政结余 / *GDP*对一国贸易收支平衡具有显著的正影响。这与双赤字假说相吻合，说明在考察期间，财政结余占比的提高促进了贸易收支平衡。经济增长率对贸易收支平衡具有显著的负影响。这与预期有所不同。经济增长率的上升一方面显示一国生产能力的提高，能够改善一国国际收支，另一方面也意味着一国的国民收入和进口需求增加，恶化一国贸易收支（Edwards，2007；谢建国，2015）。还有一些研究发现，经济增长率与一国外部失衡并无联系（Yellen，1989；Welson，2001）。本部分的研究结果支持Yellen和Welson的结论。实际有效汇率对贸易收支的影响不明显，即汇率通过价格对贸易收支的传导作用不显著。此外，贸易结余占比的滞后项对当期贸易结余占比具有显著的正向作用，这说明在考察期间，贸易账户具有很强的惯性，短时期内，外在因素的改变可能难以改变贸易结余状况。

### 9.4.3　稳健性检验分析

为验证上述DIF-GMM估计方法的稳健性，本部分分别对138个国家（地区）样本下的Reg.3和引入实际有效汇率后的82个国家（地区）样本下的Reg.4进行了稳健性检验。检验包括两个方面：一是采用静态面板固定效应、混合数据估计等方法（剔除贸易结余的滞后项$TB_{it-1}$），重复回归Reg.3和Reg.4，形成Reg.9、Reg.10［138个国家（地区）］以及Reg.11、Reg.12［82个国家（地区）］；二是引入OPEC成员国虚拟变量，再次重复回归Reg.9，

Reg.10，结果见Reg.13、Reg.14。检验结果（见表9-3）显示，不同的回归过程，人均收入的平方项的系数依然为负，且更加显著。这说明式9-1对人均国民总收入的平方项（*PGNI^2*）的估计结果是稳健的。此外，虚拟变量OPEC成员国的系数也显著为正，说明石油资源对一国的贸易收支余额具有非常显著的促进作用。

**表9-3 稳健性检验结果**

| 估计方法 / 变量 | Reg.9 | Reg.10 | Reg.11 | Reg.12 | Reg.13 | Reg.14 |
|---|---|---|---|---|---|---|
| | OLS | FE | OLS | FE | OLS | FE |
| *PGNI* | 0.321*** （0.052） | 0.370*** （0.127） | 0.059 （0.039） | 0.305** （0.148） | 0.297*** （0.052） | 0.369*** （0.127） |
| *PGNI^2* | –0.011*** （0.002） | –0.191*** （0.006） | –0.001** （0.002） | –0.015** （0.038） | –0.010*** （0.002） | –0.018*** （0.006） |
| *PLAND* | –0.000 （0.000） | 0.043** （0.018） | –0.003*** （0.000） | 0.033 （0.133） | –0.000 （0.000） | 0.043** （0.018） |
| *DEPENDENT* | 0.322* （0.043） | 0.101 （0.097） | 0.172*** （0.032） | 0.322*** （0.026） | 0.317*** （0.043） | 0.101 （0.097） |
| *BUDGET* | 0.008*** （0.000） | 0.002*** （0.000） | 0.008*** （0.000） | 0.002*** （0.001） | 0.007*** （0.000） | 0.002*** （0.000） |
| *GROWTH* | 0.001 （0.000） | –0.000* （0.000） | 0.000 （0.000） | –0.002*** （0.001） | 0.001* （0.000） | –0.000* （0.000） |
| *REER* | | | –0.000 （0.000） | 0.000 （0.000） | | |
| *OPEC* | | | | | 0.052*** （0.000） | 0.008* （0.007） |
| *Oberservations* | 1242 | 1242 | 738 | 738 | 1242 | 1242 |
| *Adj.R–sq* | 0.395 | 0.800 | 0.305 | 0.785 | 0.406 | 0.869 |
| *F–test* | 0.000 | 0.000 | 0.000 | 0.000 | 0.000 | 0.000 |

注：*、**、*** 分别代表在1%、5%、10%的水平上显著。括号中为标准误。经豪斯曼检验，上述回归适合采用静态面板的固定效应估计方法。混合估计结果作为参考。

## 9.5 本章小结

在全球经常账户失衡的背景下，本部分试图发现人均收入究竟是怎样影响贸易收支平衡的。本部分利用世界138个国家（地区）的面板数据，运用动态面板广义矩估计方法进行了实证研究，并运用静态面板固定效应和混合估计、引入OPEC虚拟变量等方法进行了稳健性检验。本部分发现，人均收入对经常项目的作用是倒U形的，即对于较低收入国家（地区）而言，人均收入的增加能够起到改善贸易收支的作用，对于较高收入国家（地区）而言，人均收入的增加会恶化一国贸易收支。这一结论既不同于传统的国际收支阶段论，也与人们通常理解的“收入增加—扩大进口—恶化贸易收支”的较流行观点不同。本部分认为，从居民储蓄角度来看，一国经济发展初期，由于社会保障体系落后，居民面临的不确定性较强，随着收入的增加，居民更偏好预防性储蓄，从而居民储蓄率上升，改善贸易收支。只有当一国经济发展到一定阶段，社会保障体系相对完善时，居民能够在收入增加时扩大消费支出，从而居民储蓄率下降，贸易收支恶化。从企业储蓄角度来看，相对于发达国家（地区），发展中国家（地区）的劳动力成本偏低，在生产率提高和资本扩张的过程中，容易积累大规模的企业利润，从而企业储蓄率上升，改善一国贸易收支。随着经济的发展，当剩余劳动力人口下降甚至消失时，企业劳动力成本上升，利润减少，从而企业储蓄率下降，恶化一国贸易收支。上述发现对于解释人均收入和贸易平衡之间的关系是一个新的思路。

如果上述结论成立，即人均收入对贸易收支平衡的作用是倒U形的，那么可以对一些现象和政策做出新的解释和思考。首先，在2000—2008年，中国经济持续高速增长，人均收入大幅提高，经常项目顺差／*GDP*也不断提高。而2010年后，中国的经常项目顺差／*GDP*从4.0%（2010年）连续下降到2.1%（2014年）。以往的许多研究认为这可能与外部环境的恶化，例如美国次贷危机以及欧债危机等因素有关。然而从人均收入和贸易平衡视角出发研究，这也可能是我国在经济发展进程中，人均收入和贸易余额之间倒U形曲线关系的特有体现。其次，对于持续性失衡国家，不仅要关注影响国际收支的外部因素，重视国内社会保障以及剩余劳动力的变化等内部因素或许是缓解巨额贸易盈余（赤字）的有效出路。最后，在可见的未来，随着世界人均收入水平的提高，较低收入国家（地区）的贸易余额/*GDP*会不断提高。可能会有更多的中高收入国家（地区）发生贸易顺差缩小甚至逆差现象。重视国内结构性因素，厘清各国之间的现实差异，是缓解全球外部失衡的有效出路。

# 10 贸易开放度、金融发展程度与全球经常账户失衡

## 10.1 引言

全球经常账户失衡泛指世界越来越多的国家出现的经常账户不平衡现象。20世纪90年代后，美国、英国等发达国家发生了持续性的经常账户逆差；中国、日本及其他新兴经济体发生了经常账户顺差。在金融危机和欧债危机期间，全球经常账户失衡规模从2007年的5.6%下降到2008年的3.9%。新冠疫情暴发后，全球经常账户失衡规模从2019年的2.8%扩大至2020年的3.2%。疫情冲击下，在关注经济复苏的同时，也应重点关注全球经常账户失衡问题，保持失衡规模在合理的区间范围内。

大多数现有文献从内部和外部两个视角出发理解全球经常账户失衡。但是，鲜有文献从贸易金融视角出发，有机、全面、系统地论证贸易开放度、金融发展程度与全球经常账户失衡的关系。

图10–1和图10–2分别呈现2020年世界108个国家（地区）贸易开放度、金融发展程度与全球经常账户失衡的散点图。可以发现，贸易开放度与经常账户之间的趋势线斜率为正值，相关系数$R^2$仅为0.0488。金融发展程度与经常账户之间的趋势线斜率也为正值，且$R^2$为0.0693①。那么，贸易开放度和金融发展程度究竟是怎样影响一国经常账户的呢？哪些控制变量可以显著影响一国经常账户？后疫情时代，各国应该如何搭配贸易金融政策，在保持全球经常账户失衡在合理范围内的前提下，促进经济复苏增长？本部分试图以全球和分组的跨国面板数据回答这些问题。

① 贸易开放度采用各国进出口总额 / *GDP*计算而得。金融发展程度采用私人部门的国内信贷 / *GDP*计算而得。趋势线利用Stata/SE11软件得出。

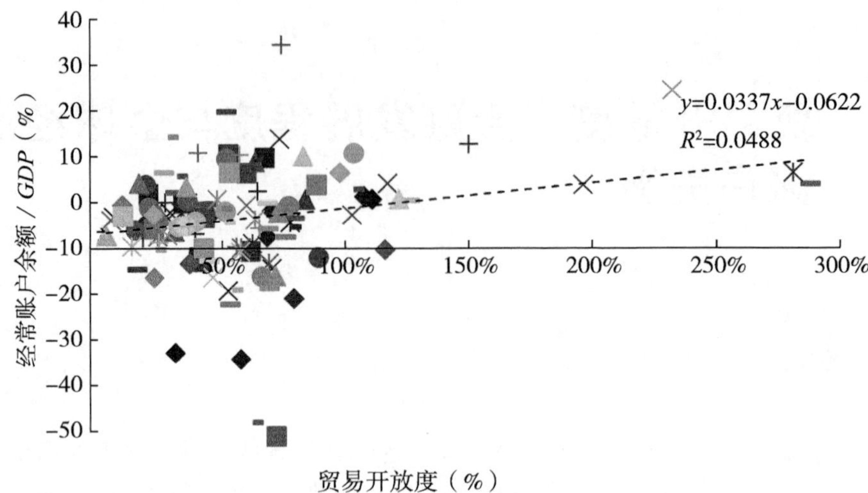


图10-1 2020年贸易开放度与全球经常账户失衡

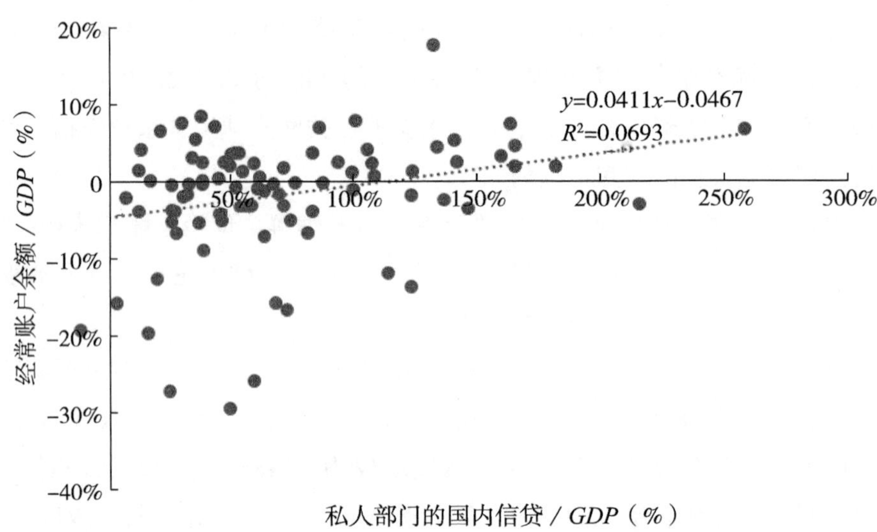


图10-2 2020年金融发展程度与全球经常账户失衡

## 10.2 文献综述

本部分首先综述贸易开放与经常账户的理论，其次综述金融发展和经常账户的关系。本部分认为在考察贸易开放、金融发展和经常账户失衡关系的同时，要关注各国贸易金融政策的协调性，促进全球经常账户失衡在合理的范围内。

（1）贸易开放与经常账户失衡

关于贸易开放度与经常账户的研究层出不穷。Chinn和Prasad（2003）认为，贸易开放度的上升显著地恶化了一国的经常账户。理由是，贸易开放度的上升意味着与国外相比，本国资本更具有吸引力，从而促使本国的投资率上升，并且可以利用更多的国外资本为本国经常账户赤字融资。Santos-Paulino和Thirlwall（2004）采用进出口关税来衡量贸易开放度，发现贸易开放度对发展中国家进出口都具有正向影响，但是对进口的正向影响要大于对出口的影响。Cavallo和Frankel（2008）认为，长期来看，贸易开放度的上升对经常账户的借方具有正向作用，并且这种正向作用要大于对贷方的正向作用。肖祖沔等（2020）通过构建一个包含关税冲击以及外汇风险溢价的开放经济DSGE 模型，认为在贸易开放程度外生的情况下，增加关税一方面会恶化一国贸易条件和进口，另一方面会促使本币贬值，扩大出口。金朝辉（2020）认为在不同的冲击下，贸易开放均能够抑制实际汇率波动；资本密集型产品的贸易开放，能够抑制人民币实际有效汇率的波动。

上述研究从实证角度出发，论证了贸易开放与经常账户之间的关系。还有一些研究对促进各国贸易稳定增长提出政策建议。蒋雁（2019）认为，各国应审慎制定汇率政策，避免汇率战，反对贸易保护主义和提高国际竞争力。曹冲、谢文宝和夏咏等（2020）认为，对外开放和贸易竞争对中国与中亚五国的经济增长呈显著正向效应。武力超等（2020）认为，一国的服务部门应逐步扩大对外开放，降低服务贸易壁垒，促进出口贸易的增长。于荣光（2021）认为，我国服务贸易，特别是数字化转型服务业，对外资市场准入限制程度较高。李心稳（2021）认为，继续推动新一轮对外开放，是中国跨越中等收入陷阱的关键。

需要说明的是，衡量贸易开放度的指标有很多。目前，一直被学者们广泛采用的是进出口贸易总额与国内生产总值GDP的比值。学术界也常常采用关税率、黑市交易费用、道拉斯指数、修正的贸易依存度等指标来测量贸易开放度。

（2）金融发展与经常账户失衡

金融市场的发展程度直接影响了居民和企业中储蓄转化为投资的比率。许多文献专门研究了金融发展程度对全球经常账户失衡的影响。

Willen（2004）建立了一个两国一般均衡模型，证明发展完全的金融市场是引起一国经常账户赤字的主要原因。Caballero等（2006）认为，以美国、英国、澳大利亚为代表的资本流入国（I）能够提供足够的金融资产，以新兴国家、OPEC石油输出国以及高储蓄率国家为代表的资本输出国（F）虽然经济增长较快，但是不能提供足够的金融资产，这种差异促使资本从F国流向I国，加剧了全球经常账户失衡。Mendoza（2009）提供了一条资本双向流动机制：一是发展中国家金融市场存在不能提供或有资产、借贷双方只能签订不完全合同两种不完备性，它们的居民和企业为了规避风险，获得稳定的储蓄收益，更愿意将金融财富转移至发达国家；二是发展中国家的资本回报率较高，发达国家又以对外直接投资的方式将资本回流至发展中国家。Ju和Wei（2010）认为，发展中国家落后的产权保护和公司治理能力是金融资本首先流向发达国家，再借助发达国家高效的金融服务回流本国的主要原因。Song等（2011）发现，由于资本管制，中国的私有企业对外借款面临着冰山成本，从而被动增加储蓄，提高了储蓄率。国内研究方面，茅锐、徐建炜和姚洋（2012）研究发现，全球失衡其实是各国基于制造业-金融业比较优势而形成的国际分工的副产品。李俊青和韩其恒（2011）、佟加栋等（2011）、肖立晟和王博（2011）的研究都支持一国金融业的发展容易带来经常账户逆差，中国金融业的不发达与经常账户顺差密切相关。翟晓英和刘维奇（2012）依照金融发展程度—消费—经常账户失衡路径研究了中国经常账户失衡，发现中国经常账户失衡受到消费率的显著负向影响，而消费率受到金融发展程度的显著影响。曹强和虞文美（2016）构建金融结构与经常账户的理论模型，认为金融结构处于劣势的国家，容易出现经常账户盈余。谢峰（2017）采用跨国面板数据，证明金融调整渠道会对储蓄和经常账户产生显著影响。尹烨天、王定祥和辛卓遥（2021）认为，随着人口抚养比的增加，金融发展对经常项目余额的影响加剧。齐俊妍和向柑霖（2020）认为，基于政策领域衡量的金融业开放对高依赖度行业出口技术复杂度提升具有显著的促进作用。

需要说明的是，金融发展程度是一个综合指标，学术界常常运用金融相关比率、各种金融资产占金融资产总额比率、*M2*／*GDP*、流动性负债／*GDP*等指标衡量一国金融发展程度。还有一些研究采用私人部门的信贷／*GDP*、股市资本化比率等组合指标来衡量金融发展程度。

（3）其他相关文献

除了上述文献，还一些研究关注贸易开放、金融发展、储蓄率和经常账户。Gruber和Kamin（2009）研究发现，一些传统因素，包括人均收入、财政赤字、经济增长率、经济开放度等都不能解释亚洲经常账户盈余和美国经常账户赤字。但是，如果加入金融危机变量后，能够很好地解释亚洲经常账户盈余。史恩义等（2021）认为，贸易开放显著提高了就业质量和人力资本水平，扩大贸易开放，实施差异化开放政策，有利于优化就业环境。季云华等（2021）认为，随着对外开放的不断扩大，资本项目渠道对国际收支会造成明显的冲击。谢亚轩（2021）认为，新冠疫情的冲击会对我国国际收支产生周期性和结构性的冲击。鞠建东、施康和魏尚进（2021）认为，经常账户失衡不是由经济政策的扭曲驱动，而是对以改善社会福利为目标的一系列贸易改革的均衡反应。侯军强等（2021）认为，近年来我国经常账户余额缩窄，全球疫情蔓延和贸易摩擦等因素冲击了我国的经常账户。

上述研究为我们理解全球经常账户失衡提供了重要的帮助，说明全球经常账户失衡是多重因素共同作用的结果。面对新冠疫情对经济的冲击，2020年4月，G20国家达成共识，要加强政策协调，提升必需品流动的便利化水平，避免不必要的贸易壁垒。之后，各国纷纷采取贸易政策和货币金融政策刺激经济。厘清贸易和金融政策对全球经常账户失衡的作用机制，根据国情采取相应的贸易政策和货币金融政策，是缓解全球经常账户失衡、促进经济平稳增长的关键因素。

## 10.3 实证模型、变量和数据

### 10.3.1 实证模型和变量

本部分采用动态面板数据，引入被解释变量的滞后项，考察在剔除经常账户强惯性的前提下，经常账户的解释变量和控制变量。本部分以贸易开放度和金融发展程度作为解释变量，参考现有经常账户的研究文献，确定其他可能影响一国经常账户的控制变量，设定关于经常账户的方程（式10-1）。

$$CA_{it}=\beta_0CA_{it-1}+\beta_1FINANCE_{it}+\beta_2OPENNESS_{it}+\beta_3FISCAL_{it}+\beta_4\ln PGDP_{it}+\beta_5\ln PGDP_{it}\hat{}2+\beta_6GROWTH_{it}+\beta_7\ln REER_{it}+u_i+v_{it} \quad (10\text{-}1)$$

被解释变量：经常账户余额（$CA_{it}$）。$CA_{it}$代表第$i$个国家在第$t$期的经常账户余额 / GDP。

解释变量：贸易开放度$OPENNESS_{it}$，代表第$i$个国家在第$t$期的贸易开放度。本部分采用一国商品和服务的进出口总值与同期国内生产总值的比值来衡量贸易开放度。贸易开放度的数据来源于世界银行的WDI数据库及作者自行计算。

金融发展程度：金融发展程度是一个综合变量，本部分采用King和Levine（1993）的方法，选择私人部门的国内信贷 / GDP来衡量一国金融发展程度，用*FINANCE*表示。数据来源于世界银行的WDI数据库。

控制变量：政府财政结余 / GDP（$FISCAL_{it}$），代表政府财政结余 / GDP。数据来源是国际货币基金组织（IMF）的WEO数据库。

人均GDP的对数（$\ln PGDP_{it}$）和人均GDP平方项的对数（$\ln PGDP_{it}$^2）。$PGDP_{it}$代表第$i$个国家在第$t$期的人均GDP。人均GDP是国内生产总值除以年中人口数。数据按现价美元计。

经济增长率（$GROWTH_{it}$）：经济增长率的上升可能会增加居民收入，进而促进消费，对经常账户具有恶化作用。也有研究认为，经济增长率的上升会促使消费占GDP的比率下降，提高一国的储蓄率。

实际有效汇率的对数（$\ln REER_{it}$）。实际有效汇率可以影响价格水平，进而影响一国经常账户。

经常账户的滞后项$CA_{it-1}$可以反映经常账户的惯性。

### 10.3.2 数据说明及描述性统计

本部分采用1995—2019年54个国家[①]的面板数据，研究贸易开放度和金融发展程度是怎样影响一国经常账户的。数据主要来源于世界银行WDI数据

① 54个国家包括：孟加拉国、柬埔寨、埃及、印度、老挝、尼日利亚、巴基斯坦、菲律宾、乌克兰、保加利亚、阿根廷、中国、墨西哥、巴西、哥伦比亚、哈萨克斯坦、蒙古国、马来西亚、泰国、土耳其、南非、瑞士、澳大利亚、法国、捷克、德国、丹麦、西班牙、匈牙利、加拿大、希腊、芬兰、英国、新加坡、冰岛、以色列、意大利、拉脱维亚、日本、美国、科威特、立陶宛、斯洛文尼亚、瑞典、韩国、荷兰、挪威、葡萄牙、波兰、俄罗斯、斯洛伐克、沙特、爱尔兰、乌拉圭。

库，中国财政结余的数据由国家统计局数据补充。各变量的描述性统计如表10–1所示。

**表10–1 各变量描述性统计**

| 变量 | 样本数 | 平均值 | 最大值 | 最小值 | 标准差 |
|---|---|---|---|---|---|
| *CA* | 2700 | –0.02412 | 0.4545 | –0.65025 | 0.08462 |
| *OPENNESS* | 2700 | 0.834 | 5.317 | 0.110 | 0.538 |
| *FINANCE* | 2700 | 0.47822 | 3.0457 | 0.00231 | 0.48405 |
| *FISCAL* | 2700 | 0.16392 | 0.4926 | –5.0534 | 0.2042 |
| ln*PGDP* | 2700 | 1.78051 | 11.6707 | 0.5037 | 1.045751 |
| ln*PGDP*^2 | 2700 | 5.40126 | 121.5307 | 0.2537 | 6.2476 |
| *GROWTH* | 1476 | 2.6327 | 149.4673 | –64.8543 | 6.3738 |
| ln*REER* | 1476 | 4.3627 | 6.2843 | 3.2717 | 0.2637 |

## 10.4 实证检验结果与分析

### 10.4.1 实证检验结果

表10–2显示了本部分的最终回归结果。Reg.1的解释变量是贸易开放度（*OPENNESS*）。Reg.2在Reg.1的基础上，增加了金融发展程度（*FINANCE*）。Reg.3在Reg.2的基础上，增加了政府财政结余（*FISCAL*）、人均GDP的对数值和人均GDP平方项的对数值（ln*PGDP*和ln*PGDP*^2）。Reg.4在Reg.3的基础上，增加了经济增长率和实际有效汇率等控制变量。基于数据的可得性，Reg.4的样本时间长度缩短为2001—2018年。回归结果见表10–2。

**表10–2 最终回归结果**

| 变量 | Reg.1 | Reg.2 | Reg.3 | Reg.4 | Reg.5 | Reg.6 |
|---|---|---|---|---|---|---|
| $CA_{t-1}$ | $0.325^{***}$<br>（0.030） | $0.235^{***}$<br>（0.252） | $0.293^{**}$<br>（0.362） | $0.238^{***}$<br>（0.132） | | |
| *OPENNESS* | $0.007^{**}$<br>（0.003） | $0.010^{**}$<br>（0.003） | $0.009^{**}$<br>（0.007） | $0.012^{**}$<br>（0.002） | $0.003^{**}$<br>（0.002） | $0.027^{**}$<br>（0.002） |

续表

| 变量 | Reg.1 | Reg.2 | Reg.3 | Reg.4 | Reg.5 | Reg.6 |
|---|---|---|---|---|---|---|
| *FINANCE* | | −0. 082**<br>（0.327） | −0. 023***<br>（0.324） | −0. 054***<br>（0.431） | −0.163***<br>（0.025） | −0.227**<br>（0.267） |
| *FISCAL* | | | 0.023**<br>（0.173） | 0.044**<br>（0.362） | 0.026***<br>（0.019） | 0.026**<br>（0.039） |
| ln*PGDP* | | | 0.437*<br>（0.432） | 0.013<br>（0.864） | −0.002<br>（0.021） | 0.033**<br>（0.018） |
| ln*PGDP*^2 | | | −0.853**<br>（1.968） | −0.643***<br>（1.485） | −0.198**<br>（0.005） | −0.023***<br>（0.006） |
| *GROWTH* | | | | −0.005**<br>（0.008） | 0.003<br>（0.002） | −0.005*<br>（0.000） |
| *REER* | | | | 0.001<br>（0.002） | −0.004<br>（0.000） | −0.006<br>（0.000） |
| Oberservations | 1350 | 1350 | 1350 | 1350 | 1296 | 1296 |
| *AR*（1）检验 | 0.003 | 0.017 | 0.004 | 0.004 | 0.135 | 0.216 |
| *AR*（2）检验 | 0.229 | 0.548 | 0.568 | 0.273 | 0.001 | 0.000 |
| *Sargan* | 0.356 | 0.148 | 0.353 | 0.289 | | |
| *Adj.R–sq* | | | | | 0.135 | 0.216 |
| *F–test* | | | | | 0.001 | 0.000 |

注：*、**、***分别代表在1%、5%、10%的水平上显著。括号中为标准误。*Sargan*为*J*统计量的*P*值。*AR*（1）、*AR*（2）分别检验差分方程是否存在一阶、二阶序列相关。

### 10.4.2 实证结果分析

本部分以Reg.4作为整体样本的计量结果进行讨论。可以发现，Reg.1 ~ Reg.4中贸易开放度的符号显著为正，金融发展程度的符号显著为负。这说明贸易开放度的上升可以显著改善一国经常账户，金融发展对一国经常账户具有显著的负向作用。

关于贸易开放度和经常账户，以Reg.4为结论进行讨论，贸易开放度对一国经常账户具有显著的正向影响，贸易开放度上升1%，经常账户余额 / *GDP*上升1.2%，显著改善一国的经常账户。近年来，一些发达国家在经济下行时，政府往往倾向于出台贸易保护主义政策，例如提高关税率、限制进口议案。这些议案背后的假设是，贸易开放度的上升对一国经常账户具有负向影响。但是，本部分的面板数据实证检验结果并不支持这一假设。长期而言，贸易开放度的上升会促使一国更好地利用外国资本和先进技术，优化资源配置，提高本国产出能力和效率，对经常账户具有显著的正向作用。2008年国际金融危机前，中国和亚洲新兴经济体的不断开放和经常账户顺差并存的经验也证实了这一点。按照这种思路，贸易保护主义政策可能不仅不会缓解逆差国家的经常账户赤字，反而会加剧其经常账户逆差。扩大对外开放是缓解经常账户逆差的关键因素。

金融发展对一国经常账户具有显著的负向作用。金融发展程度上升1%，经常账户余额 / *GDP*下降5.4%。理论上，金融发展程度较高，扩大了居民和企业的消费和投资需求，降低了一国的储蓄率，进而对经常账户产生负向作用。本部分的研究证实了这一结论。在欧债危机和金融危机后，全球经济衰退，各国采取扩张性的货币政策刺激经济，全球经常账户失衡水平有所下降。对于发达国家而言，更容易通过金融市场内部筹资的方式获得投资，并且向世界提供资产的能力越强，越容易发生经常账户逆差。对于新兴经济体而言，由于金融市场不完善，投资不能完全吸收储蓄，多余的储蓄会以经常账户顺差的方式流出国，形成经常账户顺差。近年来，美国、希腊、西班牙、葡萄牙等国家发生了巨额的经常账户逆差，中国、印度等发生了经常账户盈余，这些现象也在客观上证实了本部分的结论。

以Reg.4讨论控制变量的检验结果。财政结余对一国经常账户具有显著的正向作用。新冠疫情暴发后，各国采取扩张性财政政策刺激经济，中断了全球经常账户余额原本的下行趋势。尽管扩张性的财政政策有利于减缓疫情对经济的冲击，但是也会加剧经常账户赤字国家的逆差。人均GDP的平方项对一国经常账户的作用均显著为负，即当一国收入提高到一定程度时，随着社会保障体系的完善，人们可能会扩大当前消费，从而储蓄下降，对经常账户产生负向作用（王佳，2017）。经济增长恶化了一国的经常账户，实际有效汇率对一国经常账户的作用并不显著。经常账户的滞后项系数显著为正，说明经常账户具有强惯性。

本部分采用不同的计量回归方法对Reg.4进行了检验。本部分采取静态面板固定效应、混合数据估计等方法进行检验，回归结果分别为Reg.5、Reg.6，发现贸易开放度和金融发展程度的回归结果是稳健的。

## 10.5 本章小结

在疫情冲击世界经济的背景下，本部分从贸易金融视角出发，研究贸易开放度和金融发展程度是怎样影响经常账户的。贸易开放度和金融发展程度都是影响一国经常账户的显著因素。长期而言，贸易开放将对一国出口贸易带来正向作用；金融发展程度的提高会显著恶化一国的储蓄率和经常账户。影响一国经常账户的因素还有人均收入、经济增长率、财政结余和实际有效汇率等。尽管对于不同的国家（地区），贸易开放度和金融发展程度对经常账户的作用效果可能并不相同。例如，对于商品贸易竞争力强的国家（地区）而言，放开贸易限制后，贸易增长的潜力比较大，贸易开放对经常账户的作用更加显著。当一国经济发展处于低收入或中低收入水平时，金融发展的空间较大，金融发展对于调节经常账户余额具有更加显著的作用。上述发现对于政府实施相应的货币金融政策，缓解一国经常账户的巨额顺差或逆差，是一个新的思路。

首先，在双循环新发展格局下，以扩大内需为经济增长的基础，坚持贸易开放的政策。中国消费市场的潜力巨大，不仅是国内经济增长的关键引擎，也是世界经济复苏的动力源和稳定器。中国在开放中寻求更多的合作机会，加大产品的创新投入，提升产品的附加值，提高产品的质量，在自由贸易协定等框架下畅通国内外销售渠道，积极拓展国际市场，全方位开放合作促进体系，为我国发展高质量的贸易开辟新路径，为世界经济复苏注入新动能。

其次，在理念上坚持共同发展为导向的“全球化”，支持自由贸易。尽管当前全球化进程遇到挫折，但是我们不能否认全球化是历史发展的大趋势，新冠疫情后，逆全球化只是在世界经济低迷时期，各国寻求自我保护的方式。虽然在全球化进程中，存在着诸如拉大社会贫富差距、加快金融风险传播等争议，但是对各国而言，全球化为经济增长、技术进步、创新精神、金融市场完善、生产率提高等方面都带来了有利因素。总体上，全球化依然是利大于弊，全球化的总体趋势不会发生改变。中国要继续加强区域经济合作，向世界输出智慧，中国和新兴经济体将接棒成为助推全球化的引擎。

最后，经常账户赤字的经济体，要避免贸易保护主义，扩大对外开放，缩小经常账户逆差规模。各国（地区）要重视金融市场对一国经常账户的调节作用，利用货币金融政策，促使外部失衡维持在合理的范围内。后疫情时代，在各国实施贸易金融政策刺激经济的同时，要充分重视各国的经济发展阶段，关注人均收入、经济增速和实际有效汇率等综合因素。中国在战略上要坚持全球化，深化金融改革，进一步推动人民币国际化，增加人民币金融资产的供给，加强国际合作，把握数字贸易的新契机，激发消费升级的新动能，促进经济的平稳增长。

# 11 汇率贬值可以改善一国经常账户吗？

## 11.1 引言

2018年后，全球经常账户失衡规模有暂时的下降，新冠疫情暴发后，中断了原本下行的全球经常账户失衡趋势。随着经济的复苏，全球经常账户失衡可能会卷土重来，甚至更加严重[①]。学者们集中讨论了汇率与一国经常账户失衡的关系。理论上，汇率水平变动会通过相对价格效应影响经常账户（Marshall，1923；Robinson，1937；Lerner，1944）；但是，也有很多研究认为汇率并不是影响一国经常账户的显著因素（Groenewold et al.，2007；Willem et al.，2011；李沂等，2012；等等）。鉴于此，有必要深入研究汇率对一国经常账户的作用，进而明确汇率制度选择、汇率调整与全球经常账户失衡的关系。

尽管关于汇率与经常账户失衡的文献非常丰富，但是在理论对现实的解释能力方面依然存在着许多疑惑和不解。鉴于此，有必要采用全球面板数据对长周期（26年）时间内全球持续性失衡国家（地区）经常账户进行数据分析和实证检验。汇率是怎样影响全球经常账户失衡的？对于不同的国家，汇率对经常账户的作用是否不同？还有哪些因素可以影响一国经常账户？本部分的研究将对解释这些问题有一定的现实意义。

---

① 图3-1描述了1980—2015年全球经常账户失衡规模 / *GDP*。可以发现，2007年后，失衡规模 / *GDP*下降，但是依然保持在高位水平。

## 11.2 实证检验

### 11.2.1 变量与数据

本部分侧重于对一个长周期（26年）时间内，全球经常账户失衡影响因素的研究。

被解释变量：经常账户余额／GDP（$CAB_{it}$）。$CAB_{it}$代表第$i$个国家在第$t$期的经常账户余额／GDP。其中，经常账户余额是货物和服务净出口、净初次收入和净二次收入之和。经常账户余额／GDP的数据来源是世界银行的WDI数据库。

解释变量：实际有效汇率（$REER_{it}$），代表第$i$个国家在第$t$期的实际有效汇率，这里取对数值。考虑到影响经常账户的更多的是实际汇率，同时受到更多影响的是贸易项目，这里采用经贸易加权的实际有效汇率。实际有效汇率的基期为2010年，实际有效汇率的数据来源于世界银行WDI数据库。

控制变量包括以下几项。

政府财政结余／GDP（$FISCAL_{it}$），代表第$i$个国家在第$t$期的政府财政结余／GDP。政府财政结余是政府储蓄投资缺口，也是一国经常账户的直接组成部分。本部分采用一般政府净借贷作为财政结余／GDP的指标，数据来源是国际货币基金组织的WEO数据库。个别缺失数据由世界银行WDI数据库补充。补充数据由政府收入／GDP与政府支出／GDP之差值计算而得。补充数据的国家和时间范围分别是：塞浦路斯1990—1994年，德国1990年，爱尔兰1990—1994年，以色列1990—1999年，韩国1990—1994年，美国1990—1999年，俄罗斯1990—1997年，阿联酋1990年。

$RPERGDP_{it}$代表第$i$个国家在第$t$期的人均收入与世界人均收入的相对值。$RPERGDP_{it}$^2代表相对人均收入的平方项。人均收入的原始数据是按照购买力平价PPP来衡量的，现价国际元。数据来源于世界银行的WDI数据库。

人口抚养比（$DEPENDENT_{it}$），代表第$i$个国家在第$t$期的总抚养比，由0～15岁及65岁以上人口之和占总人口的比重来表示。数据来源是世界银行WDI数据库。

人口性别比（$MALE_{it}$），代表第$i$个国家在第$t$期男性人口占总人口的比重。人口性别比数据来源于世界银行WDI数据库。

贸易开放度（$OPENNESS_{it}$），代表第$i$个国家在第$t$期的贸易开放度。贸易开放度的高低会直接影响一国对国外资本的吸引程度以及一国的偿债能力。贸易开放度指数采用一国商品和服务的进出口总值与同期国内生产总值的比值。贸易开放度的数据来源于世界银行WDI数据库及作者自行计算。

金融发展程度（$PRIVATE / GDP_{it}$），本部分选择私人部门的国内信贷 / GDP来衡量一国金融发展程度，用$PRIVATE / GDP_{it}$表示第$i$个国家在第$t$期的金融发展程度。大多数现有文献认为金融发展程度高的国家更容易带来经常账户逆差。数据来源于世界银行WDI数据库。

本国经济增长率（$GROWTH_{it}$），在面板数据回归中，本部分增加了经济增长率。本国经济增长率的数据来源是世界银行WDI数据库。

### 11.2.2 描述性统计

表11–1是各变量的描述性统计。

**表11–1 各变量的描述性统计**

| 变量名称 | 含义 | 观测数量 | 均值 | 标准差 | 最小值 | 最大值 |
|---|---|---|---|---|---|---|
| *CAB* | 经常账户余额占*GDP*的比重 | 2184 | –0.022 | 0.110 | –1.130 | 0.603 |
| *REER* | 实际有效汇率 | 1071 | 4.601 | 0.201 | 3.541 | 5.767 |
| *FISCAL* | 政府财政结余占*GDP*的比重 | 2184 | –0.030 | 0.171 | –5.054 | 0.490 |
| *RPERGDP* | 相对人均收入 | 2184 | 2.062 | 1.377 | 0.037 | 5.545 |
| *RPERGDP^2* | 相对人均收入的平方项 | 2184 | 6.161 | 6.345 | 0.001 | 30.755 |
| *DEPENDENT* | 人口抚养比 | 2184 | 0.382 | 0.068 | 0.140 | 0.543 |
| *MALE* | 人口性别比 | 2184 | 0.501 | 0.028 | 0.463 | 0.748 |
| *PRIVATE / GDP* | 金融发展程度 | 1752 | 0.745 | 0.655 | –0.259 | 6.839 |
| *OPENNESS* | 贸易开放度 | 1950 | 0.834 | 0.538 | 0.110 | 5.317 |
| *GROWTH* | 本国经济增长率 | 2184 | 3.606 | 5.571 | –37.011 | 149.973 |

### 11.2.3　实证检验模型和结果

在现实经济中，大多数经济变量之间的关系是动态的，需要引入滞后项来解释这些关系。由于消费习惯、资源禀赋、技术进步等因素，一国的经常账户可能存在惯性。利用动态面板，将经常账户的滞后项纳入模型，一方面可以很好地反映被解释变量的调整速度，另一方面在排除惯性后，也能够更加准确地估计解释变量和其他变量的作用。本部分采用DIF-GMM估计得到的系数对回归结果做解释，并采用面板OLS估计方法、设置虚拟变量、固定效应或随机效应等方法进行稳健性检验。实证检验模型为

$$CAB_{it}=\beta_0 CAB_{it-1}+\beta_1 \mathrm{LN}REER_{it}+\beta_2 FISCAL_{it}+\beta_3 RPERGDP_{it}+\beta_4 RPERGDP_{it}\hat{}2+\beta_5 DEPENDENT_{it}+\beta_6 MALE_{it}+\beta_7 OPENNESS_{it}+\beta_8 PRIVATE\ /\ GDP_{it}+\beta_9 GROWTH_{it}+u_i+v_{it} \tag{11-1}$$

其中，$CAB_{it}$为经常账户余额 / $GDP$；LN$REER_{it}$是实际有效汇率；$FISCAL_{it}$是政府财政结余 / $GDP$；$RPERGDP_{it}$是相对人均收入；$RPERGDP_{it}$^2代表相对人均收入的平方项；$DEPENDENT_{it}$是人口抚养比；$MALE_{it}$是人口性别比；$OPENNESS_{it}$是贸易开放度；$PRIVATE\ /\ GDP_{it}$是金融发展程度衡量指标；$GROWTH_{it}$是本国经济增长率。$u_i$为不可观测的国别效应，$v_{it}$为随机误差项，$u_i$与$v_{it}$共同构成了模型的误差项。

实证检验根据不同的设定，对11-1式进行了不同的回归。对全球样本的回归结果见表11-2。Reg.1覆盖的时间长度缩短为1994—2014年，覆盖样本为全球51个国家（地区）。这51个国家（地区）包括26个发达国家（地区），分别是澳大利亚、奥地利、比利时、加拿大、丹麦、芬兰、法国、德国、希腊、爱尔兰、意大利、日本、韩国、荷兰、新西兰、挪威、葡萄牙、新加坡、西班牙、瑞典、英国、美国、瑞士、捷克、冰岛、斯洛伐克；25个新兴经济体，分别是孟加拉国、中非共和国、智利、中国、哥斯达黎加、萨尔瓦多、埃塞俄比亚、加纳、几内亚、印度、约旦、肯尼亚、基里巴斯、马来西亚、莫桑比克、纳米比亚、巴拉圭、菲律宾、俄罗斯、塞舌尔、所罗门群岛、斯里兰卡、圣卢西亚、苏里南、斯威士兰。

表11-2 全球样本面板数据回归估计结果

| 变量 | Reg.1 | Reg.2 | Reg.3 | Reg.4 | Reg.5 |
|---|---|---|---|---|---|
| *CAB*（-1） | 0.406*** (0.005) | 0.819*** (0.040) | 0.803*** (0.033) | 0.819*** (0.041) | 0.819*** (0.041) |
| *REER* | -0.053*** (0.014) | -0.055*** (0.013) | -0.052*** (0.014) | -0.054** (0.013) | -0.036*** (0.009) |
| *FISCAL* | 0.489*** (0.016) | 0.232*** (0.080) | 0.227*** (0.078) | 0.231*** (0.080) | 0.229*** (0.080) |
| *RPERGDP* | 0.091*** (0.007) | 0.005 (0.005) | 0.004 (0.005) | 0.006 (0.005) | 0.007 (0.005) |
| *RPERGDP^2* | -0.017*** (0.002) | -0.001 (0.001) | -0.000 (0.001) | -0.000 (0.001) | -0.001 (0.001) |
| *DEPENDENT* | 0.368*** (0.101) | 0.026 (0.045) | 0.023 (0.044) | 0.022 (0.044) | 0.040 (0.041) |
| *MALE* | 0.085 (0.784) | 0.204** (0.062) | 0.379*** (0.119) | 0.189*** (0.060) | 0.287*** (0.094) |
| *GROWTH* | 0.001*** (0.000) | 0.001* (0.000) | 0.001** (0.001) | 0.001* (0.000) | 0.001* (0.000) |
| *OPENNESS* | 0.021*** (0.003) | 0.004* (0.002) | 0.005* (0.003) | 0.004* (0.002) | 0.005* (0.002) |
| *PRIVATE / GDP* | -0.021** (0.008) | -0.001 (0.004) | -0.002 (0.004) | -0.001 (0.004) | -0.001 (0.004) |
| *DUM*LANDLOCK* | | 0.006 (0.003) | | | |
| *DUM*OPEC* | | | -0.023* (0.012) | | |
| *observations* | 1071 | 1071 | 1071 | 1071 | 1071 |
| *Adj.R-sq* | | 0.795 | 0.797 | 0.795 | 0.798 |
| *F-test* | | 0.000 | 0.000 | 0.000 | 0.000 |
| *DW* | | 2.056 | 2.039 | 2.056 | 2.055 |
| *AR*（1） | 0.000 | | | | |
| *AR*（2） | 0.283 | | | | |
| *Sargan test* | 0.442 | | | | |

注：*、**、***分别代表在1%、5%、10%的水平上显著。括号中为标准差。*Sargan test*为*J*统计量的*P*值。由CHIDIST（*J*，*ir-v*）函数来获得，*ir*是工具变量的秩，*v*为参数个数。*P*值大于0.05，代表接受模型过度约束正确。*AR*（1）检验差分方程是否存在一阶序列相关，*AR*（2）检验差分方程是否存在二阶序列相关，表中*AR*（1）、*AR*（2）是统计量的*P*值。*F-test*是*F*统计量的*p*值。

### 11.2.4 稳健性检验

为了验证上述DIF–GMM估计结果的稳健性，本部分同时进行了三个方面的稳健性检验。①采用面板混合OLS估计方法，检验引入虚拟变量后的结果。虚拟变量是否为内陆国家用*DUM*LANDLOCK*表示：当一国是内陆国家时，*DUM*LANDLOCK*=1；当一国不是内陆国家时，*DUM*LANDLOCK*=0。虚拟变量是否为OPEC成员国用*DUM*OPEC*表示：当一国是成员国时，*DUM*OPEC*=1；当一国不是成员国时，*DUM*OPEC*=0。②随机效应检验。首先经过豪斯曼检验，得出*P*值为0.987，无法拒绝使用随机效应模型的原假设，确定在面板数据模型中适合采用随机效应（Random Effect）。其次，采用随机效应进行实证检验。③采用混合面板估计方法进行计量检验。稳健性检验的结果见Reg.2～ Reg.5。其中Reg.2和 Reg.3分别是设置是否为内陆国家为虚拟变量和是否为OPEC成员国为虚拟变量的回归结果。Reg.4是随机效应的回归结果。Reg.5是混合面板估计方法的回归结果。

结果表明，实际有效汇率对一国经常账户具有显著的负向影响。政府财政结余率的回归结果符号和显著性都没有发生改变。相对人均收入、贸易开放度、金融发展程度以及人口性别比、本国经济增长率对一国经常账户的作用效果不稳定。虚拟变量是否为内陆国家不是影响一国经常账户的显著性因素。OPEC成员国对一国经常账户具有显著的负向作用，这可能有违于一些理论或研究结果，但是本部分倾向于认为，OPEC成员国与考察时间内的石油价格等因素有关系。

### 11.2.5 实证检验结果分析

本章以表11–2中的Reg.1作为实证检验的基准结果，根据实证检验结果，本章得到以下几点结论。

实际有效汇率的升值恶化了一国的经常账户。实际有效汇率升值1%，经常账户余额 / *GDP*下降0.053%。这说明对于全球样本，汇率对经常账户具有调节作用。但是，这并不意味着汇率对所有国家的经常账户都具有显著的作用。一些研究认为实际有效汇率贬值与发展中国家（地区）出口激增密切相关，而对于发达国家（地区），实际有效汇率贬值并不是出口激增的显著性因素。背后的逻辑是，对于发展中国家（地区）而言，当存在贸易品部门弱小和二元经济结构时，汇率贬值可以促进贸易品部门的发展，改善一国经常账户。从本部分全球样本的回归结果来看，汇率贬值对一国经常账户具有改善作用。

从表11–2中的Reg.1的结果来看，政府财政结余率对经常账户的影响是显著为正的，支持双赤字理论。相对人均收入平方项的系数显著为负，没有充足的证据支持国际收支阶段论。人口抚养比对一国经常账户有显著的正向影响，人口抚养比的提高对一国经常账户具有正向作用，支持预防性储蓄理论。人口性别比与一国经常账户正相关，但并不显著。这说明在本部分的样本数据中，男性人口比例的上升不是影响一国经常账户的显著性因素。但是，在稳健性检验部分，人口性别比的系数显著性明显上升，说明人口性别比是影响一国经常账户失衡的重要因素。本国经济增长率对一国经常账户具有显著的正向影响，说明较高的经济增长率提高了居民的收入水平，会带来储蓄率的增加，对一国经常账户产生正向作用。贸易开放度对一国经常账户具有显著的正向影响，贸易开放度上升1%，经常账户余额 / *GDP*上升0.021%。金融发展程度对一国经常账户具有显著的负向影响。

稳健性检验部分，内陆国家与一国经常账户正相关，但并不显著。长期来看，一国的地理位置并不是影响其经常账户失衡的显著性因素，这可能是由于地理位置既会影响一国的出口贸易，也会影响一国的进口贸易，总的影响不确定。此外，OPEC成员国对一国经常账户具有微弱的负向作用。也有学者利用1989—2008年的历史数据研究发现，OPEC成员国对一国经常账户具有显著的正向作用，如朱超等，2012。这可能是由于在考察期间，石油价格经历了大幅上涨的过程，进而对一国经常账户具有显著的改善作用。这一结果也说明，在分析全球经常账户失衡时，利用不同时间长度数据得出的结论是不同的，没有充分的理由说明影响因素对经常账户的作用是确定的。

由于GMM方法较好地捕捉了滞后项，经常账户滞后一期的系数始终显著为正，说明经常账户存在着强惯性。

## 11.3 本章小结与不足之处

近年来，学者们对汇率与全球经常账户失衡进行了广泛的研究和讨论，虽然达成了一些共识，但是在理论对现实的解释能力方面存在着较多的疑惑和分歧。本章选择影响一国储蓄投资缺口的内部因素和其他重要因素，基于面板数据进行实证检验。发现，相对于非汇率因素，汇率贬值有利于一国经常账户的改善，汇率升值可能会加剧一国经常账户逆差。自1990年以来，全球经常账户失衡逐步加剧，虽然有很多研究认为人口年龄结构、性别比、人均收入、金融发展程度等因素是一国经常账户失衡的结构性因素，但是，汇率依然是影响一国经常账户的显著性因素。

中国在战略上要坚持人民币国际化，促使人民币汇率保持在合理水平上，坚持开放，积极参与制定全球化治理规则，在现有的秩序和规则框架下争取更多的话语权和更大的影响力，建立稳定、自由、开放、相互协作、持续发展的国际经济新秩序，促进全球经常账户失衡再平衡调整，促进全球经济稳步增长。

本章的不足之处在于，基于汇率数据的可得性，选择了51个国家（地区）进行研究。计量模型依然采用动态面板数据。未来，作者将搜集更丰富的样本数据，采取多种数理方法，研究汇率和一国经常账户之间的内在关系。

# 12 收入不确定与近年来中国经常账户顺差

## 12.1 引言

近年来，中国的巨额经常账户顺差引起了国内外学者的广泛关注。绝大多数文献将问题的根源归结于宏观经济的基本面因素。这些研究大致可以分为以下三类。

其一，探讨人民币汇率变化与国际收支的关系。一些观点认为，人民币汇率的升值有利于缓解中国经常账户巨额顺差，促进中国经常项目收支平衡（Das，2009；Yingfeng Xu，2009；余淼杰，2009；汤铃，2011；等等）；另一些观点认为，人民币升值对中国经常项目失衡的作用不明显（Groenewold et al.，2007；Willem et al.，2011；李沂等，2012；等等）；还有一些观点则认为，相较于人民币汇率因素，非汇率因素对中国经常项目顺差的作用更加显著（贺力平，2008；Johansson，2009；肖玉明，2011；等等）。

其二，从储蓄－投资视角出发，探讨中国经常账户失衡问题。一些观点认为，中国经常项目顺差主要是由于居民和政府部门的储蓄过高（甘小芳，2011；杨盼盼等，2015）；一些研究挖掘隐藏在储蓄－投资理论背后更深层次的原因，包括人口结构、收入不平等因素：朱超、周晔（2011）发现，计划生育政策带来的人口抚养比下降是中国近年来高储蓄率的重要原因，对中国经常项目顺差具有一定的解释作用；赵锦春（2014）认为，影响中国经常项目顺差的重要因素在于中国二元经济结构下的劳动力供给和城乡收入分配差距扩大；文博（2008）认为，中国经常项目失衡的根本原因在于劳动力无限供给下的国民收入分配失衡。

其三，从国际收支阶段论角度，探讨中国持续性经常项目失衡问题。一些研究通过跨国数据比较得出，中国的巨额经常项目顺差是不合理、不经济或是特殊的（余永定，2007；张礼卿，2007；李扬，2014；卢锋，2006；等等）；一些研究通过构建理论模型和计量检验，证明中国的经常项目顺差是合理的：张少华（2008）指出，中国在全球产业价值链的低端禀赋环节是贸易顺差的重要原因；雷达、赵勇（2009）和徐建炜、姚洋（2010）研究发现，国家之间金融业发展差异、一国内部金融业–制造业发展差异可以解释一国的经常项目失衡。

在上述研究中，有关收入不确定这项能够影响消费，进而影响经常项目平衡的客观存在因素却往往被忽略了①。

本部分在区分收入不确定方向的前提下，将收入不确定因素引入一国经常项目决定的理论模型中，证明一国经常账户平衡受收入不确定的大小和方向影响，为探讨一国外部失衡问题提供了全新的理论基础。此外，利用近年来相关数据，计量检验收入不确定对中国经常项目平衡的作用，发现相较于"优于预期"的正向不确定，"劣于预期"的负向不确定显著地加剧了中国近年来的经常账户顺差。

## 12.2 理论模型

### 12.2.1 收入不确定的概念与测度

根据奈特对不确定性的理解，能够预期到的不确定不属于不确定范畴，真正的不确定是不可预期的。所以本部分在界定一国收入 $Y$（或称产出 $Q$、$GDP$）的不确定性时，重点强调人们未预期到的收入变化。本部分认为收入不确定是人们未预期到的收入波动，是人们预期行为的结果。在选择收入不确定测度指标时，本部分借鉴Sknner（1988）、罗楚亮（2004）、陈冲（2014）等，采用预期收入离差率（$EDR_t$）对一国收入不确定进行测度。具体如下。

假设一国在 $t$ 期的实际收入为 $Y_t$，第 $t$ 期的预期收入为 $Y_t^e$，那么，一国在第 $t$ 期预期收入以外的变化为实际收入和预期收入的差值，即预期收入离差（$ED_t$）：

$$ED_t=Y_t-Y_t^e \quad (12\text{–}1)$$

由于一国在不同的年份收入是不同的，而相同的预期收入离差可能会对不同收入水平下的居民产生不同的作用，所以引入预期收入离差率来测度一

① 根据吸收法"$CA_t=Y_t-C_t-I_t-G_t$"，收入不确定性可以通过影响 $C_t$ 进而影响 $CA_t$。

国收入的不确定性：

$$EDY_t=\frac{ED_t}{Y_t^e}=\frac{Y_t-Y_t^e}{Y_t^e} \quad (12-2)$$

当$EDY_t$为正时，实际收入$Y_t$超出人们对未来收入的预期值$Y_t^e$，实际收入发生了“优于预期”的正向不确定；当$EDY_t$为负时，实际收入$Y_t$低于人们对未来收入的预期值$Y_t^e$，实际收入发生了“劣于预期”的负向不确定。

### 12.2.2 收入不确定与经常项目决定的跨期模型

（1）效用函数。

本部分假定一个两期同质的代表性经济体，第一期表示现在，第二期表示未来。代表性经济人满足一种常相对风险厌恶效用函数（CRRA）形式（所有经济体的参与者都遵循这样的效用函数形式）：

$$u_t=\ln C_t \quad (12-3)$$

代表性经济人的总效用函数为两期效用的总和，记为$U_t$：

$$U_t=\ln C_1+\ln C_2 \quad (12-4)$$

（2）收入不确定与经常项目平衡。

①在第二期收入不存在不确定时，即产出$Q_1=Q_2=\bar{Q}$时，总效用函数为

$$U_t=\ln C_1+\ln（2\bar{Q}-C_1） \quad (12-5)$$

上式对$C_1$求导，得出效用最大化条件下的消费$C_1$应满足

$$\frac{1}{C_1}=\frac{1}{2\bar{Q}-C_1} \quad (12-6)$$

分析式12-5，当$C_1=\bar{Q}$时，等式成立，此时$CA_1=Q_1-C_1=0$。即在不存在收入不确定的情况下，居民不需要正储蓄或负储蓄以平滑消费，经常账户收支平衡。

②在第二期收入存在不确定的情况下，假定第一期产出$Q_1=\bar{Q}$；第二期的产出为$Q_2$，式12-1变形，$Q_2$是第二期产出的预期值$Q_2^e$与预期离差率$EDY_t$的函数，即

$$Q_2=Q_2^e（1+EDY_t） \quad (12-7)$$

所以

$$C_2=Q_1+Q_2-C_1=\bar{Q}+Q_2^e（1+EDY_t）-C_1 \quad (12-8)$$

总效用函数为

$$U_t=\ln C_1+E\ln C_2$$
$$=\ln C_1+\ln[\bar{Q}+Q_2^e(1+EDY_t)-C_1] \quad (12-9)$$

上式对$C_1$求导，解得效用最大化条件下的消费$C_1$应满足

$$\frac{1}{C_1}=\frac{1}{\bar{Q}+Q_2^e(1+EDY_t)-C_1} \quad (12-10)$$

解得

$$C_1=\frac{\bar{Q}+Q_2^e(1+EDY_t)}{2} \quad (12-11)$$

式12–11表明在第二期收入（$Q_2$）存在不确定的情况下，最优消费$C_1$不仅与$Q_1$（$\bar{Q}$）有关，也取决于居民对未来产出的预期$Q_2^e$和产出不确定性的测度$EDY_t$。

进一步，为了区分收入正向不确定性和负向不确定性对居民消费$C_1$的作用。本部分引入虚拟变量$Dum$。

$$Dum=\begin{cases}0 & \text{当}EDY_t<0\text{时，收入发生“劣于预期的负向不确定”}\\ 1 & \text{当}EDY_t>0\text{时，收入发生“优于预期的负向不确定”}\end{cases} \quad (12-12)$$

将式12–12代入式12–11，得

$$C_1=\frac{\bar{Q}}{2}=\frac{Q_2^e}{2}[1+Dum*EDY_t+(1-Dum)EDY_t] \quad (12-13)$$

由式12–13并结合吸收法，发现收入正向不确定$Dum*EDY_t$扩大了当期消费$C_1$，具有恶化经常账户余额$CA_1$的作用；收入负向不确定（$1-Dum$）$EDY_t$减少了当期消费$C_1$，具有改善经常账户余额$CA_1$的作用。

## 12.3 实证检验

### 12.3.1 模型和变量

在上述模型的基础上，本部分以“优于预期”的正向不确定$Dum_t*EDY_t$和“劣于预期”的负向不确定（$1-Dum_t$）$EDY_t$作为两个解释变量，综合现有文献，确定其他最有可能影响一国经常项目平衡的因素作为控制变量，建立计量模型12–14。各指标对应的时间区间为1983—2015年。

$$CAB_t=\beta_0+\beta_1Dum_t*EDY_t+\beta_2(1-Dum_t)EDY_t+\beta_3PGNI_t+\beta_4PGNI_t\text{^}2+\beta_5LAND_t+$$

$$\beta_6 DEPENDENT_t+\beta_7 BUDGET_t+\beta_8 GROWTH_t+\beta_9 REER_t+\beta_{10} SEXRATIO_t+u_t \tag{12-14}$$

被解释变量：经常账户平衡（$CAB_t$）。$CAB_t$代表一国在第$t$期的经常项目结余 / $GDP$。

解释变量："优于预期"的正向不确定性$Dum_t*EDY_t$和"劣于预期"的负向不确定性（$1-Dum_t$）$EDY_t$。其中，虚拟变量$Dum$的设置与式12–12相同，代表不确定性的方向。$EDY_t$代表收入不确定性的测度，$EDY_t$的具体计算方法如下。

假设一国在$t-1$期的收入是$GDP_{t-1}$，可预期到的第$t$年的收入增长率为$r_t\%$，则一国第$t$年的预期收入$GDP_t^e$为

$$GDP_t^e=GDP_{t-1}(1+r_t\%) \tag{12-15}$$

其中，对于预期收入增长率$r_t\%$的计算，借鉴王健宇（2010）、王克稳（2013）的做法，以每3年一国收入增长率的平均值作为预期增长率，即

$$r_t\% = \frac{r_{t-3}\%+r_{t-2}\%+r_{t-1}\%}{3} \tag{12-16}$$

将式12–16代入式12–15后，再代入收入不确定性的测度公式12–2，得出本部分计量检验中收入不确定性的计算公式

$$EDY_t=\frac{GDP_t-GDP_t^e}{GDP_t^e}=\frac{GDP_t-GDP_{t-1}(1+r_t\%)}{GDP_t^e}$$

$$=\frac{GDP_t-GDP_{t-1}\left(1+\dfrac{r_{t-3}\%+r_{t-2}\%+r_{t-1}\%}{3}\right)}{GDP_t^e} \tag{12-17}$$

控制变量：①人均收入的对数（$\ln PGNI_t$）和人均收入平方项的对数（$\ln PGNI_t$^2）。加入平方项是为了反映可能存在的非线性关系。本部分用人均GNI（万美元，2005年不变价）的对数代表一个国家的经济发展程度。②人均国土面积相对值（$LAND_t$）：自然资源的繁荣引起生产要素从制造业转移到资源部门，对制造业部门产生挤出效应，诱发"荷兰病"。本部分用人均国土面积相对值代表自然资源的繁荣程度。③人口抚养比（$DEPENDENT_t$）：由0～14岁及65岁以上的人口之和除以总人口数计算得出。④财政结余 / $GDP$（$BUDGET_t$）。根据双赤字观点，提高预算赤字的财政政策也会提高经常账户赤字，因而财政结余 / $GDP$与经常账户正相关。⑤经济增长率

（$GROWTH_t$）：根据Fry和Mason（1982）的经济增长率效应，一国经济增长越快，消费 / *GDP*可能下降，储蓄率上升，对经常账户余额具有正向作用。Edwards（2007）、谢建国（2015）指出，经济增长率的提高意味着一国的国民收入和进口需求增加，从而可能恶化一国贸易收支。⑥实际有效汇率的对数（$\ln REER_{it}$）。实际有效汇率可能通过影响国内外市场的价格水平影响一国贸易余额。为了消除数量级相差很大情况的影响，本部分计量模型采用实际有效汇率的对数值。⑦人口性别比（$SEXRATIO_t$）。本部分的人口性别比为中国男性人口占总人口比重除以女性人口占总人口比重。

### 12.3.2 数据来源及描述性统计

各变量的描述性统计如表12-1所示。

**表12-1 各变量的描述性统计**

| 变量 | 均值 | 最大值 | 最小值 | 标准差 | 数据来源 |
|---|---|---|---|---|---|
| *CAB* | 0.022875 | 0.099697 | -0.036757 | 0.029913 | 国家外汇管理局、世界银行数据库和作者自行计算 |
| $Dum*EDY_t$ | 0.045698 | 0.155858 | 0.00000 | 0.055074 | 世界银行数据库和作者自行计算 |
| $(1-Dum)EDY_t$ | -0.025576 | 0.00000 | -0.207403 | 0.055201 | 世界银行数据库和作者自行计算 |
| ln *PGNI* | 6.995438 | 8.97000 | 5.597476 | 0.867211 | 世界银行数据库和作者自行计算 |
| ln *PGNI*^2 | 49.66979 | 80.60502 | 31.33174 | 12.35322 | 世界银行数据库和作者自行计算 |
| *LAND* | 0.347797 | 0.381429 | 0.325788 | 0.017102 | 世界银行数据库和作者自行计算 |
| *DEPENDENT* | 0.310684 | 0.377169 | 0.256469 | 0.039159 | 世界银行数据库 |
| ln *REER* | 4.637297 | 5.414677 | 4.243255 | 0.257178 | 世界银行数据库和作者自行计算 |
| *BUDGET* | -1.044424 | 0.924000 | -2.878000 | 0.966344 | IMF（IFS数据库） |
| *GROWTH* | 9.954834 | 15.20706 | 3.933824 | 2.702583 | 世界银行数据库 |
| *SEXRATIO* | 1.0569 | 1.0628 | 1.0523 | 0.0032 | 世界银行数据库和作者自行计算 |

### 12.3.3 计量检验

首先，对自变量和因变量进行单位根检验，表12–2 显示了各变量的ADF单位根检验。检验结果为：各变量的原始数据均不平衡，但经过一阶差分后都是平稳的。其次，本部分利用Engle和Granger（1987）提出的协整检验方法，即EG两步法检验因变量和自变量之间是否存在协整关系：第一步，对回归方程12–14进行OLS估计，结果由表12–3表示；第二步，以式12–7的结果为基准，对残差进行单位根检验，即检验回归方程的残差是不是一个平稳序列，结果由表12–4表示。

**表12–2 各变量的ADF单位根检验结果**

| 变量 | 水平值 | | | 一阶差分 | | |
|---|---|---|---|---|---|---|
| | Intercept | Trend and Intercept | None | Intercept | Trend and Intercept | None |
| *CAB* | −1.9311<br>（0.3145） | −2.3809<br>（0.3818） | −1.4517<br>（0.1353） | −5.0703***<br>（0.0003） | −4.9889***<br>（0.0018） | −5.1527***<br>（0.0000） |
| *Dum*EDY* | −3.2857<br>（0.2013） | −3.1608<br>（0.1891） | −2.3606<br>（0.1437） | −6.7708***<br>（0.0000） | −6.8086***<br>（0.0000） | −6.8945***<br>（0.0000） |
| （1–*Dum*）*EDY* | −1.8729<br>（0.3397） | −2.1022<br>（0.5231） | −2.2737<br>（0.0525）* | −12.4396***<br>（0.0000） | −12.4818***<br>（0.0000） | −12.2785***<br>（0.0000） |
| ln *REER* | −3.4045*<br>（0.0682） | −2.4039<br>（0.3681） | −0.9677<br>（0.2908） | −4.1693***<br>（0.0028） | −5.1318***<br>（0.0013） | −4.2229***<br>（0.0001） |
| *BUDGET* | −2.4493<br>（0.1370） | −2.5165<br>（0.3186） | −1.1343<br>（0.2280） | −6.5358***<br>（0.0000） | −6.3959***<br>（0.0000） | −6.5779***<br>（0.0000） |
| *GROWTH* | −3.2699*<br>（0.0522*） | −3.0052<br>（0.0113） | −1.6047<br>（0.0113） | −5.1781***<br>（0.0002） | −5.0764***<br>（0.0014） | −5.2154***<br>（0.0000） |
| *SEXRATIO* | −1.1465<br>（0.6789） | −1.7348<br>（0.7024） | −0.0504<br>（0.6554） | −5.0236***<br>（0.0005） | −4.8870***<br>（0.0034） | −5.1509***<br>（0.0000） |

注：括号内为*P*值，*、** 和 *** 分别表示在10%、5%和1%的水平上拒绝原假设，原假设是$H_0$=单位根（序列不平稳），备择假设是$H_1>0$（序列平稳）。

**表12-3 OLS估计的结果**

| 变量 | 方程1 | 方程2 | 方程3 | 方程4 | 方程5 | 方程6 | 方程7 |
|---|---|---|---|---|---|---|---|
| *Dum* EDY* | –0.113<br>（0.098） | –0.108<br>（0.082） | –0.100*<br>（0.084） | –0.123<br>（0.081） | –0.131<br>（0.102） | –0.180<br>（0.094） | –0.226<br>（0.084） |
| （1–*Dum*）*EDY* | 0.109*<br>（0.080） | 0.017*<br>（0.069） | 0.003<br>（0.074） | 0.010*<br>（0.067） | 0.008**<br>（0.073） | 0.095***<br>（0.076） | 0.070***<br>（0.067） |
| ln *PGNI* | | –0.109**<br>（0.189） | –0.440*<br>（0.604） | –1.0157***<br>（0.351） | –1.260***<br>（0.537） | –1.565***<br>（0.500） | –1.465***<br>（0.436） |
| ln *PGNI*^2 | | 0.010*<br>（0.014） | 0.041***<br>（0.056） | 0.110**<br>（0.0034） | 0.119***<br>（0.050） | 0.133**<br>（0.046） | 0.123***<br>（0.040） |
| *LAND* | | | –5.020*<br>（8.680） | –19.430***<br>（8.183） | –21.362**<br>（10.805） | –12.763<br>（10.397） | –17.522*<br>（9.235） |
| *DEPENDENT* | | | | –1.470***<br>（0.863） | –1.617***<br>（0.926） | –0.305***<br>（1.093） | –0.862***<br>（0.976） |
| *BUDGET* | | | | | –0.001<br>（0.007） | 0.000**<br>（0.006） | 0.001*<br>（0.005） |
| *GROWTH* | | | | | 0.000*<br>（0.001） | –0.001<br>（0.001） | 0.000*<br>（0.001） |
| ln *REER* | | | | | | –0.086**<br>（0.038） | –0.042<br>（0.037） |
| *SEXRATIO* | | | | | | | 28.721***<br>（11.543） |
| 观测数 | 33 | 33 | 33 | 33 | 33 | 33 | 33 |
| $R^2$ | 0.141 | 0.741 | 0.772 | 0.802 | 0.805 | 0.851 | 0.894 |
| *DW* | 0.883 | 1.113 | 1.150 | 1.310 | 1.325 | 1.461 | 2.167 |

注：*、**、***分别代表在10%、5%、1%的水平上显著。括号中为标准差。这里省略了常数项的回归结果。

**表12-4 残差单位根检验结果**

| 变量 | 水平值 | | |
|---|---|---|---|
| | Intercept | Trend and Intercept | None |
| 方程7的回归残差 | –5.274412***<br>（0.0002） | –5.129189***<br>（0.0019） | –5.389303***<br>（0.0000） |

注：括号内为*P*值，***表示在1%的水平上拒绝原假设，原假设是$H_0$=单位根（序列不平稳），备择假设是$H_1>0$（序列平稳）。

检验结果显示，残差序列在1%的显著性水平下拒绝原假设，说明残差为平稳序列，因此，接受因变量与自变量是协整关系的假设，因变量与自变量之间存在稳定均衡关系，表12-3的结果不存在虚假回归，模型的设定是正确的。

### 12.3.4 计量结果分析

表12-3中的方程1至方程7的回归结果显示：收入正向不确定$Dum_t*EDY_t$与中国经常项目收支负相关，但不显著；收入负向不确定（$1-Dum_t$）$EDY_t$对加剧中国经常账户顺差具有显著作用。下面重点分析负向不确定对经常项目平衡的显著正面影响。事实上，我们可以结合中国实际情况，从社会保障、工资水平、住房信贷三个方面理解：第一，中国还没有足够的财政能力建立全面完善的社会保障体系，一些居民可能随时面临患病、失业等状况而不能得到有效的救济。由于担心这些“后顾之忧”对现金的需求，居民可能会对负向不确定异常敏感，当实际收入低于预期收入时，大幅削减当前消费支出、增加储蓄以应对未来的不利风险。相反，负向不确定可能对一些社会保障体系相对完善的发达国家没有显著性作用。因为这些国家的高福利政策使得居民没有或少有“后顾之忧”，即使收入发生了暂时的负向不确定，也难以影响居民的当前消费支出。当然，有关收入不确定对高福利发达国家居民消费的作用只是一种合理推测，还有待进一步的数理检验。第二，樊纲等（2013）认为，中国过剩劳动力的存在使得相对于资本而言，劳动力处在弱势地位，工资上升缓慢。杨军生（2006）指出中国近年来的经济高速增长在一定程度上是以低廉的劳动力成本为支撑的。在中国工资水平较低且上升缓慢的情况下，居民往往认为未来收入的增加不足以抵消当前收入“劣于预期”的减少，面对收入负向不确定，只有削减当前的消费支出、增加储蓄以平滑一生的消费。相反，在工资增长速度较快的情况下，虽然当期收入发生了负向不确定，但是居民认为未来收入会大幅增加，所以可能并不会急于削减当前的消费支出。第三，近年来中国经历了房价高速增长时期，许多家庭会在考虑自身未来收入的前提下，选择合适的住房消费信贷购买房屋，这些家庭每个月会有一笔固定支出偿还房屋贷款。当实际收入低于预期收入时，居民只有削减当前消费支出、增加储蓄以保证未来住房消费贷

款的按时还款。上述三个方面说明收入负向不确定具有削减居民当前消费支出、增加居民当期储蓄，从而加剧中国经常项目顺差的作用，即收入负向不确定——这个以往研究所忽略的因素是引起中国经常项目顺差的显著、重要原因。

收入正向不确定对经常项目平衡的负面作用不显著，原因在于即使在实际收入高于预期收入的情况下，居民也未必会扩大消费，进而恶化经常账户。这可能与中国居民长期形成的保守、节俭的消费习惯有关，也可能和前面所述的社会保障体系有关。不完善的社会保障体系促使居民对收入正向不确定不敏感，即使实际收入增加了，考虑到未来养老、患病、失业等因素对现金的庞大需求，居民依然愿意选择增加储蓄以保证未来的生活水平。所以收入正向不确定不会明显地影响居民消费，从而对经常账户余额的作用不显著。除了这两个解释变量，表12–3还反映了一些控制变量对中国经常项目平衡的影响。以式12–7的估计为基准结果，从各控制变量的显著性和系数发现：①人均收入的对数（$\ln PGNI_t$）的系数显著为负，人均收入平方项的对数（$\ln PGNI$^2）的系数显著为正。这说明人均收入（横轴）和经常账户（纵轴）之间存在“U”形的非线性关系，在考察期间，国际收支阶段论成立。②人均国土面积相对值（$LAND_t$）对经常账户的作用显著为负，这说明“荷兰病”理论在中国具有一定的适用性，但作用方向不同。随着人口总数的不断攀升，人均自然资源占有量也逐年递减。系数为负说明近年来中国人均自然资源占有量的下降可能对制造业部门发生了挤入效应，从而加剧了经常项目顺差。③人口抚养比（$DEPENDENT_t$）的提高对中国经常账户余额具有显著的负面影响。④财政结余占GDP的比重（$BUDGET_t$）对中国经常账户具有显著的正向影响，与双赤字假说相吻合。⑤经济增长率（$GROWTH_t$）对中国经常账户具有显著的正向作用，支持Fry和Mason（1982）的经济增长率效应结论。⑥实际有效汇率的对数（$\ln REER_t$）对经常账户的作用方向为负，但不显著。这说明在考察期间，相对于非汇率因素，汇率因素对中国经常项目顺差未显示出突出作用，支持贺力平（2008）等学者的观点。⑦人口性别比（$SEXRATIO$）对中国经常账户的作用显著为正，说明近年来中国男性人口比例的上升加剧了经常项目顺差，支持Du和Wei（2010）的结论。事实上，由于一些传统观念的作用，中国男性在婚姻市场上竞争的重要筹码是拥有房屋，这种现象促使年轻男性更愿意增加储蓄以满足未来购买房屋的现金需求，在一定程度上提高了中国的储蓄率，促进了经常账户顺差。

## 12.4 本章小结

本部分为理解中国经常账户失衡提供了一种新的思路。中国经常账户持续性顺差的原因不仅与以往研究涉及的一些经济基本面因素有关，也可以在很大程度上由收入不确定因素解释。本章的理论研究发现，收入的正向不确定恶化了一国经常账户，收入的负向不确定改善了一国经常账户。本章的实证检验发现，收入的负向不确定加剧了中国近年来的经常账户顺差，收入正向不确定的作用不显著。此外，本章还有一些比较有意思的发现，如中国男性人口比例的上升对经常项目顺差具有显著的正向作用；中国人口抚养比的上升对经常项目平衡具有显著的负面影响；在考察期间国际收支阶段论成立等。

如果上述结论成立的话，我们在面对中国外部失衡问题时，可以做出一些新的理解和参考：首先，为了缓解近年来中国的巨额经常账户顺差，不能仅仅寄希望于汇率升值等因素，还要尽可能保障居民的收入不确定为正值。也就是说，在收入稳定增长的同时，保障居民的实际收入高于预期收入。这样能够从根本上避免收入负向不确定对经常账户的正面影响。超出预期地提高居民工资水平，减免税收或加大转移支付力度可能是保障居民收入保持正向不确定的有效措施。其次，要减轻收入负向不确定对居民消费的抑制作用，进而有效地规避收入负向不确定对中国经常账户顺差的加剧作用。完善社会保障制度，解除居民的“后顾之忧”；提高工资水平的年上涨率，增强居民对未来可支配收入的信心；发展社会保障房建设，降低居民物质生活压力等措施是减轻收入负向不确定对居民消费抑制作用的有效方式。最后，需要说明的是，由于本章的理论模型具有一般性，所以有关收入不确定与经常项目平衡的研究还可以拓展至世界其他国家。世界范围内收入不确定对一国外部失衡的作用有待于今后的进一步研究。

# 13 疫情防控常态化下全球经济增长与宏观经济政策选择

## 13.1 引言

新冠疫情的暴发和持续蔓延冲击了全球经济。2020年，世界经济发展举步维艰。疫情同时冲击了全球经济的需求端和供给端：多国采取了封闭和隔离措施，抑制了人们的消费需求，直接冲击了服务业、旅游业、餐饮业等实体经济部门；国际贸易和交通运输的停摆，原材料供给收缩和产业链受挫，在一定程度上影响了生产供给。2020年第一季度，美国经济增长率为-4.8%，欧盟经济增长率为-2.6%，中国经济增长率为-6.8%。2020年6月，国际货币基金组织（IMF）发布《世界经济展望》，预测2020年全球GDP增长率为-4.9%。其中，发达经济体为-8.0%，新兴市场和发展中经济体为-3.0%。同时，预测2020年中国经济增长率为1.0%，为全球唯一正增长的主要经济体。受新冠疫情影响，全球经济能否走出困境，复苏增长，是学者们广泛关注和担忧的热点话题。

纵观历史，几次“疫情大流行”都对经济产生了一定的冲击。为了应对不利因素的影响，世界各国纷纷采取了一系列财政政策和货币政策。在过去的几十年里，无论是1997年的东南亚金融危机，还是2008年的次贷危机，我国政府主要实施相应的财政政策和货币政策来应对危机。2020年3月，G20为应对新冠疫情召开的特别峰会宣布，各国将经由财政政策、各类经济措施和担保计划，向全球经济注入5万亿美元，应对新冠疫情冲击的负面影响。从西方宏观经济学理论来看，当经济过热时，政府实施紧缩性的宏观经济政策抑制需求，当经济受到冲击时，政府将采取扩张性的经济政策来拉动需求，稳定和支持经济增长。自新冠疫情发生以来，世界大多数国家采取了积极的财政货币政策。本部分首先回顾1990—2019年世界经济增长情况，比较分析了

1990年后两次经济危机期间的世界经济增长率走势；重点讨论了新冠疫情背景下，2020年世界主要经济体第一季度和第二季度的经济增长。其次，本部分阐述和剖析新冠疫情背景下，各国政府实施的财政政策和货币政策。再次，本部分联系凯恩斯宏观经济模型、外部失衡及蒙代尔政策搭配理论，进一步思考现阶段的世界经济政策。本部分的研究聚焦全球经济增长和宏观经济政策选择，对未来全球经济发展提出政策建议，以期为中国和世界经济稳步复苏、持续发展提供参考。

## 13.2 疫情背景下的世界经济增长

### 13.2.1 突发事件与世界经济增长回顾性分析

世界历经了1997年的东南亚金融危机和2008年的全球经济危机，为了缓解危机对经济的冲击，保持经济复苏和增长，各国纷纷出台了相应的财政货币政策。东南亚金融危机爆发时，为控制汇率暴跌的局面，多国中央银行干预外汇市场。泰国、印尼等国家动用外汇储备稳定汇率。为防止财政状况大幅度恶化，泰国、马来西亚等国家要求压缩政府开支，减少财政赤字。需要说明的是，在1998年8月后，各国的宏观经济政策由紧缩转向扩张，以摆脱经济衰退，促进经济增长。2008年国际金融危机爆发后，美国实施《2009美国复兴与再投资法案》、降低联邦基金利率及量化宽松等一系列刺激性财政货币政策；欧元区实施加大基础建设投资、减税的扩张性财政政策，应用长期再融资操作和直接货币交易计划（OMT）向市场注入流动性；中国实施减税、扩大政府支出等积极的财政政策，采取多项适度宽松的信贷政策，缓解了金融危机对经济的不利影响。

图13-1显示了1990—2019年G7国家的GDP增长率。可以发现，首先，在30年长周期的大多数年份里，G7国家的经济增长率均为正值。个别年份里，例如1991年的加拿大和英国、1993年的意大利、2003年的德国出现了负增长。这表明在过去的时间里，世界经济保持着增长的基本面。其次，2007—2010年，G7国家的经济增长率均呈现“V”形趋势，这表明国际金融危机等外生性因素对G7国家经济的影响是短暂的，在一系列经济政策调控后，G7国家的经济增长率反弹。再次，2009年后，G7国家的经济增长逐步调

整和复苏。2019年，G7国家的经济增长率平均值为1.20%，美国经济增长率为2.33%，领先于G7其他国家。

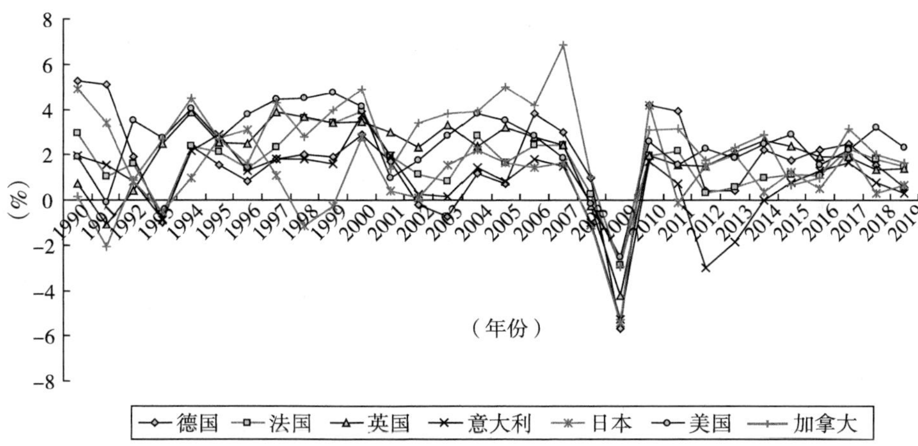


**图13-1　1990—2019年G7国家GDP增长率**

数据来源：世界银行数据库。

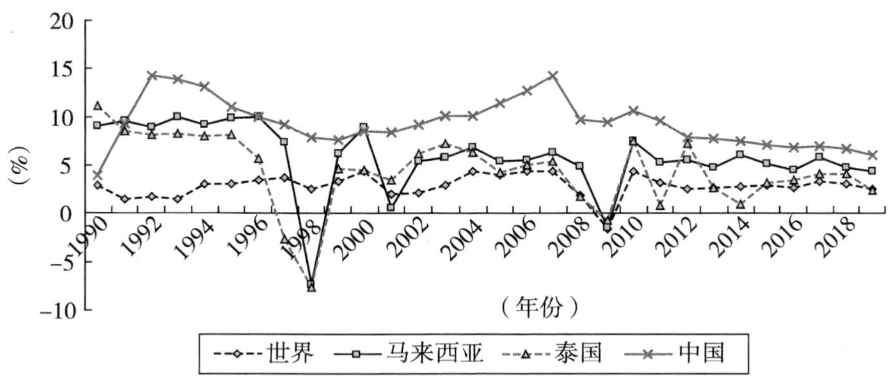


**图13-2　1990—2019年中国、泰国、马来西亚和世界GDP增长率**

图13-2显示了1990—2019年中国、泰国、马来西亚和世界GDP增长率。可以发现，首先，在30年长周期里，除了2009年以外，世界经济均保持着正向水平，经济增长率平均值为2.83%。2008—2010年世界经济增长率呈现V形走势。2011—2019年，世界经济保持稳定增长。其次，中国的经济增长率始终高于世界经济增长率，中国成为世界经济增长的稳定器和动力源，中国经济的表现牵动着全球。再次，1996—1998年，马来西亚和泰国的经济增

长率呈现断崖式下降，马来西亚经济增长率从1996年的10.00%下降至1998年的-7.35%；泰国的经济增长率从1996年的5.65%下降至1998年的-7.63%。东南亚金融危机对亚洲多国的经济产生了巨大的冲击。总体而言，1997年东南亚金融危机和2008年国际经济危机对亚洲代表性国家的影响是暂时的，经过短暂的调整，世界经济呈现V形复苏趋势，大多数国家的经济增长保持在较稳定的水平。

### 13.2.2 新冠疫情背景下的世界经济增长

新冠疫情发生以来，世界多国实施隔离防控措施，限制人员大规模流动，取消非必要的社会活动，学校停课，鼓励远程办公。2020年上半年，全球经济受挫，以G7国家为代表的发达经济体为例，根据美国劳工部数据，美国2020年4月失业率上升为14.7%。根据美国商务部数据，2020年第一季度，美国名义GDP高达5.26万亿美元，与2019年第四季度相比，环比年化下降4.8%。根据英国国家统计局数据，2020年第一季度，英国经济增长率环比下降2%，同比实际下降1.6%，为2009年以来的最低值。根据法国全国统计和经济研究所发布数据，法国2020年第一季度经济增长率环比下降5.8%，为1949年以来的最低值。根据德国联邦统计局数据，德国2020年第一季度经济增长率环比下降2.2%，为2008年以来的最大降幅。根据加拿大国家统计局数据，2020年第一季度，加拿大GDP约为4049亿美元，与2019年同期相比，剔除物价因素后，同比实际下降了1.3%。日本内阁府发布数据，剔除物价变动因素，2020年第一季度GDP环比下降0.9%，折合年增长率下降3.4%。其中受新冠疫情扩散影响，国际贸易项目中的出口额下降6%。新兴经济体方面，以金砖国家为例，2020年第一季度，中国经济增长率同比下降6.8%，是自1992年有季度GDP数据以来的最低值。由于中国的疫情主要发生在第一季度，印度、俄罗斯、巴西和南非等国家的疫情主要发生在第二季度，鉴于此，在第一季度，这些发展中国家的经济增长率保持缓慢增长或小幅下降：印度经济增长率同比上升3.1%，俄罗斯经济增长率为1.6%，巴西和南非经济增长率同比分别下降0.3%和0.1%。可以发现，在世界经济低迷，多国经济增长陷入停滞状态时，新兴经济体保持相对稳定的增长速度，成为世界经济增长的引擎。

2020年第二季度，全球经济依然处于艰难复苏进程中，随着各国民众防控意识的增强，疫情在多国得到了有效控制，防控常态化成为多国民众的共识。从5月起，多国适当调整放松了政策。欧美、南非、德国等国家和地区逐步复工复产。中国也迈出复工复产的步伐，国家统计局发布数据，2020年第二季度GDP增长3.2%。

## 13.3　新冠疫情背景下的各国财政货币政策

### 13.3.1　新冠疫情对世界经济的影响

新冠疫情对世界经济产生了剧烈的冲击，世界经济陷入了深度衰退的阴影中。新冠疫情对世界经济的影响短暂而强烈，同时冲击了发达国家和新兴经济体。由于疫情发展的不确定性，世界经济未来的走向也面临着不确定性。总体而言，疫情对世界经济的影响可以从需求面和供给面来分析。从需求面来看，疫情从消费、投资、进出口等方面对世界经济形成冲击。在消费方面，为了控制疫情的扩散，多国采取限制人员流动和交通运输的方式，人们对短期购物、旅游、餐饮、娱乐等消费的需求骤减。从投资来看，为减少人员集聚，多国的工程项目处于停滞状态，固定资产投资增速出现下滑；企业投资的信心也受到影响。从进出口方面来看，疫情发生后，由于复工推迟、物流滞后、订单交付延误等问题，进出口压力加大。联合国贸易和发展会议发布报告显示，2020年第一季度全球贸易额环比下降3%，预计第二季度降幅将进一步扩大。从供给面来看，疫情对总供给产生了冲击。由于原材料、劳动力等生产要素流通受阻，物流、生产、销售、回款等正常经营活动受到干扰，服务业和工业增加值大幅度下降，许多企业停工减产，减少了社会总供给。

鉴于上述分析，可以发现，新冠疫情在总供给和总需求方面同时对经济产生负面影响。一方面，消费、投资、出口的下降拉低了世界商品和劳务总需求；另一方面，复工复产的受限减少了世界商品和劳务总供给。在“双冲击”背景下，世界经济面临着严峻的风险和挑战。

### 13.3.2 疫情背景下各国的财政政策

面对危机时，各国政府主要采取货币政策和财政政策来支持投资、稳定经济增长。理论上，由于货币政策具有较长的时滞，在拉动经济时，财政政策更具有可控性和精准性。鉴于此，积极的财政政策是应对疫情危机、对冲负面影响的必要措施。疫情发生后，多国实施积极有效的财政政策，为经济稳步复苏提供有力的保障和支持。

疫情发生后，多国实施扩张性财政政策。2020年3月，G20国家启动了5万亿美元的经济刺激计划。美国财政部推出1万亿美元的经济稳定计划，主要用于减税、支持小微企业、航空企业以及相关产业。欧盟委员会为疫情提供370亿欧元的资助，欧盟预算保证为中小企业提供80亿欧元的流动性。英国财政部实施300亿英镑的财政刺激方案，主要用于为企业和个人提供帮助，为抗疫提供公共服务，为小型企业免除部分税务等。法国、德国、希腊等欧洲国家也纷纷出台减税、延期缴纳社会保险、为资金紧张的企业提供贷款支持等措施，缓解疫情对经济的负面影响。巴西启动一系列紧急措施，注入293亿美元，用于防控直接支出、补贴困难人员和企业保持就业。根据国际货币基金组织的统计数据，为应对新冠疫情的不利影响，各国政府实施了约8万亿美元的财政刺激政策。国际货币基金组织预计，2020年，全球财政赤字额 / *GDP*将从2019年的3.7%上升至9.9%；全球公共债务 / *GDP*将上升至96%以上，其中，发达国家的数值约为122.4%。

总体而言，各国主要实施财政直接投入、减免税收以及发行国债等积极的财政政策。从支出端精准发力，针对特定的个人、企业给予财政支持。中国还发行抗疫特别国债，充分发挥专项债券扩大有效需求、稳增长的作用，为经济增长提供有力的保障。

### 13.3.3 疫情背景下各国的货币政策

财政政策和货币政策都是国家实施宏观经济调控的重要措施。自疫情发生以来，各国通过货币政策工具和措施维持稳定的货币环境，支持复工复产，促进经济增长。

多数国家采取“降息+量化宽松”等宽松的货币政策，也引发了世界范围内的“降息潮”。2020年2月，中国、泰国、菲律宾、印度尼西亚等亚洲国家宣布降息，以缓解疫情对本国旅游、产业链、制造业的不利影响。3月后，疫情在欧美和全球持续蔓延。美联储在3月两次宣布降息，联邦基金利率目标区间下调至0～0.25%。欧盟、韩国、新西兰、加拿大等国家和地区都纷纷宣布降息，下调基准利率，以期助力经济复苏和增长。根据统计，2020年上半年，各国央行的降息次数已达200余次，超过2019年全年的降息次数。

需要说明的是，在各国实施宽松的货币政策时，中国的货币政策更具有精准性。2020年2月是疫情防控的关键时期，央行货币政策主要是保证市场流动性充裕，重点支持疫情防控；随着疫情得到控制，生产经营活动逐渐恢复，货币政策的目标转向支持企业复工复产。在货币政策工具方面，中国采取“逆回购+MLF①”操作对冲经济短期波动，释放流动性。其中下调MLF利率，体现了中国政府倾向于帮助“三农”和小微贷款的目标；中国政府实施适时适度，定向降低存款准备金率和超额存款准备金率的政策，以支持实体经济发展，降低社会融资实际成本。2020年第一季度，人民币贷款增加了7.1万亿元，同比多增1.29万亿元，有效支持抗击新冠疫情和企业复工复产。此外，中国政府还增加再贴现再贷款额度，下调再贴现和再贷款利率，有助于精准引导资金更好地流向“三农”经济、小微企业。在疫情背景下，下调再贷款、再贴现利率是降低实体经济融资成本的必要措施。

## 13.4 进一步思考

随着新冠疫情在全球持续蔓延，各国政府纷纷采取相应的宏观经济政策，以期缓解疫情对经济的负面影响。主要措施包括：为工人提供收入补助，为患新冠或疑似隔离工人提供社会保障，为重点企业提供信贷支持，延期缴纳税金，延迟债务偿付等。从具体措施来看，财政政策和货币政策依然是各国调控宏观经济，应对经济危机的主要措施。鉴于此，有必要对疫情之下的宏观经济政策做出进一步思考。

首先，在西方宏观经济理论中，在经济萧条时，政府应实施扩张性的

① MLF是指中央银行提供中期基础货币的货币政策工具。

财政政策，例如增加公共支出、减少税收等措施，刺激总需求。但是，在IS-LM模型中，当投资需求利率系数无限大时，政府支出对私人投资产生完全的挤出效应，扩张性的财政政策并不会改变总产出。鉴于此，在实施财政政策时，要充分考虑避免挤出效应。一些研究发现，政府财政支出和减税的财政乘数效应并不相同。当实施扩张性财政政策时，政府财政支出的挤出效应较大，减税的挤出效应较小。鉴于此，中国在实施扩张性财政政策拉动经济时，可以适当加大税收政策的减免力度。降税政策可能并不能对经济产生立竿见影的效果，但是税收优惠、缓解企业短期融资问题，将对经济增长产生积极作用。疫情发生以来，中国财政部门持续发力，一系列减税降费政策促使中国经济不断缓解、应对冲击和逐步恢复。

其次，在凯恩斯理论中，有效需求是影响经济增长的核心因素。在萨伊定律中，供给会创造需求。与以往的危机不同，新冠疫情从需求端和供给端两个方面冲击中国经济。从需求端来看，一段时间里，限制人员流动、限制非必要商业活动等措施降低了居民消费的需求，但是远程办公和网络消费等生活方式也将激发一些新兴领域的需求增长；从供给端来看，企业停工停产，收缩了社会总供给。此外，各国应对疫情采取的封闭措施影响了国际物流和跨国供应链，进而影响跨国贸易企业的原材料供给，对总供给产生不利影响。鉴于此，中国需要从供给端和需求端同时发力，促进经济平稳增长。从供给端，需要引导金融机构增加投放，加大对实体经济，特别是中小企业的信贷支持力度，提升供给质量，优化供给结构。在需求方面，扩大有效需求，拉动经济增长。可以通过发放消费券，引导居民向特定行业倾斜，刺激社会总需求。加码传统基建项目，增加5G通信网络建设、数字化建设、云计算等科技产业链的“新基建”项目等，促进经济稳步增长。

最后，在保证经济稳步复苏的前提下，要兼顾适度的外部失衡。外部失衡是贸易账户或经常账户失衡。双赤字理论认为提高预算赤字的财政政策也会提高经常账户赤字。疫情之下，多国实施积极的财政政策，公共部门债务扩张，财政赤字率上升。2019年，美国联邦政府的财政赤字额超过1万亿美元，是2012年以来的最高水平。预计，2020年，美国的财政赤字额会继续增加。不断攀升的财政赤字率可能会加剧美国的经常账户赤字。近20余年来，中国经常账户基本保持顺差状态，2019年，中国经常账户顺差额为1413亿美元。从外部失衡的角度来看，中国的财政政策仍有一定的空间。鉴于此，在开放经济条件下，各国在实施宏观经济调控时，要进一步关注内部均衡和外部平衡，各国要加强国际合作与协调，共同应对疫情对世界经济的不利影响。

## 13.5 总结和评述

2020年，突如其来的新冠疫情，冲击了世界经济，也使中国经济发展面临着更加严峻的挑战。本章通过对经济增长进行对比分析，发现1997年东南亚金融危机和2008年国际经济危机等事件对世界经济的影响是强烈的，但是，经过短暂的调整后，世界经济呈现V形复苏趋势，大多数国家的经济会缓慢增长，并保持在稳定的水平上。新冠疫情在总供给和总需求两端同时对世界经济产生“双冲击”。面对严峻复杂的疫情防控和经济形势，各国政府主要实施扩张性财政政策、宽松的货币政策来应对危机。与世界其他国家相比较，中国的货币政策更加精准，直达“三农”和中小企业，支持实体经济发展。

本章对疫情防控期间的宏观经济政策做出进一步思考。一国在实施财政政策对冲疫情对经济的负面影响时，要考虑挤出效应。各国在实施扩张性财政政策拉动经济时，可以适当加大税收政策的减免力度。各国需要从供给端和需求端同时发力，促进经济平稳增长。此外，在保证经济稳步复苏的前提下，各国要兼顾适度的外部失衡，保持经常账户失衡在合理的区间内。疫情对世界经济带来了一定的短期影响。但是，在各国政府的宏观政策调控下，世界经济持续发展、稳中向好的基本面不会改变。后疫情时代，各国要加强宏观财政政策和货币政策的协调配合，实施有针对性的财政政策和货币政策，引导资金流向实体经济。中国要坚持开放，加强与世界各国的经济合作，克服疫情对经济的不利影响，保持经济逐步复苏和稳健发展。

# 14　全球经常账户失衡未来走势展望

## 14.1　引言

在前面的研究中，我们发现横截面数据与面板数据结果不一致，并且面板数据的一些确定性结论并不适用于持续性失衡国家（地区）。理解全球经常账户失衡，需要结合持续性失衡国家（地区）的社会文化、经济结构、环境背景等特点。基于上述研究，本章是对未来全球经常账户失衡的展望。首先，在世界经济疲弱复苏的背景下，展望了未来全球经常账户失衡规模／*GDP*的走势。其次，本书着重关注了逆全球化回潮背景下，美国、英国、欧盟、中国等国家（地区）的经常账户失衡走势。在过去的20余年里，经济全球化是一个耳熟能详的词，全球化意味着不同的经济体在国际分工中的合作越来越密切。自2016年以来，伴随着特朗普当选美国总统，英国脱欧、意大利公投等“黑天鹅”事件频发，凸显了全球化进程中的困境。2020年新冠疫情的暴发和持续蔓延冲击了全球经济，同时冲击了全球经济的需求端和供给端，世界经济发展举步维艰。2021年1月，拜登当选美国总统，拜登实施更大规模的财政救助和基建法案，采取幅度温和的加税政策，实施宽松的货币政策。中美经贸问题依然是全球经济增长的重要议题。疫情防控期间，大多数国家面临的贸易环境恶化，加剧了逆全球化。在逆全球化回潮的背景下，一些持续性失衡国家（地区）的经常账户失衡状况会有怎样的变化？中国的经常账户失衡将会受到怎样的影响？这些是本章关注的主要议题。

在世界经济复苏疲弱的背景下，全球经常账户失衡规模／*GDP*可能会小幅扩大。在第三章的描述中，我们发现，在大多数年份里，全球经常账户失衡规模／*GDP*与世界GDP增长率同向而行，说明在经济增长低迷时期，全球经常账户失衡规模／*GDP*可能会缩小；在经济增长强劲时期，全球经常账户失衡规模／*GDP*可能会扩大。自国际金融危机和欧债危机爆发后，世界经济持续低迷，世界经济运行凸显出一系列深层次的结构性困境，包括欧美、日本等发达国家的量化宽松政策无力从根本上改变经济增速放缓的大趋势，低利率和低投资并存，全球债务风险加剧，FDI（外国直接投资）动力不足，制造业产能过剩，英国脱欧以及美国大选引发了金融市场动荡等。这些是世界经济在短期内难以恢复此前高增长模式的重要原因。在结构性调整和再平衡的过程中，世界经济正在走向新常态。在此背景下，世界经济将回归到一个相对平稳和均衡增长的区间。世界银行2022年1月发布的《全球经济展望》预测，发达经济体的经济增长率将从2021年的5.0%下降到2022年的3.8%和2023年的2.3%，新兴经济体的经济增长率将从2021年的6.3%下降到2022年的4.6%和2023年的4.4%。鉴于此，本书认为在未来3～5年的时间里，全球经常账户失衡相对规模会小幅扩大，但不会迅速、大幅上升。

## 14.2 逆全球化回潮与经常账户失衡走势展望

### 14.2.1 逆全球化回潮的背景与现实

在过去一百多年的历史长河里，曾经发生过两次典型的逆全球化。这两次逆全球化浪潮均与经济增长低迷有着较大的关系。第一次逆全球化过程发生在1914年至1960年。在1914年至1929年，国际贸易平均水平占全球GDP的百分比从22%下降至16%，资本流动规模占全球GDP的百分比从20%下降至8%①。1929年美国爆发了经济危机，后来很快蔓延到许多国家，加速了世界经济的衰退。1930年，美国通过了《斯姆特－霍利关税法》，将20000多种进口商品的关税提升到历史最高水平。随后，很多国家对美国采取了报复性关税措施，全球化进程遭遇大转折。第二次世界大战的爆发进一步恶化了世界经济，促使贸易保护主义盛行。第二次世界大战结束后，世界经济逐渐恢复，并向着全球化方向发展。第二次逆全球化过程发生在2007年后。2007年，美国爆发次贷危机，并很快席卷欧盟、日本等全球主要金融市场，欧债危机进一步加剧了经济衰退。在国际金融危机和欧债危机背景下，全球需求和贸易

① OBSTFELDM, TAYLORA M，Globalization and capital markets，NBER Working Paper No.8846，March 2002.

融资持续下降，2008年全球贸易进出口总额仅增长4%左右，2009年全球贸易增速出现了25年来的首次下滑，下降的程度高达12%，全球贸易总额下降了23%，退回到2006年的水平。在此背景下，各国纷纷出台相应政策保护本国贸易、维护本国就业和生产。例如，奥巴马上任后推行包含“购买美国货”的条款，明确基础设施项目只能采用美国生产的钢铁及其他产品；英国收紧移民政策等。这些现象表明，在全球经济低迷时期，贸易保护主义重新抬头，逆全球化趋势容易加剧。

2008年至2016年，全球经济增长率依然没有赶上过去的平均水平。这说明世界经济依然面临着长期停滞的风险，陷入了“低增长陷阱”。全球经济复苏乏力助推了逆全球化风潮，英国脱欧、特朗普当选美国总统等“黑天鹅”事件便是逆全球化风潮再次抬头的集中体现。

2016年6月23日，英国全民公投决定是否脱离欧盟，这无疑将成为历史上一次著名的“黑天鹅”事件，对欧盟及世界经济带来深远的影响。英国脱欧的原因是多重的，其中最主要的原因在于全球化促使英国居民收入差距的扩大。对投票情况的调查显示，收入水平越低，支持脱欧的比例越高，脱欧是英国低收入群体的“抗议票”。一些学者指出，东欧移民的涌入，使得移民群体和英国中低收入劳动者形成劳动力市场的竞争，降低了英国本地低收入群体的收入水平，提高了高收入群体的收入水平，进一步拉大了英国国内的收入差距。脱欧公投结果体现了英国中低层收入者对外来移民的排斥。英国脱欧凸显了欧盟的离心倾向，这一区域一体化的倒退反映了逆全球化的力量在急速加剧。不少学者担心，英国脱欧对欧盟其他国家具有示范效应，可能会激励欧盟其他国家纷纷参与脱欧公投，举行公投有可能成为欧盟成员国讨价还价的手段，进一步增强欧盟的离心倾向，从而加剧逆全球化的进程。

2016年11月9日，特朗普当选美国总统，引起了国际社会的普遍关注。许多学者和机构研究者认为，一个极端的贸易保护者领导全球最大的自由市场，将会对经济全球化带来重大的冲击。特朗普执政期间的贸易政策带有明显的逆全球化倾向。

2021年1月，拜登就任美国总统。美国实施了多轮经济刺激。财政政策方面，主要有1.9万亿的“美元救助计划”，主要内容包括抗击新冠疫情、帮助学校开学以及为工薪阶层搭建经济复苏的桥梁等。这些政策瞄准抗击疫情和纾解困局，帮助刚刚具有复苏迹象的美国经济持续增长。此外，大规模的基建计划也是拜登政府刺激经济、拉动经济增长的重要政策。在贸易方面，拜登政府希望通过贸易来刺激美国经济的复苏增长，尝试在全球范围内和盟国重新建立关系。相对于特朗普政府推行的贸易保护主义和贸易单边主义，拜登政府虽然强调美国优先，但是核心在于重塑美国形象。拜登政府可能会重新加入美国主导的多边经贸合作或区域经贸合作中。控制新冠疫情的蔓延，促使美国经济在疫情蔓延的背景下保持增长是拜登政府的首要目标。积极的财政政策和宽松的货币政策，放松移民政策，在奉行美国优先政策的前提下，回归全球化是拜登政府的新变化。然而，对于全球经贸体系，新冠疫情的暴发重创了全球供应链和生产链，在短期内，逆全球化回潮要看疫情防控发展态势。从长期来看，全球化路径取决于各国在政治、经贸上的应对政策和协作能力。

### 14.2.2 2017—2020年特朗普政策的推行加剧了美国经常账户赤字

2017年1月20日，特朗普正式就任美国总统。自特朗普参加竞选，至竞选成功，国际社会对特朗普一直都倍加关注。特朗普在竞选和执政后所表态的减税、增大基础设施投资、贸易保护、限制移民、金融监管等多项政策将会对美国及世界经济产生重要影响。在这一节，从以下三个方面重点分析特朗普的执政政策对美国经常账户失衡的作用机制。

首先，大幅减税与提高基础设施投资会加剧美国财政赤字，扩大经常账户逆差。特朗普在竞选时做出减税的承诺。他表示，要把美国的公司税由当时的35%减少至15%，把个人所得税累进档从7级简化为3级，分别是12%、25%和35%，废除遗产税。税收对一国的财政收入有着立竿见影的作用，下调税率将在很大程度上缩减美国的财政收入。特朗普承诺的另一项政策是增加基础设施投资。他承诺要大力重建道路、机场、桥梁、排水系统和电网。增加基础设施投资，促进就业率和经济增长率的上升正是美国所需要的政策，具有很大的实施可能性。理论上，一国的政府财政收支是税收和支出的差额，构成政府储蓄投资缺口，也是经常账户的直接组成部分，与经常账户正相关。前文的横截面数据、面板数据也证明政府财政结余率对一国经常账户具有显著的正向作用，美国、中国和欧元区成员国的时间序列数据再次证明这一点。

基于理论和现实的分析，本书认为，特朗普执政后，大幅减税和提高基础设施投资的政策会在很大程度上加剧美国经常账户逆差。

其次，限制移民减少了本国劳动力供给，可能会提高美国的平均劳动工资和出口商品价格，不利于提升制造业产品的国际竞争力。特朗普在竞选时宣称将重建美国移民系统，具体包括在美墨边境设置隔离墙，防堵非法移民流入；不再放纵非法移民；对外籍罪犯采取零容忍政策等。这表明特朗普在对待移民问题上将采取严格限制的政策。2017年1月27日，特朗普签署行政令称，美国将在120天内暂停所有难民入境；在90天内暂停包括伊朗、苏丹等七个国家的公民入境；无限期暂停叙利亚难民入境。这些难民和限制移民政策引起了美国和全球的广泛争议。业界对特朗普移民政策对美国经济的作用看法不一，一些学者认为外来移民对美国经济的发展起到了积极的作用。另一方面，许多学者也指出，移民对美国社会的效应是双重的，既促进了经济增长，又加剧了社会矛盾。本书认为，限制移民的一个直接影响是减少了本国劳动力的供给，可能会促使本国工资水平的上涨，不利于提高出口商品的竞争力和制造业的复兴，从而加剧美国经常账户逆差。

最后，中长期内美元指数仍有走强的动力，增大了美国经常账户赤字扩大的可能性。特朗普当选日，美元指数从98.1074下降至95.8832，又迅速回升至97.35。汇率的大幅波动反映了国际金融市场对特朗普执政的不可预期性。但是，美国重大经济政策都有既定程序，特朗普的竞选主张究竟有多少可以落地尚待进一步观察，随着时间的推移，特朗普当选对汇率的冲击可能逐渐淡化。从中长期来看，美元汇率依然是由基本面，包括竞争力、物价水平、利率等因素决定。依照特朗普“减税增支”的计划，未来美国的通货膨胀可能会有所上升，从而迫使美国加息，并对汇率带来一定的冲击。但是，从长期来看，特朗普减税、贸易保护等主张都可能加速美国制造业的回流，在技术创新、生产率位居世界前列的背景下，无论是贸易部门，还是非贸易部门，美国的竞争力都具有一定的优势，增大了美元走强的动力，从而加剧了美国经常账户赤字扩大的可能性。

综合上述分析，特朗普执政期间的各项政策加剧了美国经常账户赤字，从现有理论和实证检验结果来看，特朗普执政后，“减税增支”的财政政策，限制移民政策以及美元的长期走强趋势都可能加剧美国经常账户逆差。当然，重兴制造业、能源革命以及改善本国企业环境，创造更多就业机会的措施也会促进出口和改善经常账户，但是这些政策的效果并不是立竿见影的，也将受到其他国家进口需求、国际经济形势的影响。上述分析既是基于理论和历史数据检验的讨论，也与现实相吻合，验证了本书第五章面板数据的实证检验结果。

### 14.2.3 拜登执政与美国经常账户赤字

2021年1月，拜登正式就任美国总统，美国迎来了拜登时代。受到新冠疫情的影响，2020年美国经济增长率为–3.5%，是金融危机后的最低水平。拜登在当选美国总统后，实施多轮经济刺激计划影响经济、就业和通胀水平。2021年第一季度，美国经常账户逆差为1657.12亿美元，比2020年同期扩大70.2%。未来，美国经常账户走势将受到财政货币政策、汇率和贸易政策等多项因素的影响。

第一，增税和财政刺激计划将加剧美国财政赤字，扩大经常账户逆差。拜登当选总统后，财政刺激计划包括控制疫情和刺激经济。其中，控制疫情计划包括向遭受新冠疫情的美国民众提供直接经济救济，为社区提供关键支持以及联邦政府信息技术现代化等。刺激经济计划包括增加基础设施投资，加强基础设施建设等。根据双赤字理论和本书第五章的实证检验结果，增加税收可以理解为提高了政府储蓄，刺激经济的扩张性财政政策增加了总支出，扩大了财政赤字和经常账户赤字。总体上，拜登政府的财政政策对美国经常账户赤字的影响，是增税和扩大财政支出两者效应的总和。

第二，维持低利率和促进就业的货币政策将刺激投资，促进经济增长，提高收入水平。货币政策对美国经常账户的作用可能是负向的。从汇率与国际收支理论视角来看，扩张性的货币政策有利于增强美国经济的活力，促使美元汇率升值，加剧美国经常账户逆差。从收入视角来看，收入上升可能会引起居民消费增加，进而缩小储蓄投资缺口，对经常账户产生负向作用。综合来看，货币政策在促进美国经济复苏增长的同时，也会加剧美国经常账户逆差。

第三，储蓄率下降或将进一步扩大美国经常账户赤字。根据美国经济分析局统计数据，在新冠疫情前，美国的私人储蓄率保持在8%～10%。2020年第二季度，私人储蓄率上升至25.7%。但是，高储蓄率并未持续，2021年9月，私人储蓄率下降至7.5%，总储蓄率也相应下降。根据国民收入恒等式，一国经常账户是储蓄和投资的差额，持续下降的储蓄率或将进一步扩大美国经常账户赤字。

综合上述分析，从财政货币政策、储蓄率等方面来看，拜登执政后，美国经常账户赤字可能会继续扩大。作为全球经常账户失衡的主要来源国之一，美国经常账户赤字扩大可能会进一步加剧全球经常账户失衡。

### 14.2.4 脱欧或将恶化英国经常账户，欧盟成员国经常账户失衡面临不确定性

英国脱欧意味着欧盟在历史上将会首次出现成员国主动退出的情况。英国脱欧后，英国和欧盟经济、贸易与投资的未来发展引起了世界的高度关注。历史上，英国经常账户长期处于逆差，并严重依赖欧盟其他成员国作为贸易伙伴。本书倾向于认为，脱欧或将进一步恶化英国经常账户。我们至少可以从进出口贸易、服务贸易等方面进行分析。

首先，从出口角度出发，脱欧将会冲击英国对欧盟的出口贸易，进而恶化经常账户。根据英国税务及海关总署（HM Revenue & Customs）的统计数据，2015年，英国对主要贸易伙伴美国、德国、瑞士、中国、法国、荷兰、爱尔兰、比利时、西班牙、意大利的出口额分别占英国出口总额的14.9%、10.0%、7.3%、5.9%、5.8%、5.7%、5.4%、3.8%、3.0%和2.8%，在排名前十位的国家中，有八位是欧盟成员国。根据统计数据，2015年，英国对欧盟27国的出口额占出口总额的43.8%。这些数字说明欧盟成员国是英国重要的出口贸易伙伴。英国脱欧后，将不再享有欧盟单一市场的关税优惠政策，与欧盟其他国家的贸易往来将按照WTO的有关条件进行，这一变化将会在很大程度上冲击英国对欧盟的出口。一些分析认为脱欧后，英镑会贬值，汇率贬值也会促进出口贸易。但是从历史数据来看，英镑贬值并未明显地提振出口贸易。例如，在2008—2009年金融危机期间，英镑兑美元贬值超过30%，但是英国出口额仅上升了13%。本书的面板数据检验结果表明，长期来看，一国贸易开放度与经常账户正相关。按照这种思路，脱欧后，随着英国贸易开放度的下降，英国经常账户逆差或将再次扩大。

其次，从进口角度出发，脱欧使得英镑对欧元、美元贬值，促使英国的进口成本增多，进一步扩大其经常账户逆差。脱欧结果公布当天，英镑兑美元汇率贬值8%，回到1985年的最低水平；英镑对欧元也出现贬值，汇率贬值使得英国的进口成本显著上升。根据英国税务及海关总署的统计数据，2015年，英国对主要贸易伙伴德国、中国、美国、荷兰、法国、比利时、西班牙、爱尔兰、挪威的进口额分别占英国进口总额的15.0%、10.0%、9.2%、7.5%、6.2%、5.0%、4.0%、3.4%、3.1%。3.0%，在排名前十位的国家中，美国位居第三，并且有八位都是欧盟成员国。2015年，英国自欧盟27国的进口额占总进口额的55.2%。这说明欧盟成员国和美国是英国重要的进口来源国。英镑贬值将增加进口成本，从而恶化其经常账户。

再次，英国脱欧可能会对服务贸易产生负向影响，进而加剧经常账户赤字。近年来，英国服务贸易保持着顺差，金融服务业是构成服务业顺差的主要来源。英国脱欧后，为了获得更加便利的欧盟市场进入资格，保持欧盟市场份额，大型金融机构可能会将大部分业务转移至其他欧盟成员国，进而影响伦敦的国际金融中心地位，减少金融服务收入，对经常账户具有负向作用。

最后，英国脱欧对欧盟成员国经常账户失衡也具有一定的影响。根据2015年英国税务及海关总署的统计数据，爱尔兰对英国的出口额占其出口总额的14.1%，仅次于美国；比利时对英国的出口额占其出口总额的8.7%；塞浦路斯对英国的出口额占其出口总额的7.2%；德国、丹麦、瑞典、法国、荷兰、西班牙、意大利、芬兰、希腊、葡萄牙等国家对英国的出口额占比也都在4.7%至8.0%。从欧盟各成员国与英国的进口情况来看，根据统计数据，爱尔兰自英国的进口额占其进口总额的33.5%；塞浦路斯为9.1%；德国、法国、荷兰为4.2%；比利时为5.0%；芬兰、丹麦、意大利、葡萄牙等国也在3%和5%之间。这说明大多数欧盟成员国对英国有着较高的进出口贸易依存度，脱欧将会冲击欧盟成员国的进出口贸易，加剧欧盟成员国的经常账户失衡未来走势的不确定性。

上述分析说明美国、英国经常账户赤字再次扩大的可能性，由于美国、英国是全球经常账户失衡大国，这些国家经常账户赤字的扩大可能会增加顺差国家的个数和扩大失衡规模，影响全球经常账户失衡格局。

### 14.2.5 逆全球化回潮背景下中国经常账户失衡走势展望

新冠疫情的暴发和肆虐加剧了逆全球化的回潮，不仅会冲击本国及区域联盟成员国的经济走势，也会对世界经济产生外溢性。作为贸易进出口大国，中国经常账户失衡必然会受到逆全球化回潮的影响。

第一，新冠疫情对中国经常账户产生正负两方面的影响，各国可能采取的贸易保护主义将对中国出口贸易带来负面影响，各国恢复经济所采取的减税和扩大基础设施投资可能会增加对中国货物与服务项目的需求，或给中国带来机遇。总的影响还需考察这些因素的综合作用。

拜登执政后，扩大基础设施投资可能会增多对中国的货物与服务需求，美国制造业复兴，经济和需求的增长会拉动美国的进口需求。机械品、纺织品、劳动密集型产品（鞋帽、服装等）都是美国对中国进口的主要产品，具有一定的进口刚性。扩大基础设施投资可能增加原材料采购、制造业商品、基建设施技术服务等进口需求。由于中国是全球制造业和出口大国，美国进口需求的增加也有利于中国出口的增长。

总体上，中国经常账户的走势，需要综合考察疫情可能带来的贸易保护主义、经济复苏所需的扩大基础设施投资的影响。

第二，英国脱欧对中国经常账户的直接影响有限，但是将缩窄中国进入欧洲市场的渠道，影响中欧贸易、投资和谈判过程，不利于开展中欧贸易，进而对中国经常账户产生负面影响。

英国在中国整体进出口贸易和直接投资中所占份额较小，脱欧对中国对外贸易和投资的影响有限。理论上，英镑贬值或将扩大我国自英国的进口需求，但是也会对我国对英国的出口贸易产生不利影响。不过整体上，对我国的经常账户影响不大。

尽管英国脱欧对中国经常账户的直接影响有限，但英国脱欧后，中国在欧盟市场将失去一个自由贸易领导者国家，欧盟可能会更加保守。这对中国与欧盟开展贸易是不利的。因此，英国脱欧可能会对中国经常账户产生负面作用。

鉴于上述分析，本书认为，外部因素本身对中国经常账户失衡的影响有限，但是，贸易保护主义、限制贸易等措施往往具有示范效应，如果各国纷纷效仿，逆全球化趋势可能会在一段时期内加剧，各国的外部需求减少，从而对中国的出口贸易带来不利冲击。

### 14.2.6 逆全球化回潮背景下中国的应对策略

回顾历史上的逆全球化回潮背景与现实可以发现，逆全球化是各国在经济低迷时期寻求自我保护的结果，长远来看，经济全球化的发展趋势不会发生改变。在此背景下，中国在战略上要坚持全球化，坚持开放，积极参与制定全球化治理规则，在现有的秩序和规则框架下争取更多的话语权和更大的影响力，通过在贸易、投资、监管、金融开放、宏观经济政策等领域进行全方位的合作，处理好开放和保护的关系，积极推进国际经济合作、发展与稳定的关系，建立稳定、自由、开放、相互协作、持续发展的国际经济新秩序。

第一，在理念上坚持共同发展为导向的“全球化”，支持自由贸易。尽管当前全球化进程遇到挫折，但是我们不能否认全球化是历史发展的大趋势，逆全球化只是在世界经济低迷时期，各国寻求自我保护的方式。虽然在全球化进程中，存在着诸如拉大社会贫富差距、加快金融风险传播等争议，但是，对各国而言，全球化为经济增长、技术进步、创新精神、金融市场完善、生产率提高等方面都带来有利影响。总体上全球化依然是利大于弊，全球化的总体趋势不会发生改变。

第二，在经济新常态下，深化供给侧结构性改革，保持经济稳定增长，为全球化营造良好的氛围，推动世界经济走出低迷，是应对逆全球化回潮的根本途径。在过去的十几年时间里，中国的经济增长率始终位居世界前列，是推动全球经济增长的关键力量。中国的稳步发展为全球化进程提供了良好的氛围。在产能过剩、经济增速放缓的背景下，中国要进一步深化供给侧结构性改革，继续推行稳健的货币政策和积极的财政政策，保持经济稳步增长。中国的改革举措对其他国家具有示范效应，在逆全球化回潮背景下，中国经济的稳步增长将为全球化营造良好的氛围。

第三，要在巩固与欧美、日本、东盟开展贸易的同时，大力拓展与“一带一路”沿线国家的经贸往来。“一带一路”沿线国家，大多数是新兴经济体，这些国家并未分享到较多的全球化果实。中国“一带一路”倡议得到了这些国家的广泛关注和热切响应，在这一倡议中，中国将向世界输出智慧，中国和新兴经济体将接棒成为助推全球化的引擎。

第四，要巩固与周边国家的自贸区建设，加强区域经济合作。

第五，要紧密关注各国贸易政策，警惕贸易保护主义议案，维护公平、自由的贸易和投资环境。

## 14.3 结论与思考

近年来，学者们对全球经常账户失衡进行了广泛的研究和讨论，虽然达成了一些共识，但是在理论对现实的解释能力方面存在着较多的疑惑和分歧。本书首先总结了1980—2015年全球经常账户失衡的特征：全球经常账户失衡规模 / *GDP*与世界GDP增长率基本同向而行；近年来全球经常账户失衡持续加重，失衡集中程度尤其是逆差集中程度逐渐加深。一些国家（地区）的经常账户发生了持续性失衡：美国、英国、澳大利亚、墨西哥等国家发生了巨额的经常账户赤字，中国、日本、亚洲的一些其他经济体、俄罗斯保持着大规模的经常账户盈余，欧元区成员国之间发生了大规模的经常账户失衡——德国、荷兰保持着巨额的经常账户盈余，希腊、西班牙、葡萄牙等国家发生了严重的经常账户赤字，中东产油国阿联酋和科威特也保持着大规模经常账户盈余。一些国家（地区）发生了非持续性失衡，包括加拿大，欧元区的奥地利、比利时、芬兰、法国、爱尔兰、意大利，拉丁美洲的巴西、阿根廷、哥伦比亚、委内瑞拉、秘鲁和智利，非洲的埃及、南非、阿尔及利亚、埃塞俄比亚、安哥拉等国家。

本书从综合视角出发，选择影响一国储蓄投资缺口的内在因素和其他重要因素，基于横截面数据、面板数据和时间序列数据对全球经常账户失衡影响因素进行了较为系统和全面的分析。在第4章，本书对全球经常账户失衡的影响因素进行了相关性分析，对2015年的影响因素与全球经常账户失衡进行了统计描述和数据验证，发现这些因素可以在一定程度上解释全球经常账户失衡，单变量对全球经常账户失衡的解释能力非常有限。大多数内陆国家发生了经常账户赤字。在2007年石油价格高位时期，13个OPEC成员国都发生了经常账户顺差；在2015年石油价格低位时期，大多数OPEC成员国发生了经常账户赤字。

在第5章全球经常账户失衡影响因素实证研究中，本书选择影响一国储蓄投资缺口的内部因素和其他重要因素，基于2015年的横截面数据和1990—2015年的面板数据进行实证检验，在得出横截面数据实证检验和面板数据实证检验的确定性结论后，本书发现，横截面数据和面板数据的检验结果不一致，具体体现在人口抚养比、人口性别比、金融发展程度、贸易开放度、是否为OPEC成员国的实证检验结果不一致。本书联系凯恩斯收入消费理论的横截面数据与时间序列数据的不一致性，对上述不一致提出了可能的解释：首先，在面板数据回归中，经常账户还受到经济增长率、汇率等周期性因素的影响。由于这些周期性因素的作用，横截面数据与时间序列数据之间存在着不一致。其次，这些内部因素对全球经常账户失衡的影响还受到其他因素，例如居民储蓄动机、文化习惯、社会风俗等因素的影响，在特定的国家样本和时间长度内，这些因素的作用效果更加显著。此外，贸易开放度、是否为OPEC成员国对一国经常账户的影响也与时间长度、石油价格等因素相关。除了不一致性，我们还发现，政府财政结余率的横截面数据与面板数据实证检验结果的方向和显著性是一致的。这表明政府财政收支是解释经常账户不可忽视的重要因素，扩张性的财政政策会恶化一国经常账户。

基于时间序列数据，本书对美国、欧元区内部、中国经常账户失衡进行了理论分析和实证检验，发现面板数据得出的确定性结论并不完全适用于一些持续性失衡国家（地区）。财政赤字、相对人均收入和金融发展程度的上升是美国经常账户持续性逆差的重要因素。性别比失衡、贸易开放度的上升显著改善了中国的经常账户。与面板数据的回归结果不同，实际有效汇率对中国、美国经常账户的影响都不显著。政府财政结余率差异、名义汇率和本国通货膨胀的不对称效应是欧元区成员国之间经常账户失衡的重要因素。本书还讨论了日本、俄罗斯、英国、澳大利亚的经常账户持续性失衡，发现影响各国经常账户失衡的主要因素各不相同。治理全球经常账户失衡，需要依据国情进行。

本书的第7、8、9、10、11、12章分别针对内部因素、人口结构、人均收入、贸易开放度和金融发展程度、汇率、收入不确定等重要因素，对全球经常账户失衡进行研究。研究发现，财政结余、人口结构、人均收入、经济增长率等因素可以显著影响一国经常账户，全球经常账户失衡是各种综合因素作用的结果。

本书的第13章是新冠疫情防控常态化背景下全球经济增长及宏观经济政策选择。本书对世界经济增长进行回顾性分析，发现东南亚金融危机和国际经济危机等外部冲击对世界经济增长的影响是暂时的。分析疫情背景下，各国政府实施的扩张性财政政策和宽松货币政策，剖析宏观经济政策的有效性和适用性。并且，联系西方宏观经济理论和外部失衡理论，对现阶段宏观经济政策做出进一步思考。在后疫情时代，世界经济持续发展、稳中向好的基本面不会改变。中国要加强宏观财政政策和货币政策的协调配合，坚持开放，加强与世界各国的经济合作，促进经济逐步复苏和稳健发展。

最后，本书展望了未来全球经常账户失衡走势，并分析了逆全球化回潮背景下美国、英国、欧盟及中国的经常账户失衡走势。本书认为，在世界经济疲软复苏背景下，全球经常账户失衡规模可能会小幅扩大，但不会迅速上升。拜登执政后，推行的增加基础设施投资的政策或将加剧美国经常账户逆差。英国脱欧后，不再享有欧盟单一市场的关税优惠政策，将会在很大程度上冲击英国对欧盟的出口，扩大经常账户逆差。美国、英国经常账户赤字的扩大可能会增加顺差国家的个数和扩大失衡规模，影响全球经常账户失衡格局。拜登政府的经济政策可能会对中国经常账户产生正负两方面的影响。从全球视角来看，疫情冲击下，各国可能采取的贸易保护主义将对中国出口贸易带来负面影响；复苏经济所采取的减税和扩大基础设施投资可能会增加对中国货物与服务项目的需求。英国脱欧对中国经常账户的直接影响有限，但是将会缩窄中国进入欧洲市场的渠道，影响中欧贸易、投资和谈判过程，不利于开展中欧贸易，进而对中国经常账户产生负面影响。中国在战略上要坚持全球化，坚持开放，积极参与制定全球化治理规则，在现有的秩序和规则框架下争取更多的话语权和更大的影响力，通过在贸易、投资、监管、金融开放、宏观经济政策等领域进行全方位的合作，处理好开放和保护的关系，积极推进国际经济合作、发展与稳定的关系，建立稳定、自由、开放、相互协作、持续发展的国际经济新秩序。

# 参考文献

[ 1 ] JOSHUA A, REUVEN G. Sterilization, monetary policy, and global financial integration [ J ] . Review of International Economics, 2009, 17 ( 4 ).

[ 2 ] MUNNELL A H.Private pensions and savings: new evidence [ J ] . Journal of Public Economics, 1976, 84( 5 ).

[ 3 ] ARELLANO M, BOND S. Some tests of specification for panel data: Monte Carlo evidence and an application to employment equations [ J ] . The Review of Economic Studies, 1991, 58 ( 2 ).

[ 4 ] BRACKE T, BUSSIÈRE M, FIDORA M, et al. A framework for assessing global imbalances [ J ]. The World Economy, 2010, 33 ( 9 ).

[ 5 ] CARROLL C D, RHEE B K, RHEE C . Does Cultural Origin Affect Sawing Behavior? Eridence from Immigrants [ J ] . Social Science Electronic Publishing, 1998.

[ 6 ] CHRISTOPHER C, OVERLAND J, WEIL D N. Saving and growth with habit formation [ J ] .American Economic Review , 2000, 90 ( 3 ).

[ 7 ] CHINN M D, ITO H. Global current account imbalances: American fiscal policy versus East Asian savings [ J ] .Review of International Economics, 2008, 16 ( 3 ).

[ 8 ] CHINN M D, PRASAD E S. Medium-term determinants of current accounts in industrial and developing countries: an empirical exploration [ J ] .Journal of International Economics, 2003, 59 ( 1 ).

[ 9 ] COLE H , MALEATH G J, POSTLEWAITE A. Social Norms, Savings Behavior, and Growth [ J ] . Journal of Political Economy, 1992, 100 ( 6 ).

[ 10 ] COOPER R N. Living with global imbalances: a contrarian view [ J ] . Journal of Policy Modeling, 2006, 28 ( 6 ).

[ 11 ] CROWTHER G.Balance and imbalances of payments [ J ]. American Political Science Review, 1958, 52.

[ 12 ] DEATON A.Saving and liquidity constraints [ J ] . Econometrica, 1991, 59 ( 5 ).

[ 13 ] DEBELLE G, GALATI G. Current account adjustment and capital flows [ J ] . Review of International Economics, 2007, 15 ( 5 ).

[ 14 ] DOMEIJ D, FLODÉN M.Population aging and international capital flows [ J ] .International Economics Reviews, 2006, 47 ( 3 ).

[ 15 ] DOOLEY M, FOLKERTS-LANDAU D, GARBER P.Bretton Woods II still defines the international monetary system [ J ] . Pacific Economic Review, 2009, 14 ( 3 ).

[ 16 ] SEBASTIAN E, SWEDER V W.The welfare effects of trade and capital market liberalization [ J ] .International Economic Review, 1986, 27 ( 1 ).

[ 17 ] EICHENGREEN B. Global imbalances and the lessons of bretton woods [ N ] . NBER Working Papers, 2004.

[ 18 ] ENGEL C, ROGERS J H. The U.S. current account deficit and the expected share of world output [ J ] .Journal of Monetary Economics, 2006, 53 ( 5 ).

[ 19 ] FLAVIN M A. The adjustment of consumption to changing expectations about future income [ J ] .Journal of Political Economy, 1981, 89 ( 5 ).

[ 20 ] GIOVANNINI A. Exchange rates and traded goods prices [ J ] .Journal of International Economics, 1988, 24 ( 1-2 ).

[ 21 ] GLICK R, ROGOFF K. Global versus country-specific productivity shocks and the current account [ J ] .Journal of Monetary Economics, 1995, 35 ( 1 ).

[ 22 ] GOURINCHAS P. Exchange rates and traded goods prices [ J ] .Journal of International Economics, 1988, 24 ( 1-2 ).

[ 23 ] GRUBER J, KAMIN S. Do differences in financial development explain the global pattern of current account imbalances? [ J ] .Review of International Economics, 2009, 17 ( 4 ).

[ 24 ] GUISO L, SAPIENZA P, ZINGALES L. Does culture affect economic outcomes? [ J ] . Journal of Economic Perspectives, 2006, 20 ( 2 ).

[ 25 ] HAUSMANN R , PRITCHETT L, RODRIK D. Growth Accelerations [ J ] .Journal of Economic Growth, 2005, 10 ( 4 ).

[ 26 ] HOGENDORN C. Capital mobility in historical perspective [ J ] . Journal of Policy Modeling, 1998, 20 ( 2 ).

[ 27 ] KIM S, ROUBINI N. Twin deficit or twin divergence? fiscal policy, current account, and real exchange rate in the U.S. [ J ] .Journal of International Economics, 2007, 74 ( 2 ).

[ 28 ] KRAAY A, VENTURA J. Current accounts in debtor and creditor countries [ J ] .The Quarterly Journal of Economics, 2000, 115 ( 4 ).

[ 29 ] MANGER M S, SATTLER T.The origins of persistent current account imbalances in the post-bretton woods era [ J ] .Comparative Political Studies, 2020, 53 ( 3–4 ).

[ 30 ] MENDOZA E G, QUADRINI V, RÍOS-RULL J. Financial integration, financial development, and global imbalances [ J ] . Journal of Political Economy, 2009, 117 ( 3 ).

[ 31 ] MICHAELY M. Relative-prices and income-absorption approaches to devaluation: a partial reconciliation [ J ]. The American Economic Review, 1960, 50 ( 1 ).

[ 32 ] BAMOGO M.Effect of the real exchange rate on the sustainability of current account deficits in sub-saharan african countries [ J ] .Journal of Business and Economic Development, 2020, 5 ( 4 ).

[ 33 ] MICHAEL M. Empirical regularities in the behavior of exchange rates and theories of the foreign exchange market [ J ] .Carnegie-Rochester Conference Series on Public Policy, 1979, 11.

[ 34 ] NORMANDIN M.Budget deficit persistence and the twin deficits hypothesis [ J ] .Journal of International Economics, 1999, 49 ( 1 ) .

[ 35 ] OBSTFELD M, ROGOFF K. The mirage of fixed exchange rates [ J ] . Journal of Economic Perspectives, 1995, 9 ( 4 ).

[36] HALL R E. Stochastic implications of the life cycle-permanent income hypothesis: theory and evidence [J] .Journal of political Economy, 1978, 86 (6).

[37] KELLEY A C, SCHMIDT R M.Saving, dependency and development [J] . Journal of Population Economics, 1996, 9 (4).

[38] ROMER P M. Increasing returns and long-run growth [J] .Journal of Political Economy, 1986, 94 (5).

[39] ROSE A K, YELLEN J L. Is there a j-curve? [J] .Journal of Monetary Economics, 1989, 24 (1).

[40] BRISSIMIS S N, HONDROYIANNIS G, PAPAZOGLOU C, et al.The determinants of current account imbalances in the Euro Area: a panel estimation approach [J] .Economic Change and Restructuring, 2013, 46 (3).

[41] TAYLOR A M. A century of current account dynamics [J] .Journal of International Money and Finance, 2002, 21 (6).

[42] THORBECKE W. How would an appreciation of the renminbi affect the U.S. trade deficit with China? [J] . Topics in Macroeconomics, 2006, 6(3).

[43] WILSON P.Exchange rates and the trade balance for dynamic Asian economies: does the j-curve exist for Sinapore, Malaysia and Korea [J] .Open Economies Reviews, 2001, 12 (4).

[44] 艾肯格林. 资本全球化：国际货币体系史 [M]. 2版. 彭兴韵，译. 上海：上海人民出版社，2009.

[45] 樊纲，张晓晶，魏强，等. 中国经济再平衡之路：内外均衡与财税改革 [M]. 上海：上海远东出版社，2010.

[46] 樊纲，贺力平. 金融改革开放与中国国际收支再平衡 [M]. 上海：上海远东出版社，2012.

[47] 樊纲，吕焱. 经济发展阶段与国民储蓄率提高：刘易斯模型的扩展与应用 [J]. 经济研究，2013，48 (3)：19-29.

[48] 方先明，裴平，张谊浩. 外汇储备增加的通货膨胀效应和货币冲销政策的有效性：基于中国统计数据的实证检验 [J]. 金融研究，2006 (7)：13-21.

［49］甘小芳．中国经常项目顺差成因研究［D］．上海：复旦大学，2011．

［50］贺力平．人民币汇率与近年来中国经常账户顺差［J］．金融研究．2008（3）：13–27．

［51］贺力平，林娟．试析国际金融危机与全球经济失衡的关系：兼评伯南克－保尔森“金融危机外因论”［J］．国际金融研究，2009（5）：29–38．

［52］贺力平，蔡兴．从国际经验看中国国际收支双顺差之“谜”［J］．国际金融研究．2008（9）：11–18．

［53］贺力平，范言慧，范小航．美元汇率与美国国际收支平衡：变动的关系及初步解释［J］．金融研究，2006（7）：1–12．

［54］贺力平，范言慧，范小航．美元汇率与美国失业率的关系：兼论人民币汇率的作用［J］．国际金融研究，2006（8）：32–40．

［55］贺力平，赵雪燕，王佳．美元在全球外汇储备中的地位［J］．美国研究，2016，30（3）：69–84，6–7．

［56］贺力平．欧元区经济：不平坦的复苏之路［J］．中国经济报告，2015（1）：117–118．

［57］胡渊．全球经济失衡调整路径、模式及其成本比较研究［D］．武汉：武汉大学，2011．

［58］黄志刚，郑良玉．中国经常账户盈余下降是周期性的吗？［J］．国际金融研究．2013（7）：59–67．

［59］焦武．中国国际收支失衡问题研究［D］．上海：复旦大学，2009．

［60］焦武．中国国际收支经常账户与资本金融账户关系研究：1981—2007［J］．统计研究，2010，27（12）：78–85．

［61］焦武，许少强．中国国际收支经常账户中长期变动影响因素研究：基于1992Q1～2007Q3多元时序数据的分析［J］．国际金融研究，2008（5）：66–72．

［62］刘斌．高级货币经济学［M］．北京：中国金融出版社，2008．

［63］刘尧成，周继忠，徐晓萍．人民币汇率变动对我国贸易差额的动态影响［J］．经济研究，2010，45（5）：32–40．

［64］刘骞文．全球经常账户失衡调整困局：基于货币政策的探讨［J］．

国际金融研究，2013（3）：22–29.

［65］李扬，卢瑾．全球经济失衡形成机制研究新进展［J］．经济学动态．2010（3）：87–92.

［66］李扬．失衡与再平衡［J］．国际金融研究，2014（3）：3–6.

［67］李扬，何海峰．美国经常账户失衡：表现、理论与政策——兼驳伯南克“世界储蓄过剩”论［J］．国际金融研究，2009（12）：4–13.

［68］李兵，任远．人口结构是怎样影响经常账户不平衡的？：以第二次世界大战为工具变量的经验证据［J］．经济研究，2015，50（10）：119–133.

［69］李宏．社会保障对居民储蓄影响的理论与实证分析［J］．经济学家，2010（6）：87–94.

［70］李俊青，韩其恒．不完全金融市场、海外资产结构与国际贸易［J］．经济研究，2011，46（2）：31–43.

［71］雷达，赵勇．中美经济失衡的性质及调整：基于金融发展的视角［J］．世界经济，2009，32（1）：62–71.

［72］林季红，潘竟成．制造业出口优势能解释德国经常项目盈余吗？：来自汽车制造业的经验证据［J］．世界经济研究，2015（3）：119–126，129.

［73］廖泽芳．欧洲经济失衡模式及调整困境：基于超主权货币视角的分析［J］．国际金融研究，2014（1）：34–43.

［74］罗毅．财政支出与经常项目关系［D］．成都：西南财经大学，2008.

［75］罗楚亮．收入增长、收入波动与城镇居民财产积累［J］．统计研究，2012（2）：34–41.

［76］茅锐，徐建炜，姚洋．经常账户失衡的根源：基于比较优势的国际分工［J］．金融研究，2012（12）：23–37.

［77］梅冬州，龚六堂．经常账户调整的福利损失：基于两国模型的分析［J］．管理世界，2012（4）：33–39.

［78］奥博斯特弗尔德，若戈夫．高级国际金融学教程［M］．北京：中国金融出版社，2002.

［79］倪克勤，赵颖岚，徐凤．劳动生产率对我国贸易收支的传导效应研究［J］．经济研究．2011，46（10）：123–136.

[80] 齐红倩，耿鹏. 财政赤字、经常账户与政府债务研究 [J]. 世界经济研究，2012（12）：46–51，85.

[81] 宋德勇，张瑾. 安格斯・迪顿对发展经济学的贡献 [J]. 经济学动态，2015（12）：121–130.

[82] 孙杰. 主权债务危机与欧元区的不对称性 [J]. 欧洲研究，2011，29（1）：30–56，158.

[83] 盛宏清. 巨额净对外债务、美元贬值与经常项目赤字动态调整 [J]. 金融研究，2005（11）：11–17.

[84] 田丰，徐建炜，杨盼盼，等. 全球失衡的内在根源：一个文献综述 [J]. 世界经济，2012，35（10）：143–160.

[85] 谭之博，赵岳. 银行集中度、企业储蓄与经常账户失衡. [J] 经济研究，2012，47（12）：55–68.

[86] 佟家栋，云蔚，彭支伟. 新型国际分工、国际收支失衡与金融创新 [J]. 南开经济研究，2011（3）：3–15，96.

[87] 王道平，范小云. 现行的国际货币体系是否是全球经济失衡和金融危机的原因 [J]. 世界经济，2011，34（1）：52–72.

[88] 王厚双，李艳秀. 全球经济失衡与全球经济再平衡研究新进展 [J]. 经济学家，2015（3）：84–92.

[89] 王栋贵. 中国长期的经常项目顺差不合理吗？：对指责者立论研究的一个评述 [J]. 经济学动态，2012（8）：114–123.

[90] 王佳. 人均收入是怎样影响贸易收支平衡的？：基于138个国家的面板数据分析 [J]. 经济问题探索，2017（1）：91–98

[91] 王君斌，郭新强. 经常账户失衡、人民币汇率波动与货币政策冲击 [J]. 世界经济，2014，37（8）：42–69.

[92] 王健宇. 收入不确定性的测算方法研究 [J]. 统计研究，2010，27（9）：58–64.

[93] 谢建国，张炳男. 人口结构变化与经常项目收支调整：基于跨国面板数据的研究 [J]. 世界经济. 2013，36（9）：3–24.

[94] 肖立晟，王博. 全球失衡与中国对外净资产：金融发展视角的分析 [J]. 世界经济，2011，34（2）：57–86.

［95］杨盼盼，马光荣，徐建炜．理解中国2002～2008年的经常账户顺差扩大之谜［J］．世界经济，2015，38（2）：112–139．

［96］杨盼盼，徐建炜．“全球失衡”的百年变迁：基于经验数据与事实比较的分析［J］．经济学（季刊），2014，13（2）：625–646．

［97］杨天宇，荣雨菲．高收入会导致高储蓄吗［J］．经济学家，2015（4）：74–81．

［98］杨珍增，陆建明．金融发展、国际分工与全球失衡［J］．世界经济研究，2011（3）：21–27，87．

［99］徐建炜，姚洋．国际分工新形态、金融市场发展与全球失衡［J］．世界经济，2010，33（3）：3–30．

［100］翟晓英，刘维奇．中国经常账户失衡问题研究：基于金融发展程度–消费–经常账户路径［J］．国际金融研究，2012（8）：38–49．

［101］翟晓英，刘维奇．居民消费能力视角下的中国经常账户顺差影响因素协整分析［J］．财经研究，2012，38（3）：26–36．

［102］余永定．全球国际收支不平衡与中国的对策［J］．国际金融研究，2007（1）：21–24．

［103］朱超，张林杰．人口结构能解释经常账户平衡吗［J］．金融研究，2012（5）：30–44．

［104］朱超，张林杰．全球经常账户均衡决定、可持续性与失衡调整：文献评述与展望［J］．上海金融，2012（1）：3–12，116．

［105］张建清，张天顶．经常账户失衡的调整：国际经验及其对中国的启示［J］．世界经济，2008（10）：12–21．

［106］张建清，李杰，张天顶．全球经常项目失衡问题的实证研究［J］．国际金融研究，2006（12）：38–44．

# 附　录

## 附录1　政府财政结余率与全球经常账户失衡

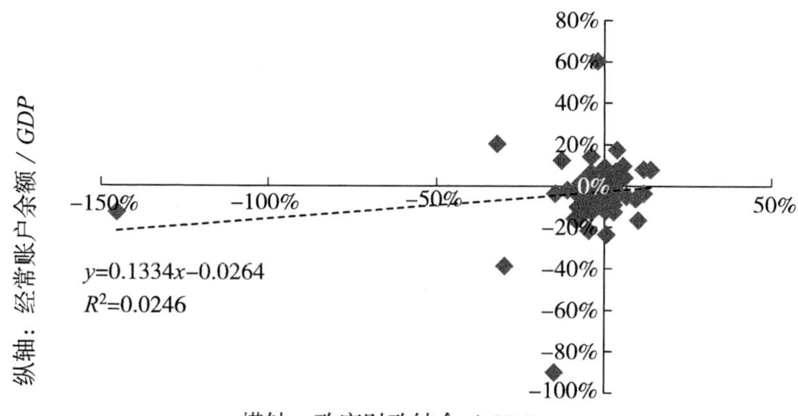


**图1　1990年85个国家（地区）政府财政结余率与经常账户余额 / GDP**

注：政府财政结余率=政府财政结余 / *GDP*。

数据来源：国际货币基金组织的WEO数据库。

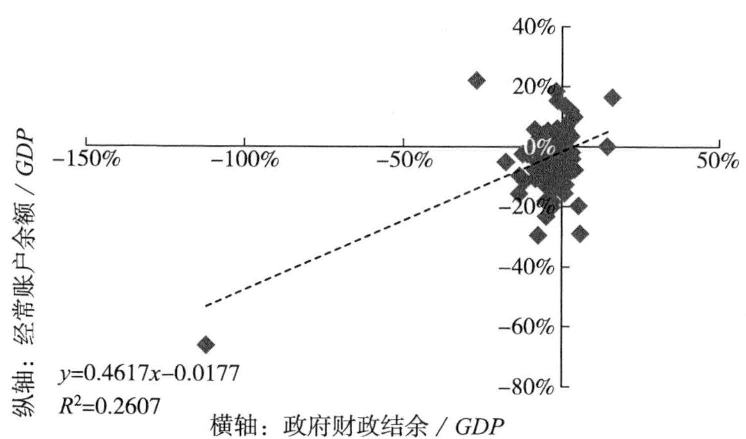


**图2　1995年131个国家（地区）政府财政结余率与经常账户余额 / GDP**

注：政府财政结余率=政府财政结余 / *GDP*。

数据来源：国际货币基金组织的WEO数据库。

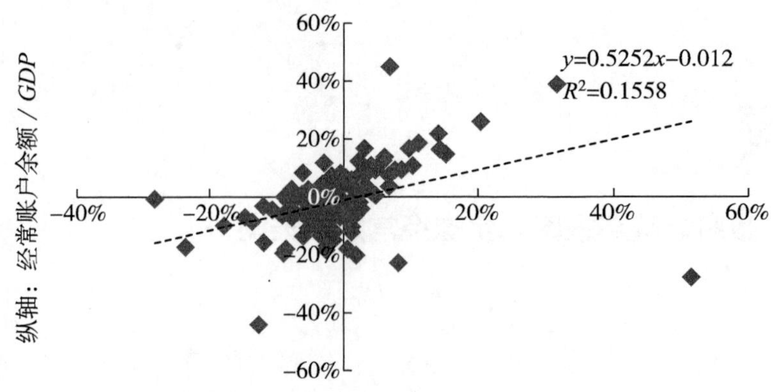


**图3 2000年176个国家（地区）政府财政结余率与经常账户余额 / *GDP***

注：政府财政结余率=政府财政结余 / *GDP*。

数据来源：国际货币基金组织的WEO数据库。

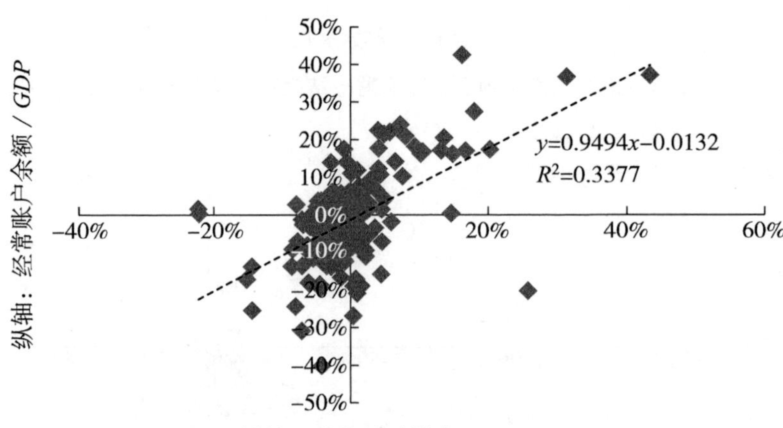


**图4 2005年188个国家（地区）政府财政结余率与经常账户余额 / *GDP***

注：政府财政结余率=政府财政结余 / *GDP*。

数据来源：国际货币基金组织的WEO数据库。

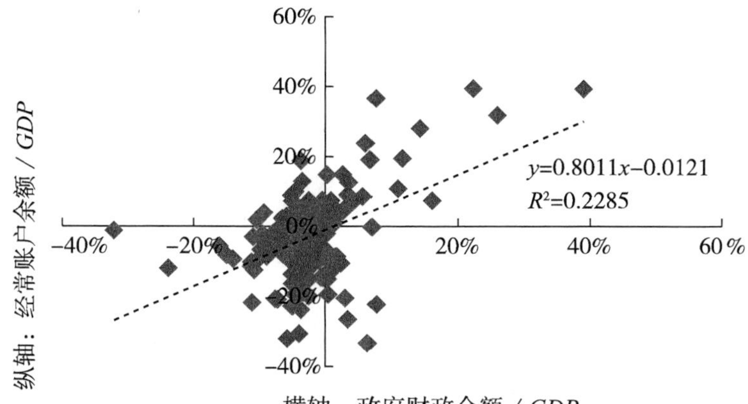


**图5 2010年188个国家（地区）政府财政结余率与经常账户余额 / *GDP***

注：政府财政结余率=政府财政结余 / *GDP*。

数据来源：国际货币基金组织的WEO数据库。

## 附录2 人均收入与全球经常账户失衡

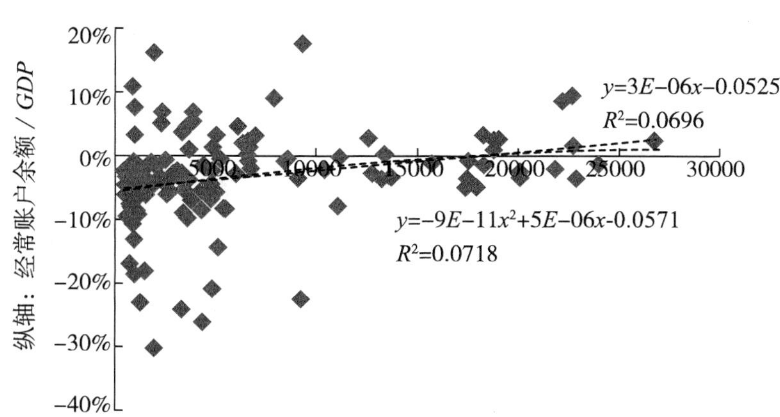


**图6 1990年123个国家（地区）人均收入与经常账户余额 / *GDP***

数据来源：世界银行的WDI数据库。

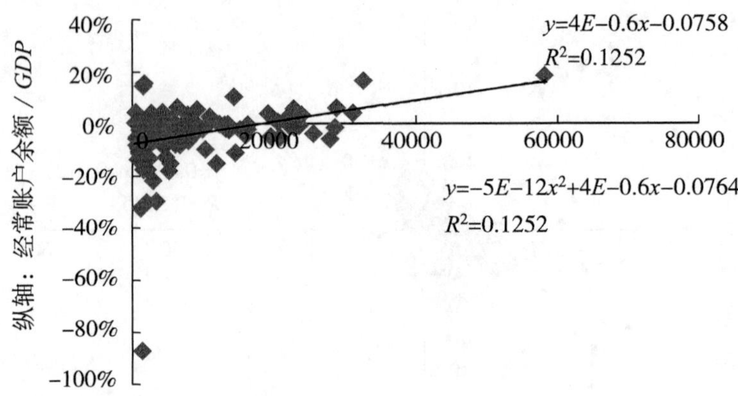


**图7　1995年138个国家（地区）人均收入与经常账户余额 / *GDP***

数据来源：世界银行的WDI数据库。

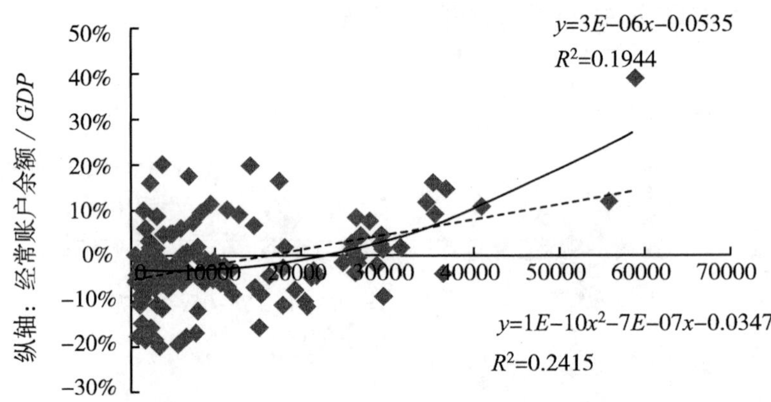


**图8　2000年144个国家（地区）人均收入与经常账户余额 / *GDP***

数据来源：世界银行的WDI数据库。

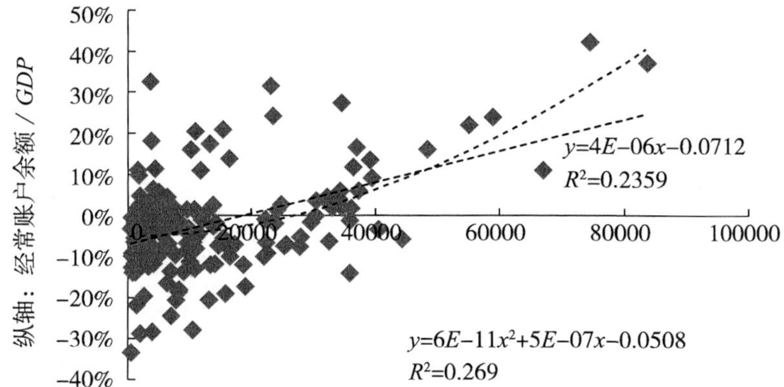


**图9 2005年169个国家（地区）人均收入与经常账户余额 / *GDP***

数据来源：世界银行的WDI数据库。

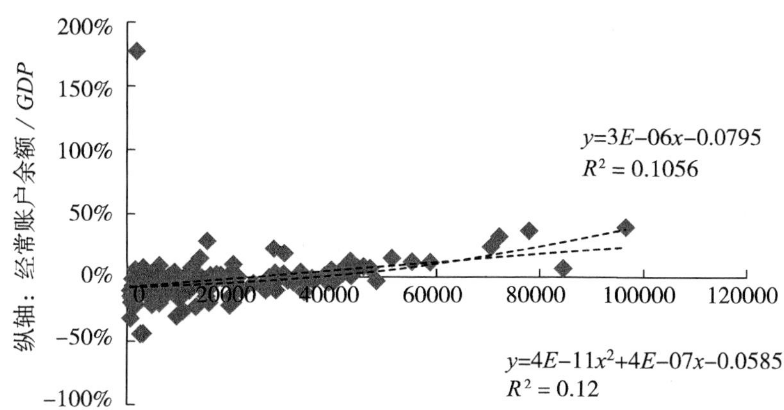


**图10 2010年176个国家（地区）人均收入与经常账户余额 / *GDP***

数据来源：世界银行的WDI数据库。

## 附录3　人口抚养比与全球经常账户失衡

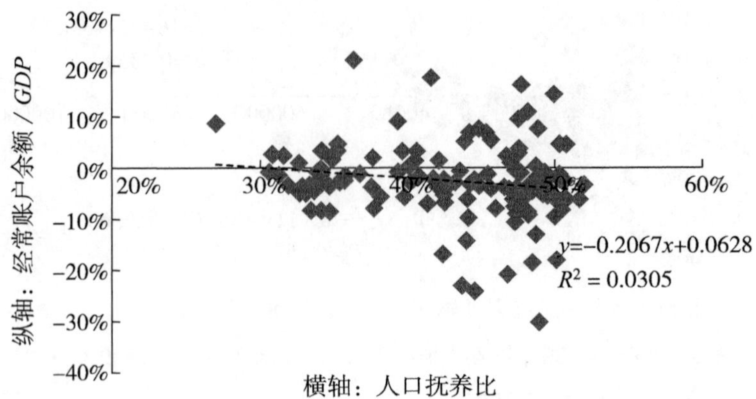


**图11　1990年125个国家（地区）人口抚养比与经常账户余额 / *GDP***

注：人口抚养比是0～14岁及65岁以上人口之和占总人口的比例。

数据来源：世界银行的WDI数据库。

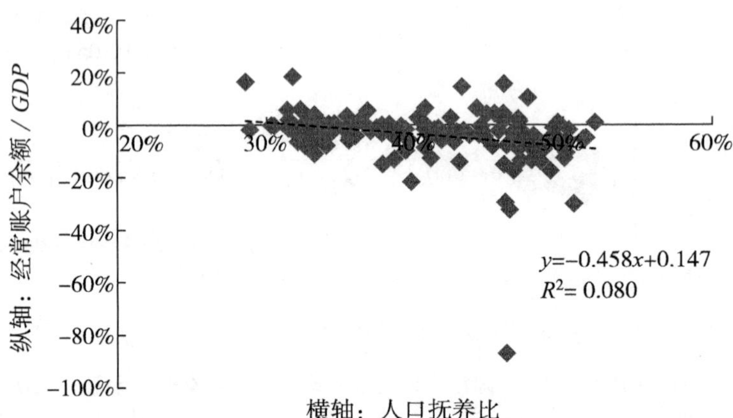


**图12　1995年141个国家（地区）人口抚养比与经常账户余额 / *GDP***

注：人口抚养比是0～14岁及65岁以上人口之和占总人口的比例。

数据来源：世界银行的WDI数据库。

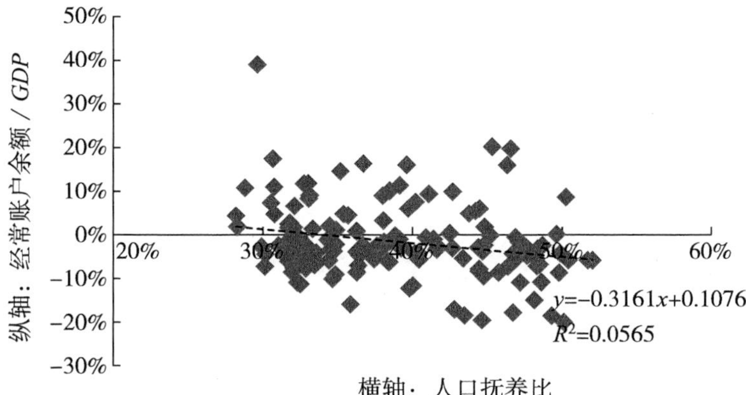


**图13　2000年145个国家（地区）人口抚养比与经常账户余额 / *GDP***

注：人口抚养比是0～14岁及65岁以上人口之和占总人口的比例。

数据来源：世界银行的WDI数据库。

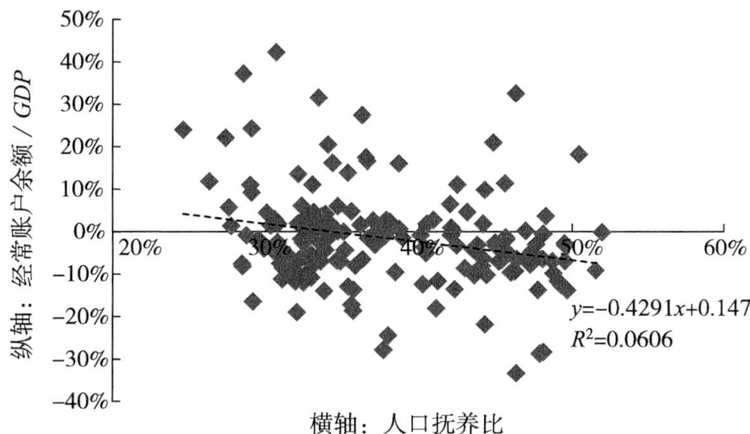


**图14　2005年165个国家（地区）人口抚养比与经常账户余额 / *GDP***

注：人口抚养比是0～14岁及65岁以上人口之和占总人口的比例。

数据来源：世界银行的WDI数据库。

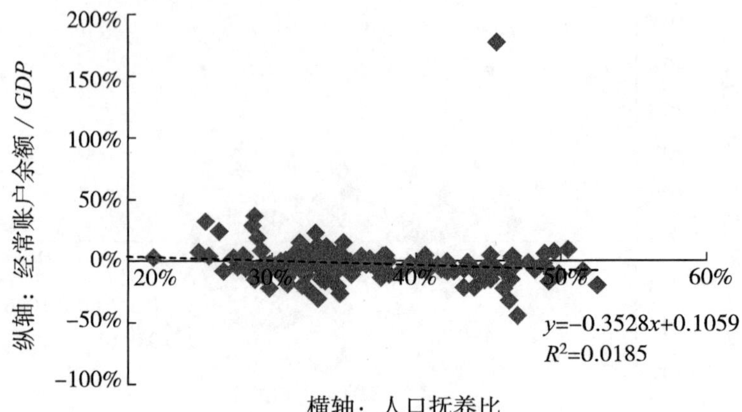


**图15 2010年171个国家（地区）人口抚养比与经常账户余额 / *GDP***

注：人口抚养比是0～14岁及65岁以上人口之和占总人口的比例。

数据来源：世界银行的WDI数据库。

# 附录4 人口性别比与全球经常账户失衡

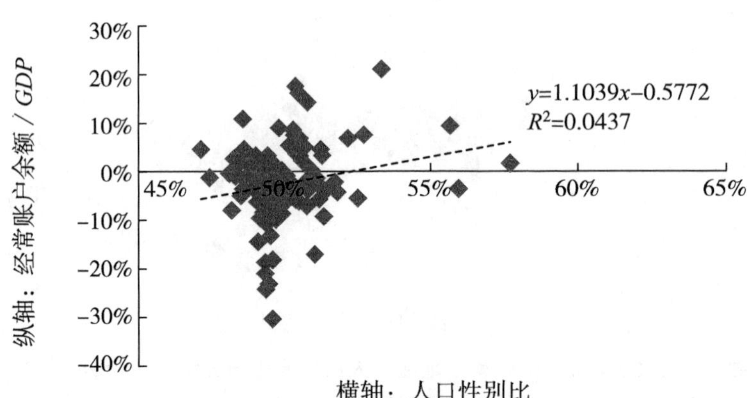


**图16 1990年125个国家（地区）人口性别比与经常账户余额 / *GDP***

数据来源：世界银行的WDI数据库。

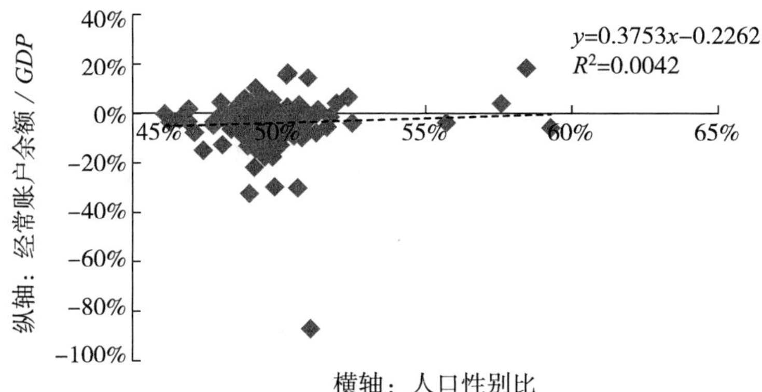


**图17　1995年141个国家（地区）人口性别比与经常账户余额 / *GDP***

数据来源：世界银行的WDI数据库。

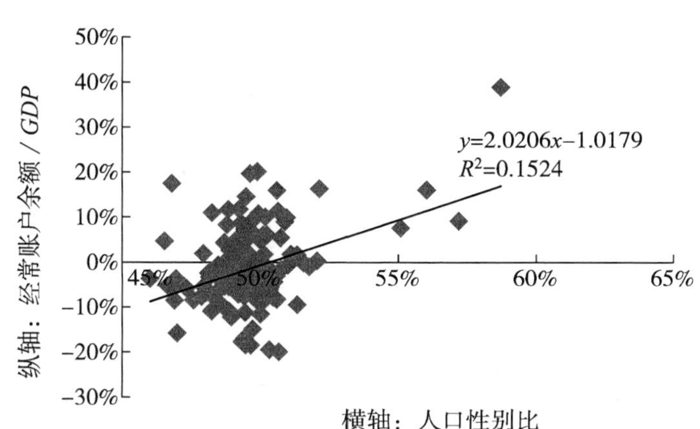


**图18　2000年145个国家（地区）人口性别比与经常账户余额 / *GDP***

数据来源：世界银行的WDI数据库。

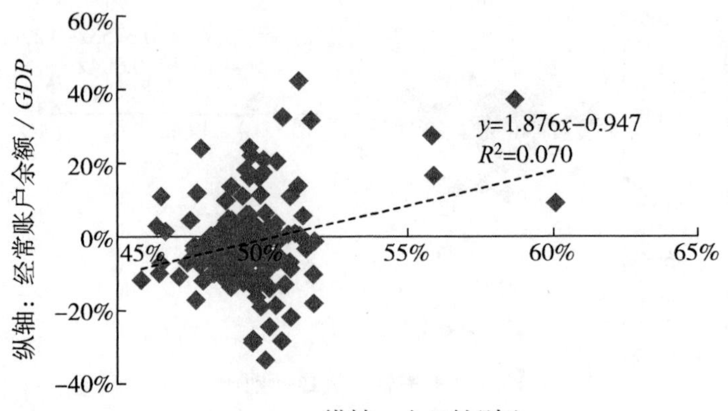


**图19 2005年165个国家（地区）人口性别比与经常账户余额 / *GDP***

数据来源：世界银行的WDI数据库。

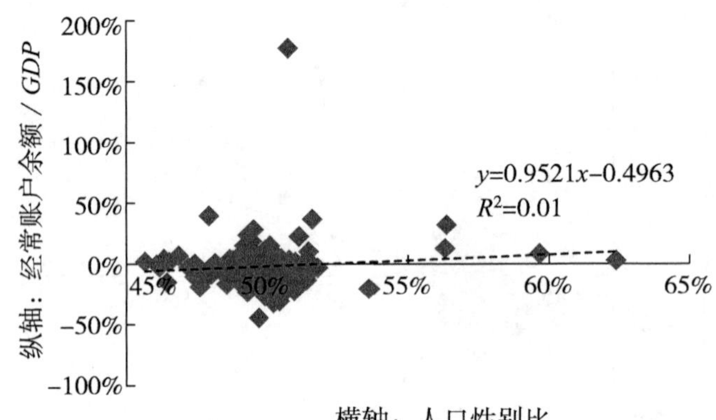


**图20 2010年171个国家（地区）人口性别比与经常账户余额 / *GDP***

数据来源：世界银行的WDI数据库。

## 附录5 金融发展程度（私人部门的国内信贷）与全球经常账户失衡

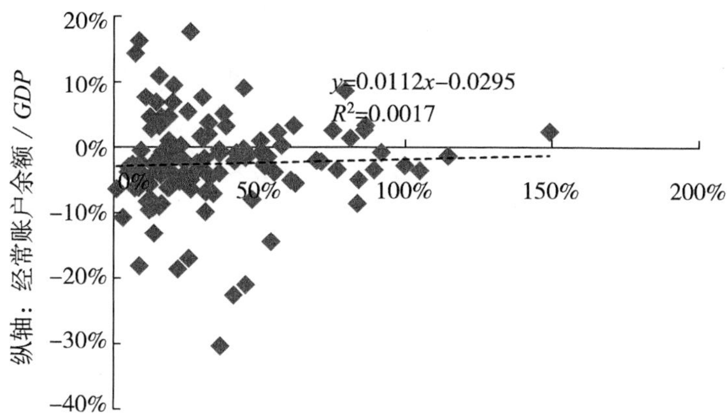


**图21 1990年118个国家（地区）私人部门的国内信贷 / *GDP* 与经常账户余额 / *GDP***

数据来源：世界银行的WDI数据库。

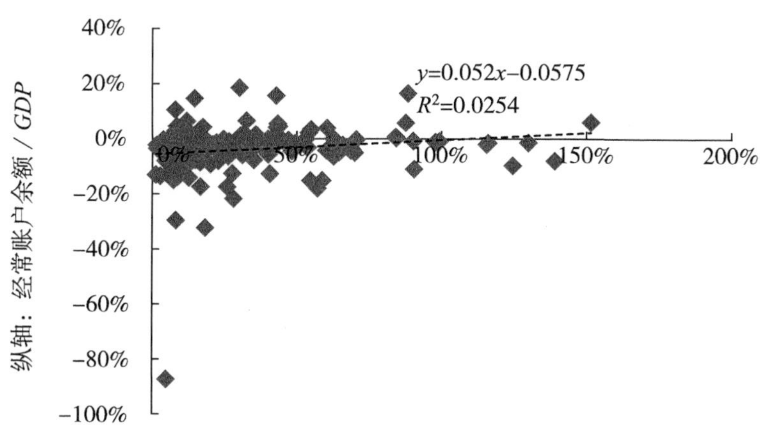


**图22 1995年139个国家（地区）私人部门的国内信贷 / *GDP* 与经常账户余额 / *GDP***

数据来源：世界银行的WDI数据库。

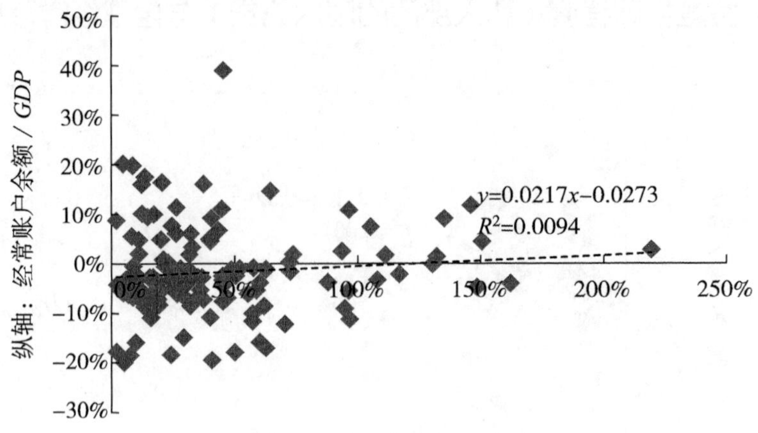


**图23 2000年139个国家（地区）私人部门的国内信贷 / *GDP*与经常账户余额 / *GDP***

数据来源：世界银行的WDI数据库。

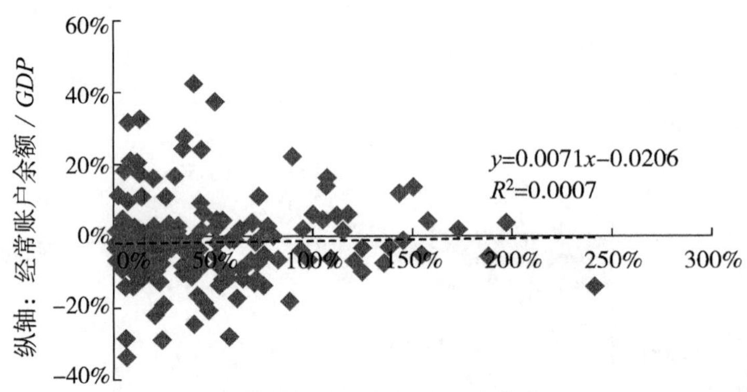


**图24 2005年165个国家（地区）私人部门的国内信贷 / *GDP*与经常账户余额 / *GDP***

数据来源：世界银行的WDI数据库。

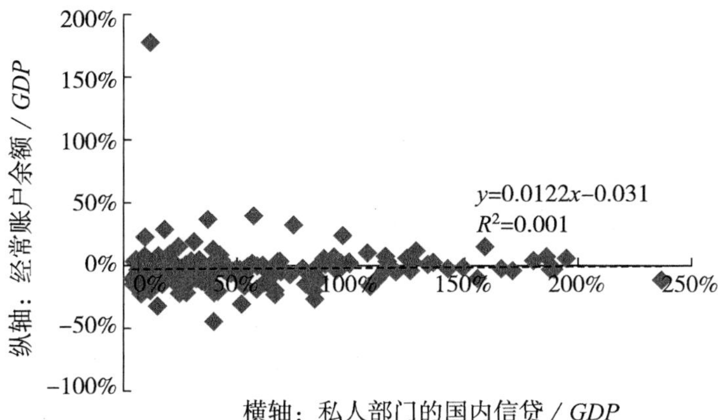


**图25　2010年168个国家（地区）私人部门的国内信贷／*GDP*与经常账户余额／*GDP***

数据来源：世界银行的WDI数据库。

## 附录6　金融发展程度（股票交易总额／*GDP*）与全球经常账户失衡

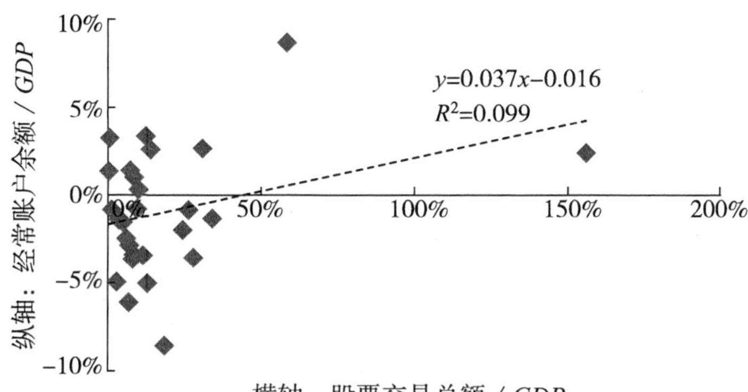


**图26　1990年27个国家（地区）股票交易总额／*GDP*与经常账户余额／*GDP***

数据来源：世界银行的WDI数据库。

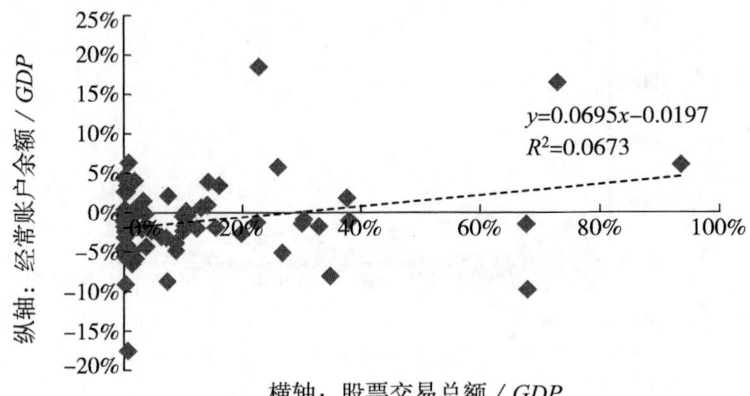


**图27 1995年68个国家（地区）股票交易总额 / *GDP*与经常账户余额 / *GDP***

数据来源：世界银行的WDI数据库。

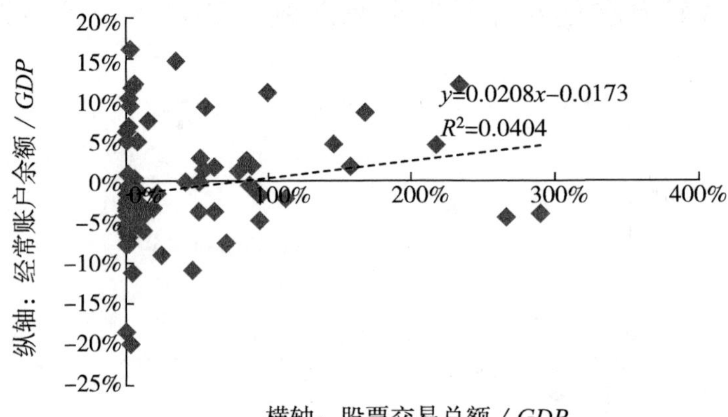


**图28 2000年78个国家（地区）股票交易总额 / *GDP*与经常账户余额 / *GDP***

数据来源：世界银行的WDI数据库。

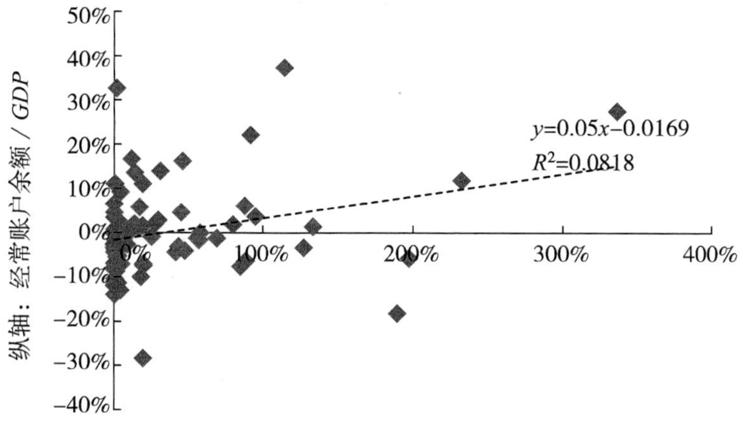


**图29 2005年84个国家（地区）股票交易总额 / *GDP*与经常账户余额 / *GDP***

数据来源：世界银行的WDI数据库。

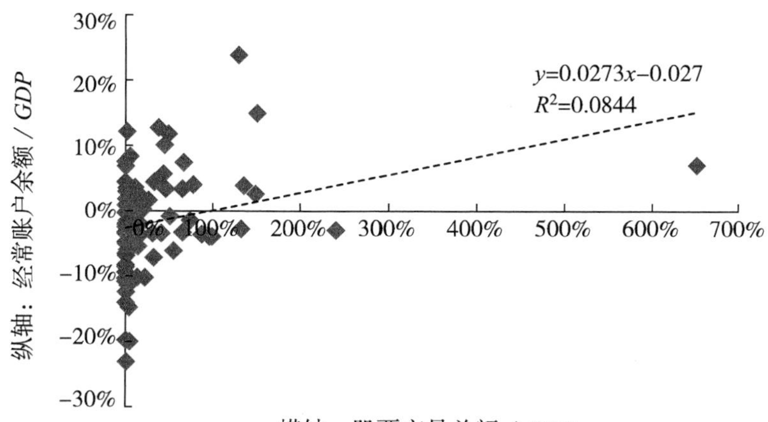


**图30 2010年87个国家（地区）股票交易总额 / *GDP*与经常账户余额 / *GDP***

数据来源：世界银行的WDI数据库。

# 附录7 贸易开放度与全球经常账户失衡

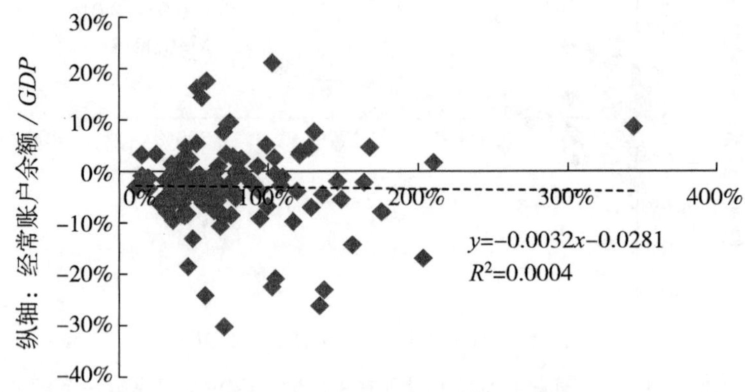


**图31 1990年122个国家（地区）贸易开放度与经常账户余额 / *GDP***

数据来源：世界银行的WDI数据库。

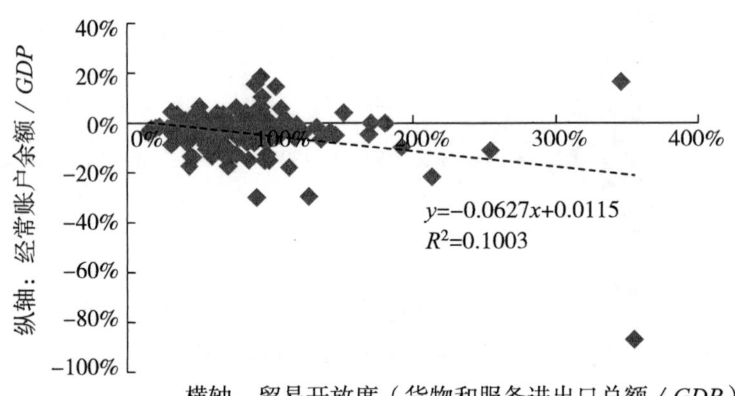


**图32 1995年140个国家（地区）贸易开放度与经常账户余额 / *GDP***

数据来源：世界银行的WDI数据库。

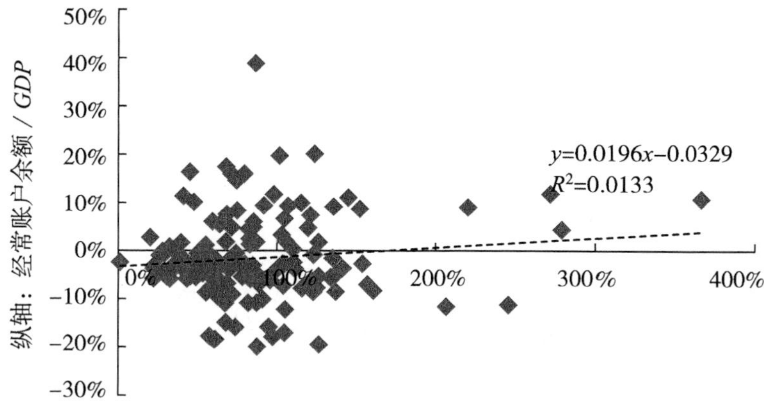


**图33 2000年145个国家（地区）贸易开放度与经常账户余额 / *GDP***

数据来源：世界银行的WDI数据库。

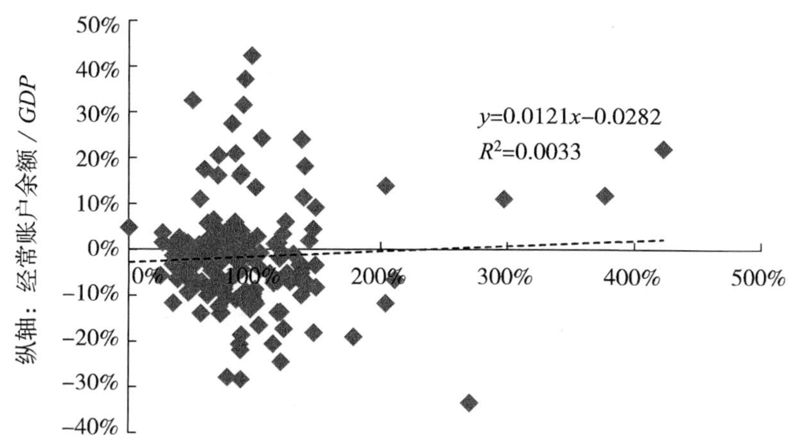


**图34 2005年165个国家（地区）贸易开放度与经常账户余额 / *GDP***

数据来源：世界银行的WDI数据库。

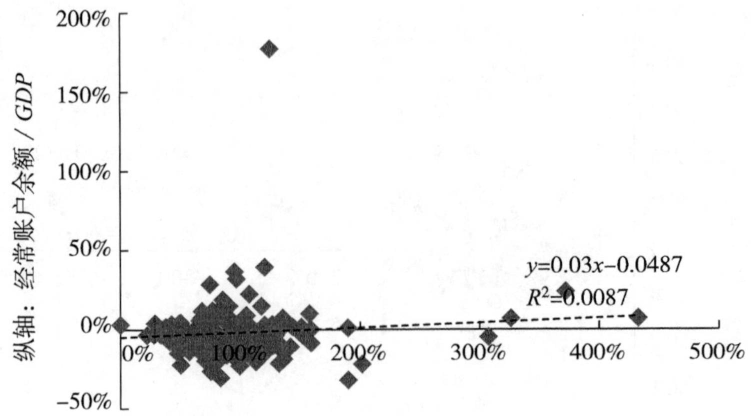


**图35 2010年170个国家（地区）贸易开放度与经常账户余额／*GDP***

数据来源：世界银行的WDI数据库。

## 附录8 人均国土面积与全球经常账户失衡

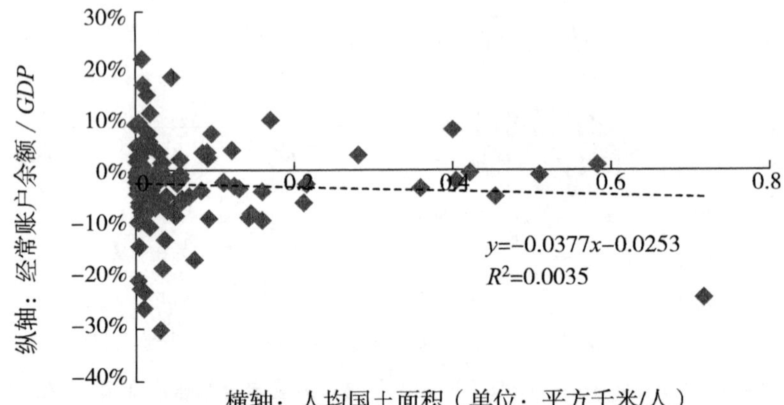


**图36 1990年128个国家（地区）人均国土面积与经常账户余额／*GDP***

注：国土面积包括陆地面积和海洋面积。

数据来源：世界银行的WDI数据库。

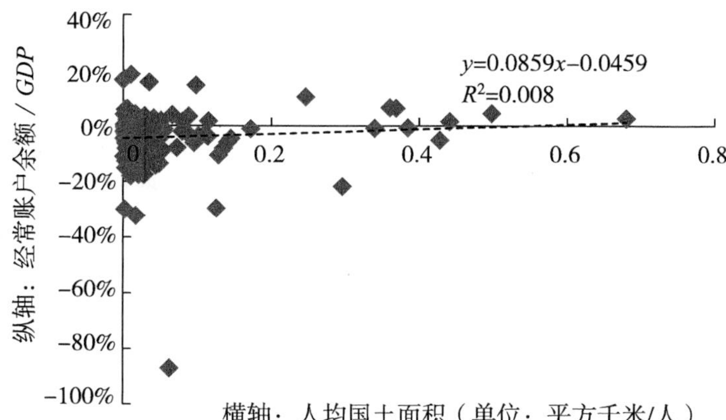


**图37 1995年144个国家（地区）人均国土面积与经常账户余额 / *GDP***

注：国土面积包括陆地面积和海洋面积。

数据来源：世界银行的WDI数据库。

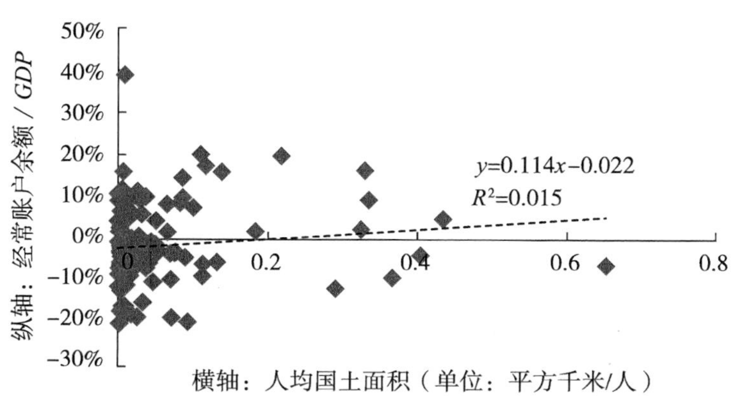


**图38 2000年149个国家（地区）人均国土面积与经常账户余额 / *GDP***

注：国土面积包括陆地面积和海洋面积。

数据来源：世界银行的WDI数据库。

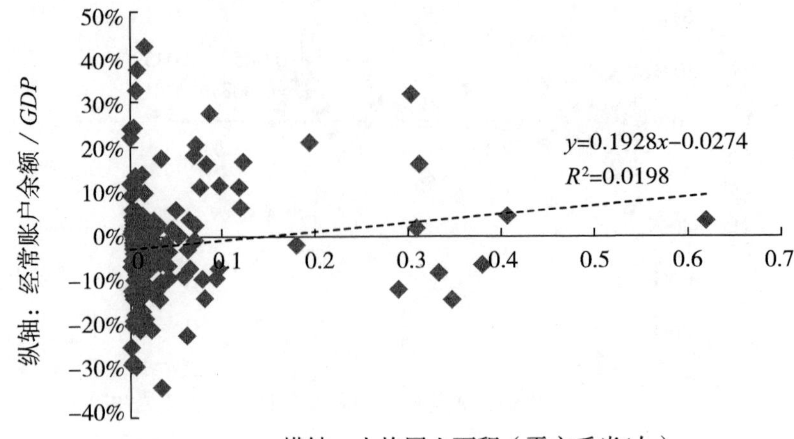


**图39　2005年172个国家（地区）人均国土面积与经常账户余额 / *GDP***

注：国土面积包括陆地面积和海洋面积。

数据来源：世界银行的WDI数据库。

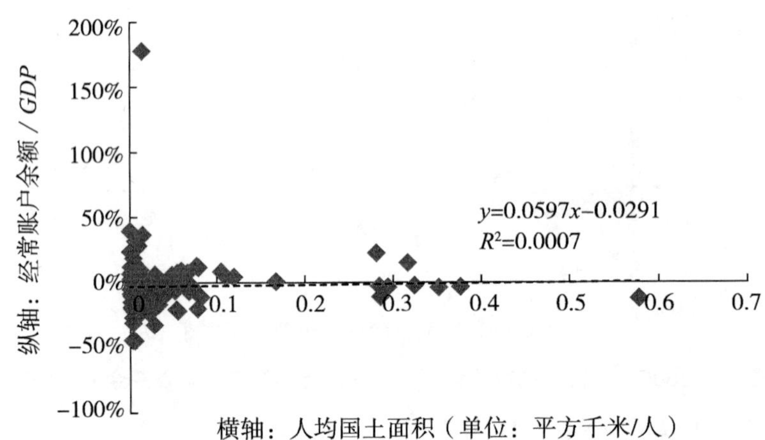


**图40　2010年178个国家（地区）人均国土面积与经常账户余额 / *GDP***

注：国土面积包括陆地面积和海洋面积。

数据来源：世界银行的WDI数据库。

## 附录9 货币国际化（本国货币的全球储备份额/交易份额）与全球经常账户失衡

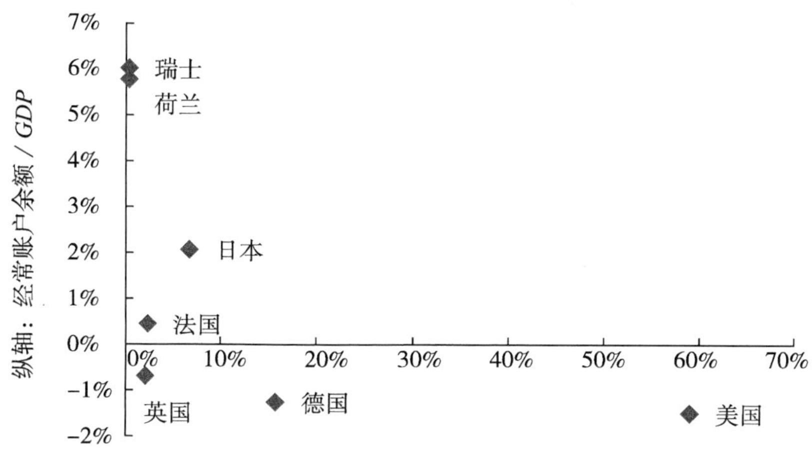


**图41 1995年7个国家货币的全球外汇储备份额与经常账户余额 / *GDP***

数据来源：本国货币的全球外汇储备份额数据来自国际货币基金组织的cofer数据库；经常账户余额 / *GDP*数据来源于世界银行的WDI数据库。

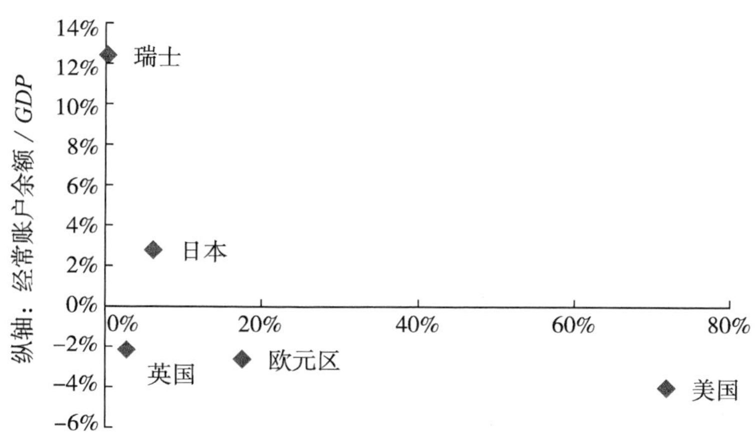


**图42 2000年5个国家（地区）货币的全球外汇储备份额与经常账户余额 / *GDP***

数据来源：本国货币的全球外汇储备份额数据来自国际货币基金组织的cofer数据库；经常账户余额 / *GDP*数据来源于世界银行的WDI数据库。

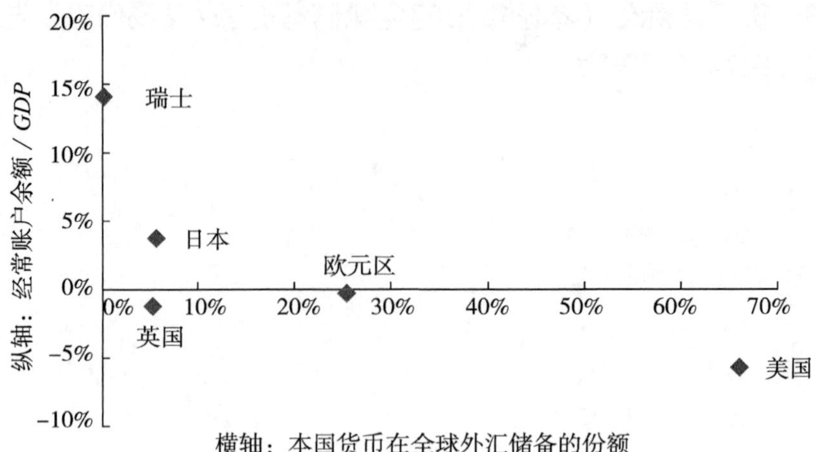


**图43 2005年5个国家（地区）货币的全球外汇储备份额与经常账户余额 / *GDP***

数据来源：本国货币的全球外汇储备份额数据来自国际货币基金组织的cofer数据库；经常账户余额 / *GDP*数据来源于世界银行的WDI数据库。

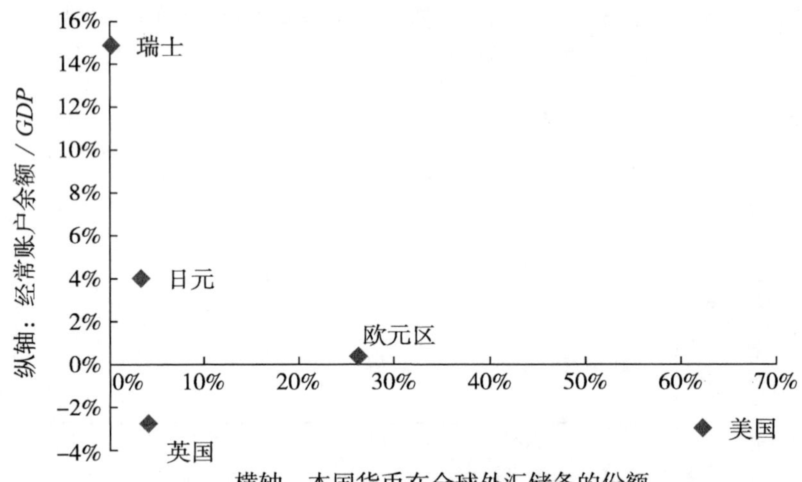


**图44 2010年5个国家（地区）货币的全球外汇储备份额与经常账户余额 / *GDP***

数据来源：本国货币的全球外汇储备份额数据来自国际货币基金组织的cofer数据库；经常账户余额 / *GDP*数据来源于世界银行的WDI数据库。

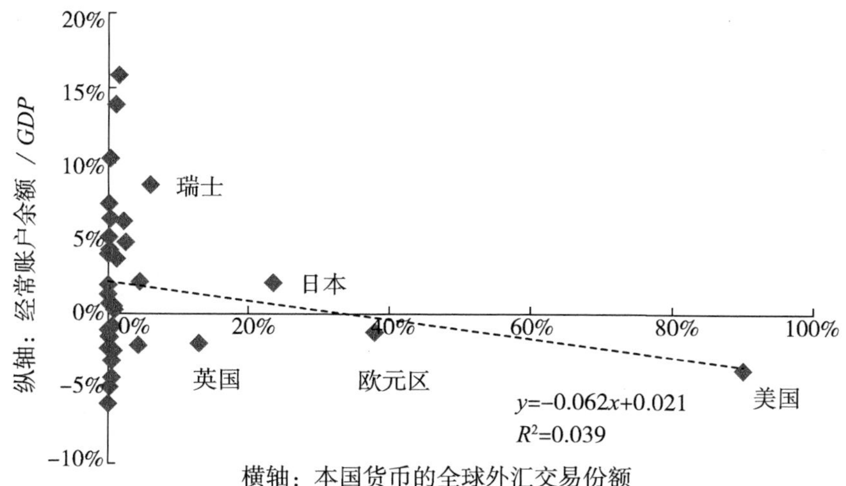


**图45　2001年34个国家（地区）货币的全球外汇交易份额与经常账户余额 / *GDP***

数据来源：本国货币的全球外汇交易份额来自国际货币基金组织的cofer数据库；经常账户余额 / *GDP*数据来源于世界银行的WDI数据库。

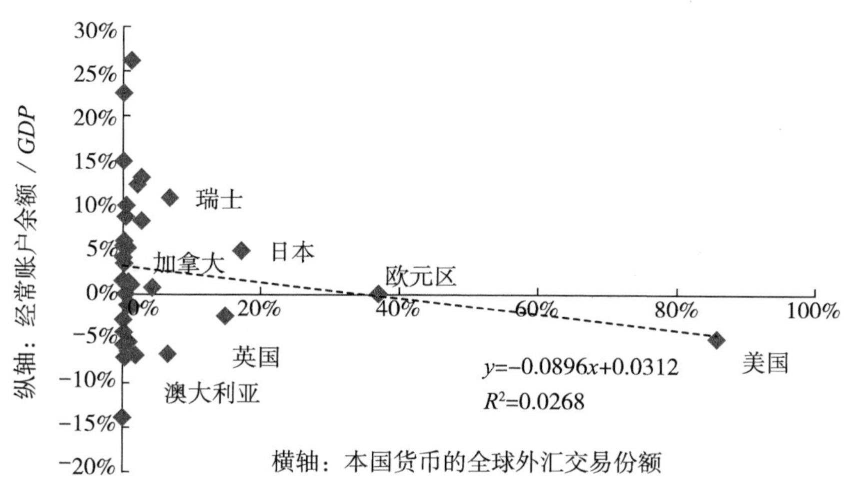


**图46　2007年35个国家（地区）货币的全球外汇交易份额与经常账户余额 / *GDP***

数据来源：本国货币的全球外汇交易份额来自国际货币基金组织的cofer数据库；经常账户余额 / *GDP*数据来源于世界银行的WDI数据库。

# 附录10　经济自由度与全球经常账户失衡

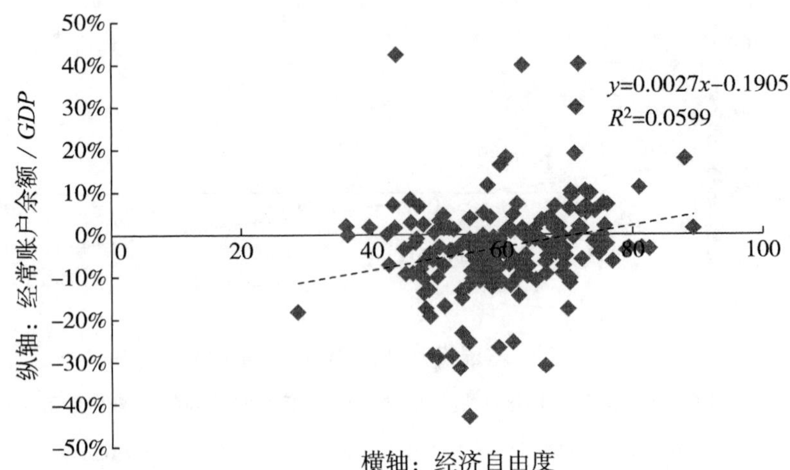


**图47　2013年175个国家（地区）经济自由度与经常账户余额 / *GDP***

注：横轴数值越大，代表经济自由度越高，反之经济自由度越低。

数据来源：经济自由度数据来自美国传统基金会。经常账户余额 / *GDP*数据来源于世界银行的WDI数据库。

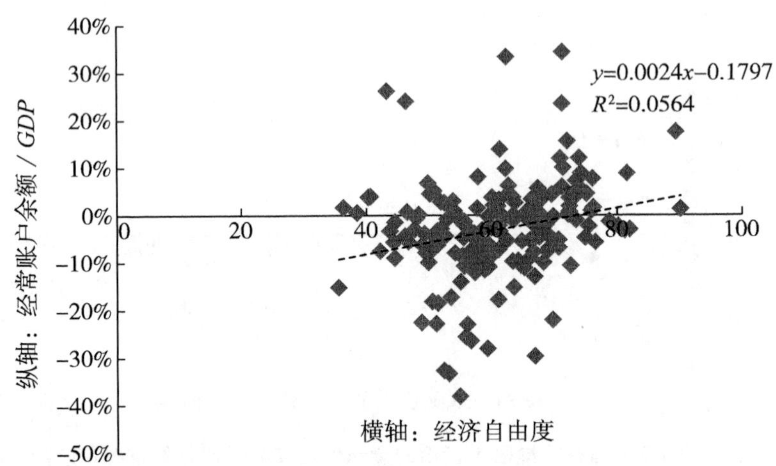


**图48　2014年174个国家（地区）经济自由度与经常账户余额 / *GDP***

注：横轴数值越大，代表经济自由度越高，反之经济自由度越低。

数据来源：经济自由度数据来自美国传统基金会。经常账户余额 / *GDP*数据来源于世界银行的WDI数据库。

# 附录11　国际竞争力与全球经常账户失衡

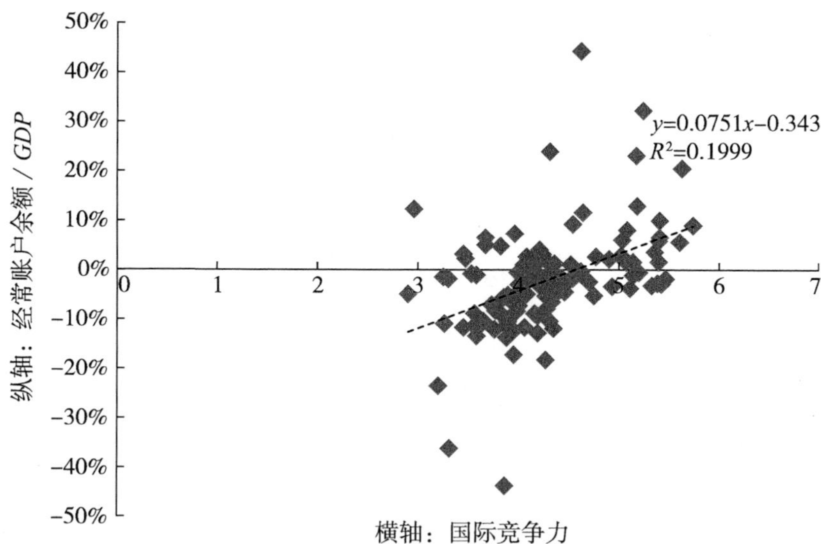


**图49　2011—2012年113个国家（地区）国际竞争力与经常账户余额 / *GDP***

注：横轴指数越大，代表国际竞争力越强。经常账户余额 / *GDP*数据采用2011年和2012年经常账户余额 / *GDP*之和的平均值。

数据来源：国际竞争力指标数据来自达沃斯世界经济论坛的全球竞争力报告，经常账户余额 / *GDP*数据来源于世界银行的WDI数据库。

## 附录12 内陆国家的经常账户失衡

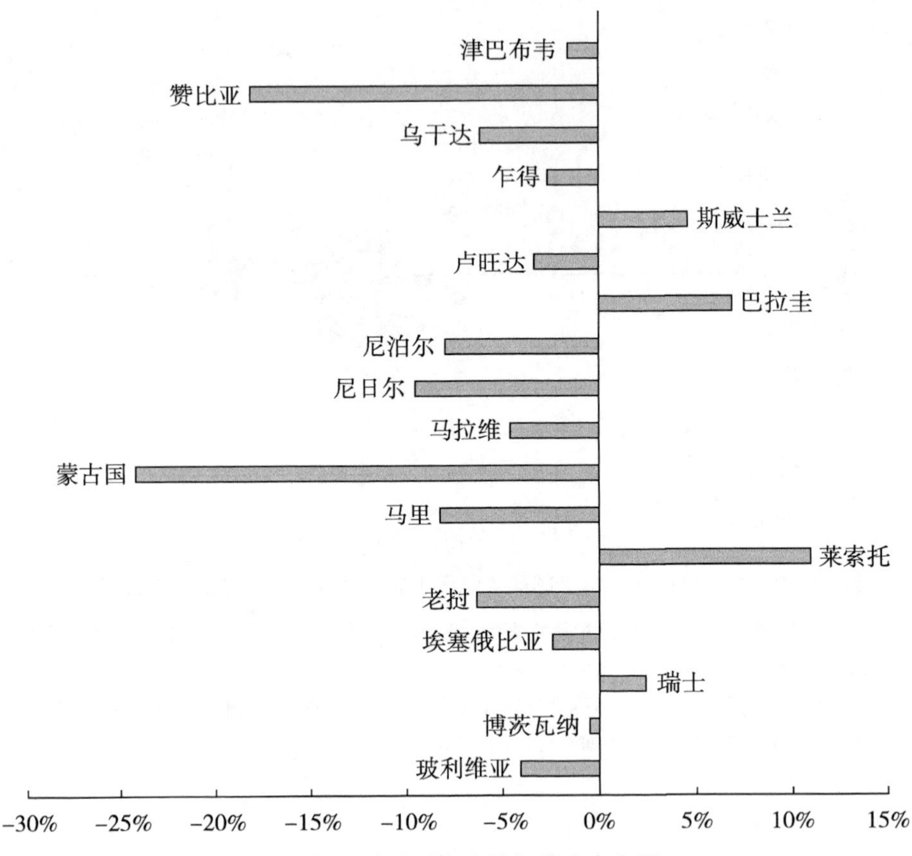


图50 1990年18个内陆国家的经常账户余额／*GDP*

数据来源：世界银行的WDI数据库。

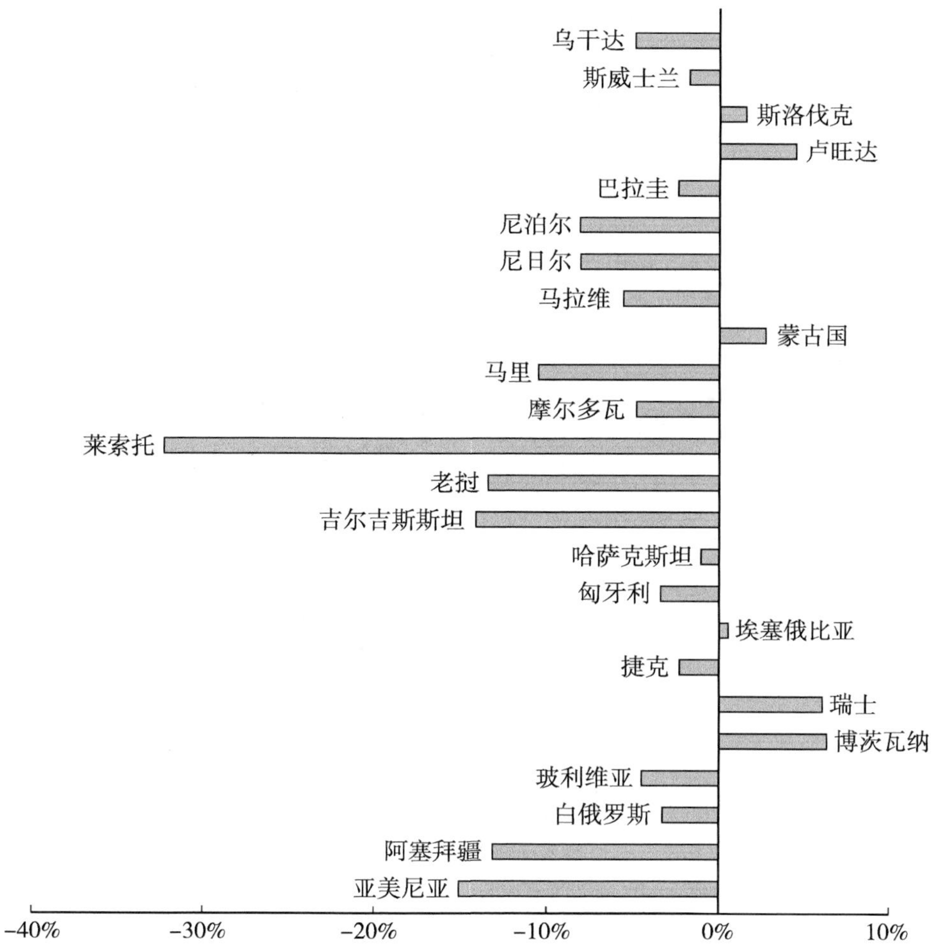


**图51　1995年24个内陆国家的经常账户余额／*GDP***

数据来源：世界银行的WDI数据库。

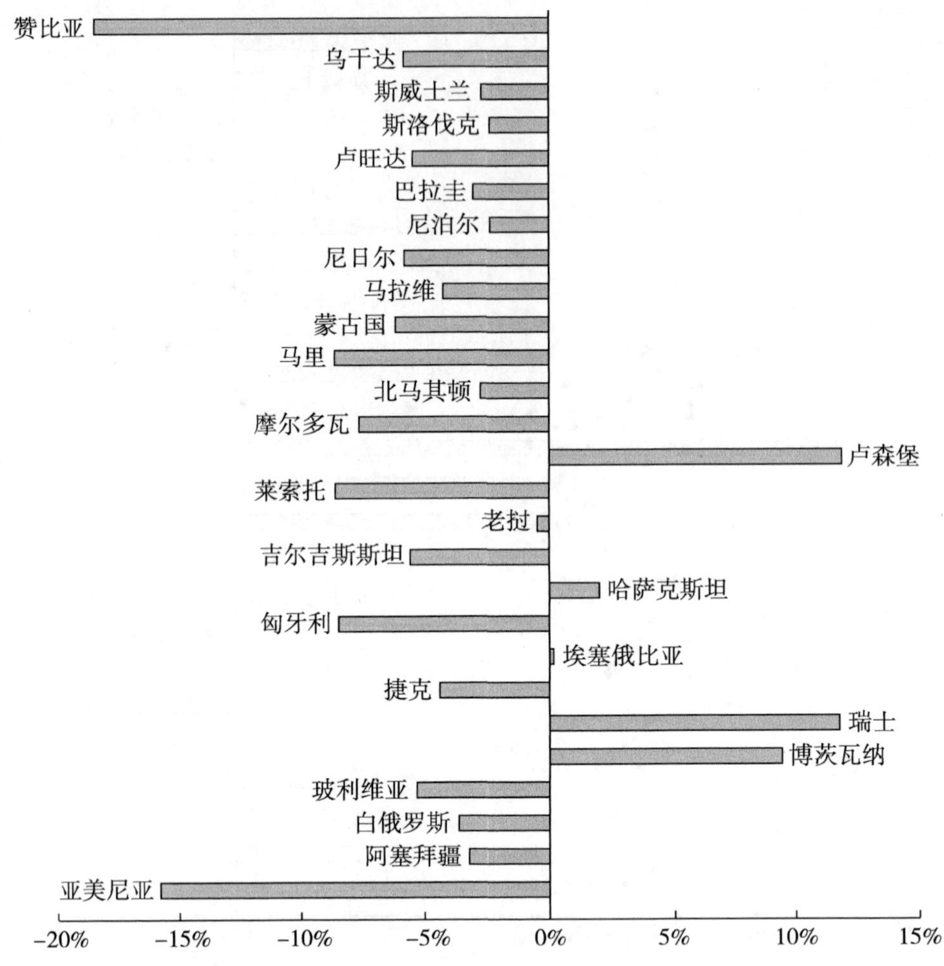


图52 2000年27个内陆国家的经常账户余额 / *GDP*

数据来源：世界银行的WDI数据库。

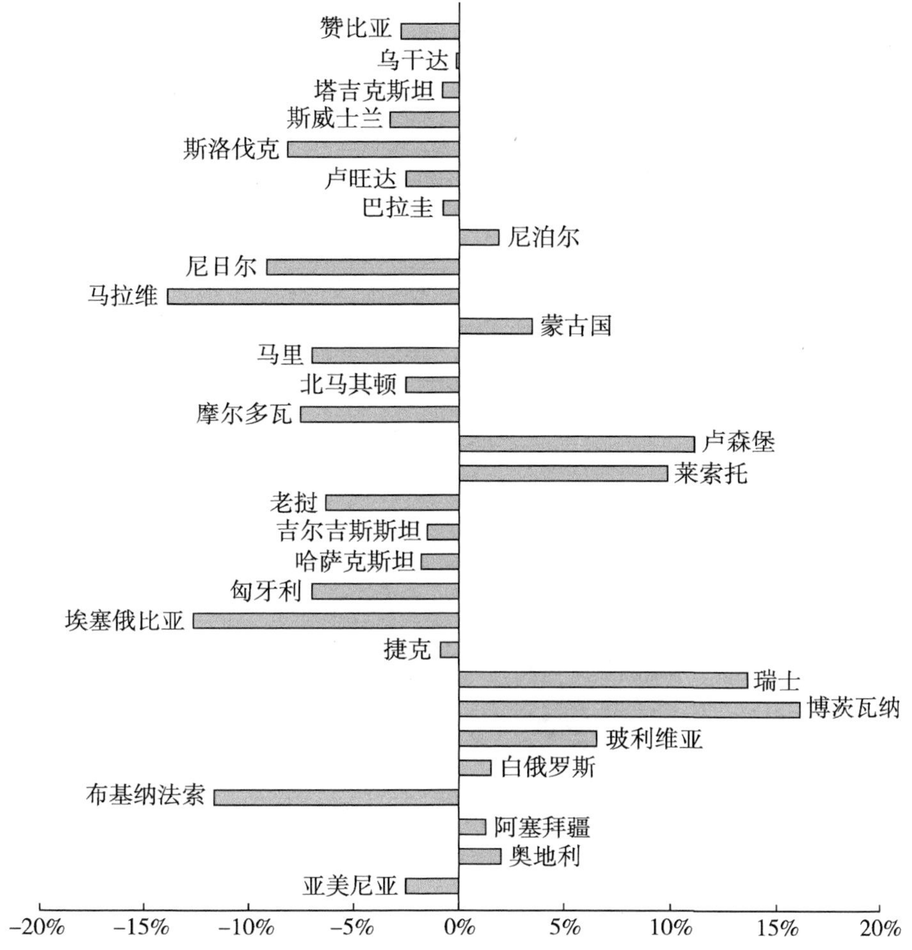


**图53　2005年30个内陆国家的经常账户余额／*GDP***

数据来源：世界银行的WDI数据库。

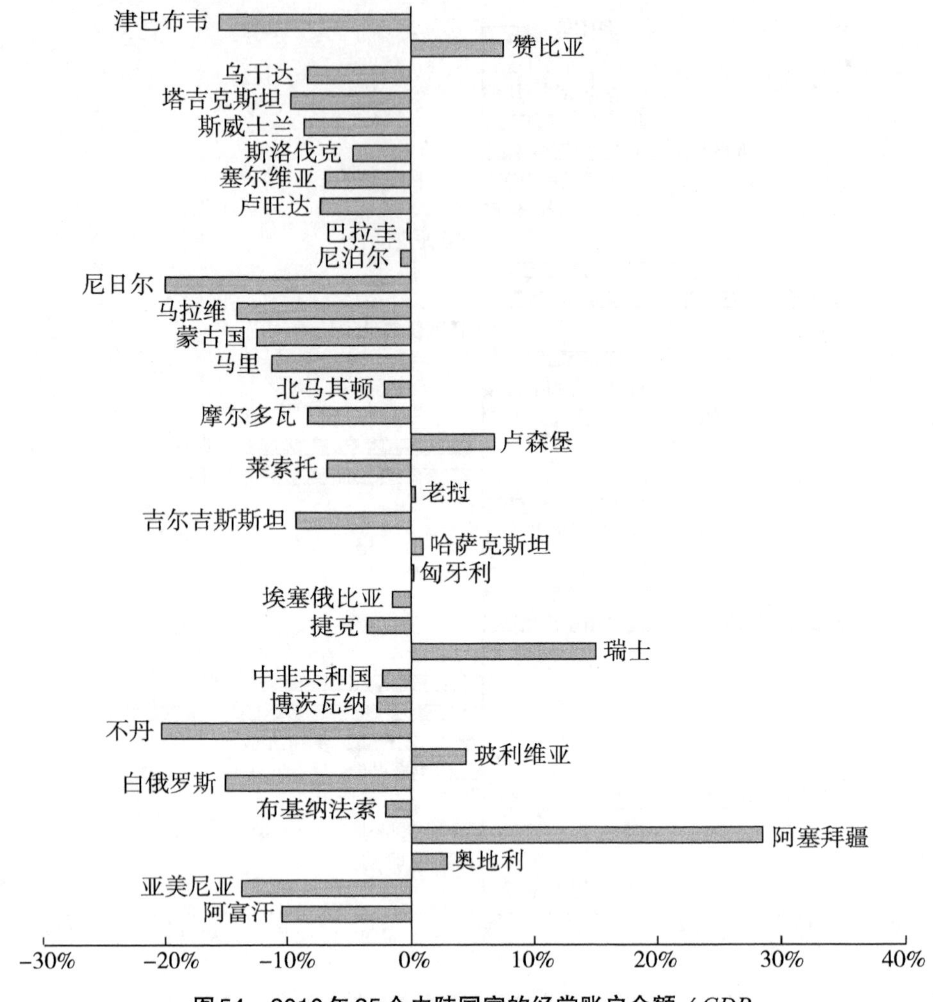


**图54 2010年35个内陆国家的经常账户余额／*GDP***

数据来源：世界银行的WDI数据库。

## 附录13 横截面数据实证检验的111个国家（地区）

第5章横截面数据实证检验的111个国家（地区）分别是：阿富汗、安哥拉、阿尔巴尼亚、亚美尼亚、澳大利亚、奥地利、阿塞拜疆、布隆迪、比利时、孟加拉国、保加利亚、巴哈马、白俄罗斯、伯利兹、玻利维亚、巴西、文莱达鲁萨兰国、不丹、博茨瓦纳、瑞士、智利、哥伦比亚、哥斯达黎加、西班牙、爱沙尼亚、芬兰、斐济、法国、英国、格鲁吉亚、加纳、希腊、危地马拉、圭亚那、中国香港、中国、洪都拉斯、克罗地亚、海地、匈牙利、印度尼西亚、印度、爱尔兰、以色列、意大利、牙买加、约旦、日本、哈萨克斯坦、吉尔吉斯斯坦、韩国、科索沃、科威特、黎巴嫩、利比里亚、斯里兰卡、立陶宛、卢森堡、拉脱维亚、中国澳门、摩洛哥、摩尔多瓦、马尔代夫、墨西哥、北马其顿、黑山、蒙古国、莫桑比克、毛里求斯、马拉维、马来西亚、纳米比亚、尼日利亚、尼加拉瓜、荷兰、挪威、尼泊尔、阿曼、巴基斯坦、秘鲁、菲律宾、波兰、葡萄牙、巴拉圭、卡塔尔、罗马尼亚、俄罗斯、卢旺达、沙特阿拉伯、苏丹、新加坡、所罗门群岛、萨尔瓦多、塞尔维亚、苏里南、斯洛伐克、斯洛文尼亚、瑞典、泰国、塔吉克斯坦、突尼斯、土耳其、坦桑尼亚、乌干达、乌克兰、乌拉圭、美国、越南、南非、刚果民主共和国、赞比亚。

## 附录14 横截面数据实证检验（2011—2015年的平均值）

表1显示处理多重共线性问题后，95个国家（地区）的回归结果。

**表1 横截面数据实证检验（2011—2015年的平均值）**

| 变量名称 | 系数 | 标准差 | T值 | P值 |
|---|---|---|---|---|
| *FISCAL* | 1.325 | 0.154 | 8.577 | 0.000 |
| *DEPENDENT* | 0.176 | 0.139 | 1.258 | 0.211 |
| *MALE* | −0.263 | 0.172 | −1.523 | 0.131 |
| *FINANCE* | 0.043 | 0.015 | 2.913 | 0.004 |
| *OPENNESS* | −0.004 | 0.012 | −0.396 | 0.692 |
| $R^2$ | 0.486 | | | |
| *Adjusted*-$R^2$ | 0.463 | | | |
| Log *likelihood* | 123.061 | | | |
| *DW* | 1.891 | | | |

## 附录15 横截面数据相关系数矩阵

表2 横截面数据相关系数矩阵

| 变量 | *DEPENDENT* | *FINANCE* | *FISCAL* | *MALE* | *OPENNESS* | *RPERGDP* | *RPERGDP^2* |
|---|---|---|---|---|---|---|---|
| *DEPENDENT* | 1.000000 | –0.411271 | –0.170710 | –0.254859 | –0.318699 | –0.533446 | –0.447298 |
| *FINANCE* | –0.411271 | 1.000000 | 0.255522 | –0.006103 | 0.257882 | 0.510781 | 0.304606 |
| *FISCAL* | –0.170710 | 0.255522 | 1.000000 | –0.104356 | 0.241928 | 0.305306 | 0.373102 |
| *MALE* | –0.254859 | –0.006103 | –0.104356 | 1.000000 | –0.066483 | 0.389122 | 0.535366 |
| *OPENNESS* | –0.318699 | 0.257882 | 0.241928 | –0.066483 | 1.000000 | 0.407958 | 0.339775 |
| *RPERGDP* | –0.533446 | 0.510781 | 0.305306 | 0.389122 | 0.407958 | 1.000000 | 0.913338 |
| *RPERGDP^2* | –0.447298 | 0.304606 | 0.373102 | 0.535366 | 0.339775 | 0.913338 | 1.000000 |

注：*FISCAL*代表政府财政结余率。*RPERGDP*代表相对人均收入水平，相对人均收入水平是本国人均GDP与世界人均GDP的比值。*RPERGDP*^2代表相对人均收入水平的平方项。*DEPENDENT*代表人口抚养比。*MALE*代表男性人口占总人口的百分比。*FINANCE*代表金融发展程度。*OPENNESS*代表贸易开放度。

## 附录16 面板数据实证检验的84个国家（地区）

第5章面板数据实证检验的84个国家（地区）包括26个发达国家（地区）和58个新兴经济体，具体如下。

26个发达国家（地区）分别是：澳大利亚、奥地利、比利时、加拿大、塞浦路斯、丹麦、芬兰、法国、德国、希腊、冰岛、爱尔兰、以色列、意大利、日本、韩国、荷兰、新西兰、挪威、葡萄牙、新加坡、西班牙、瑞典、瑞士、英国、美国。

58个新兴经济体分别是：阿尔及利亚、安提瓜和巴布达、巴林、孟加拉国、贝宁、不丹、玻利维亚、文莱达鲁萨兰国、布基纳法索、布隆迪、中非共和国、智利、中国、哥伦比亚、科摩罗、刚果共和国、哥斯达黎加、萨尔瓦多、赤道几内亚、埃塞俄比亚、加蓬、加纳、格林纳达、几内亚、洪都拉斯、印度、伊朗、牙买加、约旦、肯尼亚、基里巴斯、黎巴嫩、马达加斯加、马来西亚、墨西哥、摩洛哥、莫桑比克、纳米比亚、阿曼、巴布亚新几内亚、巴拉圭、菲律宾、罗马尼亚、俄罗斯、塞舌尔、所罗门群岛、斯里兰卡、圣卢西亚、圣文森特和格林纳丁斯、苏丹、苏里南、斯威士兰、多哥、特立尼达和多巴哥、突尼斯、阿联酋、委内瑞拉、也门。

## 附录17　时间序列相关系数矩阵

**表3　美国时间序列数据自变量相关系数矩阵**

| 变量 | *FISCAL* | *RPERGDP* | *RPERGDP^2* | *DEPENDENT* | *MALE* | *FINANCE* | *GROWTH* | *OPENNESS* | *REER* |
|---|---|---|---|---|---|---|---|---|---|
| *FISCAL* | 1.000000 | 0.258403 | 0.271899 | 0.523838 | −0.317295 | −0.184120 | 0.313696 | −0.326495 | 0.281068 |
| *RPERGDP* | 0.258403 | 1.000000 | 0.999536 | −0.238116 | 0.509718 | 0.603140 | 0.066099 | 0.331438 | −0.143269 |
| *RPERGDP^2* | 0.271899 | 0.999536 | 1.000000 | −0.239701 | 0.505560 | 0.600355 | 0.064278 | 0.324326 | −0.130093 |
| *DEPENDENT* | 0.523838 | −0.238116 | −0.239701 | 1.000000 | −0.708615 | −0.715663 | 0.491488 | −0.634331 | 0.055046 |
| *MALE* | −0.317295 | 0.509718 | 0.505560 | −0.708615 | 1.000000 | 0.951834 | −0.331906 | 0.929826 | −0.413927 |
| *FINANCE* | −0.184120 | 0.603140 | 0.600355 | −0.715663 | 0.951834 | 1.000000 | −0.355124 | 0.891316 | −0.367620 |
| *GROWTH* | 0.313696 | 0.066099 | 0.064278 | 0.491488 | −0.331906 | −0.355124 | 1.000000 | −0.419789 | 0.376864 |
| *OPENNESS* | −0.326495 | 0.331438 | 0.324326 | −0.634331 | 0.929826 | 0.891316 | −0.419789 | 1.000000 | −0.610326 |
| *REER* | 0.281068 | −0.143269 | −0.130093 | 0.055046 | −0.413927 | −0.367620 | 0.376864 | −0.610326 | 1.000000 |

注：*FISCAL*代表政府财政结余率。*RPERGDP*代表相对人均收入水平，相对人均收入水平是本国人均GDP与世界人均GDP的比值。*RPERGDP^2*代表相对人均收入水平的平方项。*DEPENDENT*代表人口抚养比。*MALE*代表男性人口占总人口的百分比。*FINANCE*代表金融发展程度。*OPENNESS*代表贸易开放度。*GROWTH*是经济增长率。*REER*是实际有效汇率。

**表4　中国时间序列数据相关系数矩阵**

| 变量 | *FISCAL* | *RPERG-DP* | *RPERG-DP^2* | *DEPEN-DENT* | *MALE* | *FINANCE* | *GROWTH* | *REER* | *OPEN-NESS* |
|---|---|---|---|---|---|---|---|---|---|
| *FISCAL* | 1.000000 | −0.137841 | −0.064627 | 0.193584 | −0.209971 | −0.473368 | 0.298820 | 0.465476 | −0.231363 |
| *RPERG-DP* | −0.137841 | 1.000000 | 0.974785 | −0.924498 | 0.980348 | 0.896883 | −0.250980 | −0.185655 | 0.685629 |
| *RPERG-DP^2* | −0.064627 | 0.974785 | 1.000000 | −0.825830 | 0.918585 | 0.826805 | −0.283397 | −0.027774 | 0.534021 |
| *DEPEN-DENT* | 0.193584 | −0.924498 | −0.825830 | 1.000000 | −0.962248 | −0.893073 | 0.163857 | 0.420732 | −0.879149 |
| *MALE* | −0.209971 | 0.980348 | 0.918585 | −0.962248 | 1.000000 | 0.924646 | −0.221916 | −0.340511 | 0.792210 |
| *FINANCE* | −0.473368 | 0.896883 | 0.826805 | −0.893073 | 0.924646 | 1.000000 | −0.329999 | −0.438000 | 0.727129 |
| *GROWTH* | 0.298820 | −0.250980 | −0.283397 | 0.163857 | −0.221916 | −0.329999 | 1.000000 | −0.040203 | 0.055505 |
| *REER* | 0.465476 | −0.185655 | −0.027774 | 0.420732 | −0.340511 | −0.438000 | −0.040203 | 1.000000 | −0.635296 |
| *OPEN-NESS* | −0.231363 | 0.685629 | 0.534021 | −0.879149 | 0.792210 | 0.727129 | 0.055505 | −0.635296 | 1.000000 |

注：*FISCAL*代表政府财政结余率。*RPERGDP*代表相对人均收入水平，相对人均收入水平是本国人均GDP与世界人均GDP的比值。*RPERGDP^2*代表相对人均收入水平的平方项。*DEPENDENT*代表人口抚养比。*MALE*代表男性人口占总人口的百分比。*FINANCE*代表金融发展程度。*OPENNESS*代表贸易开放度。*GROWTH*是经济增长率。*REER*是实际有效汇率。